石油高职教育"工学结合"规划教材

钻井液配制与维护

（富媒体）

张红静　主编
蒋官澄　主审

石油工业出版社

内 容 提 要

本书系统地阐述了在油气钻井过程中钻井液的配制、使用及维护等相关知识,包括钻井液工岗位认知、钻井液性能的测定、钻井液的配制、钻井液固相控制、钻井液的使用与维护等内容。

本书可作为石油高职高专院校油田化学专业、钻井技术专业、石油工程技术专业及油气田开发技术专业的教学用书,也可以作为石油中职院校相关专业的教学用书和钻井液高级工、钻井高级工、钻井技师的教育培训用书,还可以作为现场钻井液技术和相关人员学习及工作参考书。

图书在版编目(CIP)数据

钻井液配制与维护:富媒体 / 张红静主编. —北京:石油工业出版社, 2018.6(2025.8重印)

石油高职教育"工学结合"规划教材

ISBN 978 – 7 – 5183 – 2681 – 5

Ⅰ. ①钻⋯ Ⅱ. ①张⋯ Ⅲ. ①钻井液处理—高等职业教育—教材 Ⅳ. ①TE254

中国版本图书馆 CIP 数据核字(2018)第 129787 号

出版发行:石油工业出版社
　　　　(北京市朝阳区安华里2区1号楼　100011)
　　　网　　址:www.petropub.com
　　　编辑部:(010)64523733　图书营销中心:(010)64523633
经　销:全国新华书店
排　版:北京市密东文创科技有限公司
印　刷:北京中石油彩色印刷有限责任公司

2018年6月第1版　2025年8月第7次印刷
787毫米×1092毫米　开本:1/16　印张:11.75
字数:301千字

定价:28.80元
(如出现印装质量问题,我社图书营销中心负责调换)
版权所有,翻印必究

前　言

"钻井液配制与维护"课程是承德石油高等专科学校石油工程技术专业实行以任务为导向进行课程改革的一门专业核心课程。该课程在2009年立项为国家级精品课程，2013年转型为国家精品资源共享课程。作为该门国家精品课程的主要资源，《钻井液配制与维护》讲义在2009年立项为承德石油高等专科学校首批工学结合教材，使用多年，受到了全校师生的好评，由于网络资源的共享，也获得了石油行业同仁及兄弟院校的认可和肯定。

本书的特点是适应高职高专教学需要，侧重高技能人才必须掌握的钻井液基本理论、基础知识和基本技能，将钻井液相关内容进行重组，以项目化为依据，以任务为单元，方便教学和组织培训。

本书由承德石油高等专科学校张红静担任主编，承德石油高等专科学校王金树、天津工程职业技术学院王增才、大庆职业学院刘传担任副主编，中国石油大学（北京）蒋官澄教授担任主审。具体编写分工为：前言由张红静编写，项目一由张红静、王金树编写，项目二由周芳芳（承德石油高等专科学校）、王增才、单秀华（承德石油高等专科学校）编写，项目三由张红静、刘传编写，项目四、项目五由单秀华、王金树编写。全书由张红静负责修改和统稿。

本书在编写和出版过程中，得到了延安职业技术学院武世新老师的支持和帮助，同时也借鉴了许多国内钻井液领域专家和技术人员的成果以及中国钻井网的信息和资料，还引用了一些网络资源，由于未能注明作者，在此一并表示衷心感谢。

本书在编写指导思想上力求体现高职教育的特点，但是由于编者水平有限，书中缺点错误在所难免，恳请读者提出宝贵意见。

编者

2018年4月

目　　录

项目一　钻井液工岗位认知 …………………………………………………… 1
　任务1　钻井液的认知 …………………………………………………………… 1
　任务2　钻井液巡回路线检查 …………………………………………………… 5
　思考题 …………………………………………………………………………… 8

项目二　钻井液性能的测定 …………………………………………………… 9
　任务1　钻井液密度的测定 ……………………………………………………… 9
　任务2　钻井液漏斗黏度的测定 ………………………………………………… 13
　任务3　钻井液流变参数的测定 ………………………………………………… 18
　任务4　钻井液滤失量的测定 …………………………………………………… 29
　任务5　钻井液润滑性的测定 …………………………………………………… 39
　任务6　钻井液pH值和碱度的测定 …………………………………………… 43
　任务7　钻井液固相含量的测定 ………………………………………………… 46
　任务8　钻井液含砂量的测定 …………………………………………………… 49
　任务9　钻井液膨润土含量的测定 ……………………………………………… 51
　任务10　钻井液抑制性的评价 ………………………………………………… 53
　思考题 …………………………………………………………………………… 57

项目三　钻井液的配制 ………………………………………………………… 59
　任务1　钻井液配浆材料的认知 ………………………………………………… 59
　任务2　钻井液无机处理剂的认知 ……………………………………………… 71
　任务3　钻井液有机处理剂的认知 ……………………………………………… 76
　任务4　细分散钻井液的配制 …………………………………………………… 90
　任务5　盐水钻井液的配制 ……………………………………………………… 95
　任务6　钙处理钻井液的配制 …………………………………………………… 99
　任务7　聚合物钻井液的配制 …………………………………………………… 104
　任务8　抗高温深井水基钻井液的配制 ………………………………………… 114
　任务9　油基与合成基钻井液的配制 …………………………………………… 124
　思考题 …………………………………………………………………………… 134

项目四　钻井液固相控制 ·· 136
　任务1　振动筛的使用和维护 ·· 136
　任务2　旋流器的使用和维护 ·· 141
　任务3　离心机的使用与维护 ·· 146
　思考题 ·· 148
项目五　钻井液的使用与维护 ·· 150
　任务1　正常钻井过程中钻井液的使用与维护 ··· 150
　任务2　特殊施工工艺过程中钻井液的使用与维护 ·· 154
　任务3　钻井液受侵后的处理 ·· 158
　任务4　井下复杂情况钻井液的维护 ··· 170
　思考题 ·· 180
参考文献 ··· 180

富媒体资源目录

序号	名称	页码
1	视频1　钻井液工程	1
2	视频2　钻井泵工作原理	1
3	视频3　钻井液循环系统	1
4	视频4　螺杆钻具工作原理	2
5	视频5　罗家16H井井喷	9
6	视频6　钻井液密度测定	11
7	视频7　HTHP滤失量测定	36
8	视频8　钻井液固相含量测定仪工作原理	48
9	视频9　扩散双电层的形成	65
10	视频10　滑动面	66
11	视频11　水包油型乳状液的形成	126
12	视频12　油包水型乳状液的形成	126
13	视频13　润湿反转	127
14	视频14　油包水乳化钻井液的现场配制	130
15	视频15　现场振动筛工作情况	137
16	彩图1　振动筛筛网	137
17	视频16　旋流器正常工作状态—伞状雾状排出	142
18	视频17　旋流器异常工作状态—串状排出	142
19	视频18　旋流器异常工作状态—柱状排出	143
20	视频19　旋流器分类	143
21	彩图2　钻井液清洁器	145
22	视频20　离心机工作原理	147
23	视频21　离心机启停机操作	147
24	视频22　卡钻类型	172

本书富媒体资源由王金树老师提供，若教学需要，可向责任编辑索取，邮箱为1305615531@qq.com。

项目一 钻井液工岗位认知

任务1 钻井液的认知

学习目标

(1)能够识别钻井液;
(2)能够准确阐述钻井液的概念;
(3)能够根据钻井液的循环系统分析其功用;
(4)能够熟练阐述钻井液的类型;
(5)能够熟练阐述钻井液的组成。

钻井液被称为钻井工程的血液,是钻井工程的重要组成部分(视频1)。钻井液是指在钻进过程中,以其多种功能满足钻井工艺需要的各种循环流体的总称。钻井液俗称钻井泥浆或泥浆。钻井液的循环是通过钻井泵来维持的(视频2)。从钻井泵排出的高压钻井液,经过地面高压管汇、立管、水龙带、水龙头、方钻杆、钻杆、钻铤到达钻头,从钻头水眼上的喷嘴喷出,以清洗井底、携带钻屑,然后沿环形空间(钻柱与井壁形成的空间)向上流动,到达地面后,经地面低压管汇流入钻井液池,再经各种固控设备进行处理后返回上水池,最后进入钻井泵循环再用(视频3)。钻井液流经的各种管件、设备构成了一整套钻井液循环系统。

视频1 钻井液工程

视频2 钻井泵工作原理

视频3 钻井液循环系统

钻井液技术是油气钻井工程的重要组成部分。一般情况下,钻井液成本只占钻井总成本的7%~10%,然而先进的钻井液技术往往可以成倍的节约钻时、降低钻井成本、防止钻井事故的发生。随着钻井难度的逐渐增大,钻井液技术在确保安全、优质、快速钻井中起着越来越重要的作用。

一、钻井液的功能

钻井液最基本的功能有以下几点:
(1)携带和悬浮岩屑。钻井液首要和最基本的功能,就是通过其本身的循环将井底被钻

头破碎的岩屑携至地面,以保持井眼清洁,使起下钻畅通无阻,并保证钻头在井底始终接触和破碎新地层,不造成重复切削,保证安全、快速钻进;在接单根、起下钻或因故停止循环时,钻井液又将井内的钻屑悬浮在钻井液中,使钻屑不会很快下沉,防止沉砂卡钻等情况的发生。

(2)稳定井壁和平衡地层压力。井壁稳定、井眼规则是实现安全、优质、快速钻井的基本条件。性能良好的钻井液应能借助钻井液的滤失作用,液相渗入地层,钻井液固相在井壁上形成一层薄而韧性好的滤饼,稳固已钻开的地层,稳定井壁,并阻止液相继续侵入地层,减弱泥页岩水化膨胀和分散的程度。与此同时,在钻进过程中需通过不断调节钻井液密度,使井底钻井液液柱压力能够平衡地层压力,从而防止井塌和井喷等井下复杂情况的发生。

(3)冷却和润滑钻头、钻具。在钻进中钻头一直在高速旋转并破碎岩层,产生很多热量,同时钻具也不断地与井壁摩擦而产生热量。钻井液通过不断地循环,可以将这些热量及时吸收,然后带到地面释放到大气中,从而起到冷却钻头、钻具并延长其使用寿命的作用。钻井液的存在使钻头和钻具均在液体内旋转,因此在很大程度上降低了摩擦阻力,起到了很好的润滑作用。

(4)传递水动力。钻井液在钻头喷嘴处以极高的流速冲击井底,对井底地层造成直接破碎或形成水楔,从而提高了钻井速度和破岩效率。高压喷射钻井正是利用这一原理,即采用高泵压钻进,使钻井液所形成的高速射流对井底产生强大的冲击力,从而显著地提高钻速。利用该项技术,还可以实现井下上部钻具不旋转,只有井底动力钻具旋转破岩的井下动力钻井技术,从而满足了定向井等复杂工艺井施工对井眼轨迹的精确控制和井壁稳定的要求。例如使用涡轮钻具钻进时,钻井液由钻杆内以较高流速流经涡轮叶片,使涡轮旋转并带动钻头破碎岩石(视频4)。

视频4 螺杆钻具工作原理

(5)其他作用。为了防止和尽可能减少对油气层的损害,现代钻井液技术还要求钻井液必须与所钻遇的油气层相配伍,满足保护油气层的要求;为了满足地质上的要求,所使用的钻井液必须有利于地层测试,不影响对地层的评价。此外,钻井液还应对钻井人员及环境不产生伤害和污染,对井下工具及地面装备不腐蚀或尽可能减轻腐蚀。

二、钻井液的组成

钻井液是由分散介质(连续相)、分散相和化学处理剂组成的分散体系。比如,以水为连续相的水基钻井液是由水(淡水或盐水)、膨润土、各种处理剂、加重材料以及钻屑所组成的多相分散体系,膨润土颗粒分散在水中,膨润土颗粒为分散相,水为分散介质。其中,膨润土和钻屑的平均密度均为 $2.6 g/cm^3$,通常称它们为低密度固相;加重材料常被称为高密度固相,最常用的加重材料为重晶石,其密度为 $4.2 g/cm^3$。由于水基钻井液中膨润土是最常用的配制材料,其作用主要是提高黏度和切力、降低滤失量和造壁,因而又将膨润土和重晶石等加重材料称为有用固相;将钻屑称为无用固相。以油为连续相的油包水乳化钻井液体系是由油(柴油或矿物油)、水滴(淡水或盐水)、乳化剂、润湿剂、亲油胶体等处理剂所组成的乳状液分散体系,水滴分散在油中,水为分散相,油为分散介质。

三、钻井液的分类

钻井液按其密度大小可分为非加重钻井液和加重钻井液;按与黏土水化作用的强弱可分为非抑制性钻井液和抑制性钻井液;按其固相含量的不同,将固相含量较低的叫作低固相钻井液,基本不含固相的叫作无固相钻井液;按钻井液中流体介质和体系的组成特点分为水基钻井液、油基钻井液、合成基钻井液和气体型钻井流体等四种类型。一种现场常用的更具体的钻井液分类如图 1-1 所示。由于水基钻井液在实际应用中一直占据着主导地位,根据体系在组成上的不同又将其分为若干种类型。

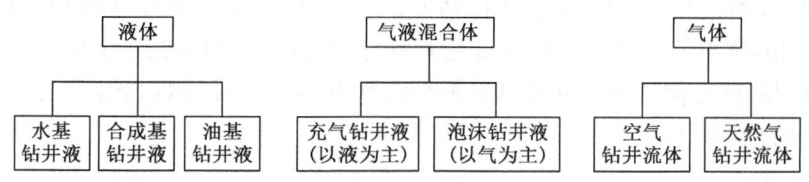

图 1-1　钻井液分类

下面是在参考国外钻井液分类标准的基础上,在国内得到认可的主要钻井液类型。

1. 水基钻井液

(1)分散钻井液。分散钻井液是指用淡水、膨润土和各种对黏土与钻屑起分散作用的处理剂(简称为分散剂)配制而成的水基钻井液,也称为细分散钻井液或淡水钻井液。分散钻井液是一类使用历史较长、配制方法较简单、配制成本较低的常用钻井液,其特点是:①可容纳较多的固相,较适于配制高密度钻井液;②容易在井壁上形成较致密的滤饼,故其滤失量一般较低;③某些分散钻井液(如以磺化栲胶、磺化褐煤和磺化酚醛树脂作为主处理剂的三磺钻井液)具有较强的抗温能力,适于在深井和超深井中使用;④抑制性和抗污染能力较差;⑤因体系中固相含量高,对提高钻速和保护油气层均有不利的影响。

(2)钙处理钻井液。钙处理钻井液主要由含 Ca^{2+} 的无机絮凝剂、降黏剂和降滤失剂组成。由于体系中的黏土颗粒处于适度絮凝的粗分散状态,因此又称之为粗分散钻井液或抑制性钻井液。这类钻井液的特点是:①可抑制泥页岩水化膨胀,滤饼坚韧光滑,滤失量小,利于防塌;②稳定性好,抗黏土侵、钙侵、盐侵能力强,稳定时间长;③流动性好,黏度、切力低,有利于提高钻速;④抗温性强,成本低,对油气层渗透性损害小。目前常用的钙处理钻井液有石灰钻井液、石膏钻井液、氯化钙钻井液和钾石灰钻井液等几种类型。

(3)盐水钻井液。盐水钻井液是用盐水(或海水)配制而成的,凡 NaCl 含量超过1%(Cl^- 质量浓度约为 6000mg/L)的钻井液统称为盐水钻井液。这类钻井液的特点是:①由于矿化度高,因此具有较强的抑制性,能有效抑制泥页岩水化,保证井壁稳定;②有效抗钙侵和抗高温,适于钻含岩盐地层或含盐膏地层以及在深井和超深井中使用;③由于其滤液性质与地层原生水比较接近,对油气层的伤害较轻;④由于钻出的岩屑不易在盐水中水化分散,在地面容易被清除,因而有利于保持较低的固相含量;⑤能有效地抑制地层造浆,流动性好,性能较稳定。盐水钻井液可以分为三种类型:一般盐水钻井液、饱和盐水钻井液和海水钻井液。饱和盐水钻井液主要用于钻其他水基钻井液难以对付的大段岩盐地层和复杂的盐膏地层,也可以作为完井液和修井液使用。

(4)聚合物钻井液。聚合物钻井液是指将聚合物作为主处理剂或主要用聚合物调控性能的水基钻井液。由于聚合物的存在,体系所包含的各种固相颗粒可以保持在较粗的粒度范围内,同时,所钻出的岩屑也因及时受到包被而不易分散成微细颗粒。该类钻井液的特点是:①钻井液密度和固相含量低,因而钻井速度可明显提高,对油气层的损害程度也较小;②钻井液剪切稀释特性强,在一定泵排量下,环空流体的黏度、切力较高,因此具有较强的携带岩屑的能力,而在钻头喷嘴处的高剪切速率下,流体的流动阻力较小,有利于辅助破岩、提高钻速;③聚合物处理剂具有较强的包被和抑制分散的作用,有利于保持井壁稳定。因此,自20世纪70年代以来,该类钻井液一直在国内外得到十分广泛的应用,并且其工艺技术不断得到完善和发展。

(5)钾基聚合物钻井液。钾基聚合物钻井液是一类以各种聚合物的钾(或铵、钙)盐和KCl为主处理剂的防塌钻井液。在各种常见无机盐中,以KCl抑制黏土水化分散的效果最好,而聚合物处理剂的存在使该类钻井液具有聚合物钻井液的各种优良特性,在钻遇泥页岩地层时,有比较理想的防塌效果。

2. 油基钻井液

以油(通常使用柴油或矿物油)作为连续相的钻井液称为油基钻井液。目前含水量在5%以下的普通油基钻井液已较少使用,主要使用油水比在(50~80):(50~20)范围内的油包水乳化钻井液。与水基钻井液相比,油基钻井液的主要优点是能抗高温,有很强的抑制性和抗盐、钙污染的能力,润滑性好,并可有效地减轻对油气层的损害等。因此,使用该类钻井液已成为钻深井、超深井、大位移井、水平井和各种复杂地层的重要手段之一。但是,由于其配制成本较高,且使用时会对环境,尤其是对海洋环境造成污染,因而其应用受到一定的限制。

3. 合成基钻井液

合成基钻井液是以合成的有机化合物作为连续相,盐水作为分散相,并含有乳化剂、降滤失剂、流型改进剂的一类新型钻井液。由于使用无毒并且能够生物降解的非水溶性有机物取代了油基钻井液中通常使用的柴油,因此这类钻井液既保持了油基钻井液的各种优良特性,又能大大减轻钻井液排放时对环境造成的不良影响,尤其适用于海上钻井。

4. 气体型钻井流体

气体钻井技术1953年起源于美国,是以气体、气液混合流体作为循环介质代替钻井液的钻井技术。美国能源部则将气体钻井与分支井、盘管钻井相结合的技术列为21世纪"钻得更深、钻得更快、钻得更清洁、钻得更便宜"的最有潜力的技术之一。

气体型钻井流体主要适用于钻低压油气层、易漏失地层以及某些稠油油层。例如辽河油田低压稠油区,采用充气钻井液技术提高单井产量。气体型钻井流体的特点是密度低,钻速快,可有效保护油气层,并能有效防止井漏等复杂情况的发生。通常将气体型钻井流体分为以下四种类型:

(1)干气体钻井流体。即钻井中使用干燥的空气、氮气或天然气作为循环流体,其技术关键在于必须有足够大的注入压力和气体排量,以保证能达到将全部钻屑从井底携至地面的环空流速。吐哈红台2-15井利用氮气钻井技术,首次在该构造获得日产$50m^3$的高产工业油流,获原始日产天然气$(6~8)×10^4m^3$(与该地区同类井相比,油井初期产量增加至6倍以上),为有效开发红台—疙瘩台等特低渗透油气藏探索出一条新路。

(2)雾状钻井流体。雾状钻井流体是指将少量的液体分散在空气介质中所形成的雾状流体。空气钻井的最大敌人是含水层,钻遇水层时会出现钻屑润湿发生泥包钻头、在钻柱上形成滤饼环、造成井壁失稳等复杂事故,如图1-2(a)所示。在地层微量出水时,向气流中加入液体,使井筒流体达到水饱和状态(雾),这样可以将地层水带出地面,同时还能防止在井壁上形成滤饼圈造成的卡钻事故,如图1-2(c)所示。雾化钻井一般需要增加30%~40%的空气量。

(a)河坝101井钻杆黏附滤饼　　　　(b)清水循环20min　　　　(c)雾化基液循环5min

图1-2　河坝101井钻杆形成泥饼及模拟钻杆黏附泥饼清除效果

(3)泡沫钻井液。钻井中使用的泡沫是一种将气体介质(一般为空气)分散在钻井液中,并添加适量的发泡剂和稳定剂,从而形成的分散体系。雾状钻井流体携带地层出水的能力有限,如果遇到地层有较大出水,就要将体系转化成泡沫钻井液。泡沫钻井液分为稳定泡沫和硬胶泡沫两种,其携岩能力是一般钻井液的10倍。

(4)充气钻井液。有时为了降低钻井液密度,将气体(一般为空气)均匀地分散在钻井液中,便形成充气钻井液,其密度可根据井深和注入的空气量进行调整,注入的气体越多,钻井液密度越低。充气钻井液可用于地层压力当量密度为 $0.6 \sim 1.05 \mathrm{g/cm^3}$ 的低压低渗油气层,实现欠平衡状态或用于处理井漏。

5. 保护油气层钻井液

保护油气层钻井液,也称完井液,指在储层中钻进时使用的一类钻井液。当一口井钻达其目的层时,所设计的钻井液不仅应能满足钻井工程和地质的要求,而且应能满足保护油气层的需要。比如,钻井液密度和流变参数应调整至合理范围,滤失量应尽可能低,所选用的处理剂应与油气层相配伍,应选用适合的暂堵剂等。其主要类型有气体型完井液、清洁盐水型完井液、聚合物低固相完井液等。

任务2　钻井液巡回路线检查

 学习目标

(1)能够进行钻井液巡回路线的检查,正确检查各项工作点的内容并做好记录;
(2)会安装和检查钻井液设备。

一、检查路线和内容

穿戴好劳保用品,确定上岗巡回检查路线。钻井液工人上岗巡回检查路线为:值班房→钻井液槽→振动筛→循环罐(除砂器、除泥器、离心机、搅拌机、配药池、加药罐等)→混合漏斗→配药罐→储备罐→药品材料库。检查内容包括以下几点。

(1)值班房(坐岗房)。值班房主要用于存放工具,测试钻井液性能。上岗后应检查常规性能测量仪器是否齐全,如密度计、马氏漏斗黏度计、API滤失仪、含砂量测定仪等;也要检查工具箱内是否有铁锤、扳手、钳子、螺丝刀、管钳、绝缘手套、口罩及防护眼镜等；检查原始数据是否齐全准确。

(2)钻井液房。查看钻井液报表，了解钻井参数、地质参数、钻井液性能参数等，查看钻井液处理剂消耗情况，掌握本班次钻井液性能调整方案，确保钻井液处理剂充足。

(3)钻井液槽。主要检查钻井液槽是否泄漏、槽底固相沉积厚度是否需要清理以及槽内液面的高度是否合适等。

(4)配药池。主要检查池内是否清洁，有药品时检查药品的种类、浓度及数量等，电动机工作是否正常，目的是能及时配液，并将药液及时泵入配浆罐内。

(5)固控设备。主要检查除气器、振动筛、旋流除砂器、旋流除泥器、离心机的使用情况和工作状况，包括振动筛除砂情况、筛布是否完好；旋流器底流状态；离心机是否需要清水清洗等。确保固控设备对钻井液无用固相的清除。

(6)循环罐。检查钻井液流动情况、钻井液数量、固控设备的运转情况和净化效果，检查搅拌机运转情况是否正常；停机时，用手检查电动机是否过热，机油是否足量。若电动机过热，则先停机休息一段时间；若机油不够，则应加足机油。

(7)加药漏斗。检查加药漏斗内壁是否黏附太多的处理剂等物质，太多时应加以清理；检查加药漏斗喉部是否被堵塞，堵塞时应打通；检查阀门是否灵活、好用；检查压力表、文丘里管能否正常工作，确保高速流动的液体能把钻井液添加剂润湿并分散到钻井液中，从而减少了处理剂的结块。

(8)钻井液罐。检查钻井液罐的容积刻度是否清晰，罐内钻井液量是否合理，钻井液是否沉淀，阀门是否灵活、好用。

(9)药品材料房。药品材料房应距配药池较近，并检查药品材料房是否清洁干燥、处理剂种类是否按要求配备齐全、处理剂的存放位置和标签、处理剂的数量等内容。

钻井液工人上岗后，应严格检查钻井液循环路线及各项要点，对各项要点出现的问题及时解决，故障及时排除，以确保钻井安全顺利进行。

二、钻井液净化设备的配套要求

1. 一般要求

(1)2000m 以下钻机应配备钻井液罐、振动筛和混合加重装置。

(2)2000m 以上(含 2000m)钻机应配备钻井液罐、振动筛、除砂器、除泥器和混合加重装置。

(3)根据钻井工艺和钻井液体系要求，可配备除气器、离心机等。

(4)从事探井、气井和气油比超过 300 的油井钻井作业的钻机应配备除气器、离心机和剪切泵。

(5)特殊作业井(含 H_2S 钻井、欠平衡钻井等)按实际钻井工艺要求进行配备。

(6)各钻井液罐应根据钻井工艺要求配备相应数量的搅拌器、钻井液枪、监控系统和照明系统等。

2. 常用钻机净化设备的配套要求

(1)2000m 钻机净化设备的配套要求见表 1-1。

(2)5000m 钻机净化设备的配套要求见表 1-2。

表1-1 2000m钻机净化设备的配套要求

序号	项目	设备名称	技术参数	数量
1	必配	钻井液罐	钻井液罐总容积:不小于160m^3	1套
2		振动筛	处理量:不小于181.5m^3/h	2台
3		除砂器	处理量:不小于181.5m^3/h	1台
4		除泥器	处理量:不小于181.5m^3/h	1台
5		混合加重装置	砂泵排量:200m^3/h;砂泵扬程:36m	1套
6		剪切泵	排量:155m^3/h;扬程:32m	1台
7		灌浆泵	排量:150m^3/h;扬程:28m	1台
8	选配	除气器	处理量:不小于181.5m^3/h	1台
9		中速离心机	处理量:40m^3/h;分离粒度:5~7μm	1台

表1-2 5000m钻机净化设备的配套要求

序号	项目	设备名称	技术参数	数量
1	必配	钻井液罐	钻井液罐:总容积不小于200m^3;储备罐:容积不小于120m^3	1套
2		振动筛	处理量:不小于181.5m^3/h	2台
3		除气器	处理量:不小于181.5m^3/h	1台
4		除砂器	处理量:不小于181.5m^3/h	1台
5		除泥器	处理量:不小于181.5m^3/h	1台
6		混合加重装置	砂泵排量:200m^3/h;砂泵扬程:36m	1套
7		剪切泵	排量:155m^3/h;扬程:32m	1台
8		灌浆泵	排量:150m^3/h;扬程:28m	1台
9		中速离心机	处理量:40m^3/h;分离粒度:5~7μm	1台
10	选配	高速离心机	处理量:40m^3/h;分离粒度:3~5μm	1台

(3)7000m钻机净化设备的配套要求见表1-3。

表1-3 7000m钻机净化设备的配套要求

序号	项目	设备名称	技术参数	数量
1	必配	钻井液罐	钻井液罐:总容积不小于270m^3;储备罐容积:不小于160m^3	1套
2		振动筛	处理量不小于181.5m^3/h	3台
3		除气器	处理量不小于181.5m^3/h	1台
4		除砂器	处理量不小于181.5m^3/h	1台
5		除泥器	处理量不小于181.5m^3/h	1台
6		混合加重装置	砂泵排量:200m^3/h;砂泵扬程:36m	1套
7		剪切泵	排量:155m^3/h;扬程:32m	1台
8		灌浆泵	排量:150m^3/h;扬程:28m	1台
9		中速离心机	处理量:40m^3/h;分离粒度:5~7μm	1台
10		高速离心机	处理量:40m^3/h;分离粒度:3~5μm	1台

3.钻井液常用配套设备的安装

(1)井口钻井液槽为矩形开口铁槽或圆柱形筒体,安装坡度为2%~3%。配备梯子、栏杆、电杆、护罩固定可靠。各阀门、开关、罐与罐之间过渡槽应安装牢固,管线畅通。

(2)各管线之间不能串线,低、中压管线用清水试压3MPa,保持15min,压力下降不超过0.05MPa为合格。

(3)罐间过渡槽用垫子把缝塞好,各缝不能渗漏。罐以清水试验,不漏为合格。

(4)设备的安装应平整、稳固、对正、齐全、牢靠,各阀件灵敏可靠,管线畅通,所有找平用垫铁不应超过三块,且点焊牢固。

(5)大循环池堤与罐间距离为1.5~2m,大循环池容积视井型而定。

(6)储备罐、配药池、加药池应配备齐全,对运转部件应及时保养、润滑及防腐,含液部分注意防冻。电器、照明严格按用电常识操作,以防触电。

三、钻井液工岗位职责

1. 钻井液工(小班)岗位职责

(1)巡回路线检查完成后,负责本班钻井液管理,深井每30min、浅井每40min测量一次钻井液参数(特殊情况加密测试),每班次根据大班要求至少测一次钻井液全套性能,进入2500m以后每班次测两次全套性能和一次加温性能,如果钻井液进行加药处理,处理前后各测一次全套性能(加药后一个循环周后测定钻井液性能),做好记录并收集保管本班所有原始记录和数据资料。

(2)按照《钻井液施工设计方案》及《技术指令》和大班的安排做好钻井液的维护处理,确保本班钻井液性能符合设计要求。

(3)负责钻井液仪器的使用、保管。

(4)负责钻井液房的卫生和仪器的维护保养,为下一班次做好准备工作。

(5)根据大班要求或钻井液处理需要,完成配制处理剂和其他任务。

2. 钻井液工程师(大班)岗位职责

(1)确保全井钻井液性能优质稳定,各项性能符合设计要求。

(2)负责对本井钻井液材料计划的制订和送井材料的妥善保管、合理使用。

(3)负责对本井钻井液大处理方案的制定、技术指导和组织工作。

(4)负责对全井原始记录的管理、数据资料的收集汇报,及时撰写完井报告。

(5)负责对小班钻井液工的管理和工作安排,帮助解决现场钻井液存在的技术难题。

(6)负责固控设备管理及配件报领和储备。

思 考 题

1. 简述钻井液在钻井过程中的主要功用。
2. 绘图说明钻井液的循环过程。
3. 简述钻井液的组成及分类。
4. 简述钻井液巡回路线的检查内容。
5. 简述钻井液工(小班)及钻井液工程师(大班)岗位职责。

项目二　钻井液性能的测定

任务1　钻井液密度的测定

学习目标

(1)能够正确检查和校正钻井液密度计；
(2)能够安全准确操作钻井液密度计测定钻井液密度；
(3)能够根据现场工艺要求进行钻井液密度的确定、计算；
(4)能够根据现场工艺要求采取有效措施进行钻井液密度的调整。

一、基础知识

钻井液密度是钻井液常规性能之一，是指一定体积的钻井液质量与其体积的比值。密度一般用符号 ρ 表示，常用单位是 g/cm^3。

钻井液密度是确保安全、快速钻井和保护油气层的一个十分重要的参数。通过钻井液密度的变化，可以调节钻井液在井筒内的静液柱压力，以平衡地层孔隙压力和地层构造应力，避免发生井喷和井塌。如果密度过高，将引起钻井液增稠、易漏失、钻速下降、对油气层伤害加剧和钻井液成本增加等一系列问题；而密度过低则容易引起井涌甚至井喷(视频5)，还会造成井壁坍塌、井径缩小和携岩能力下降。因此，在一口井的钻井工程设计中，必须准确、合理地确定不同井段钻井液的密度范围，并在钻井过程中随时进行测量和适时调整。

视频5　罗家16H井井喷

1. 钻井液加重材料

加重材料又称加重剂，由不溶于水的惰性物质经研磨加工制备而成。为了处理高压地层和稳定井壁，需将其添加到钻井液中以提高钻井液的密度。加重材料应具备自身密度大、耐磨性强、易粉碎等特点，同时加重剂既不溶于钻井液，也不与钻井液中其他组分发生相互作用。钻井液常用的加重材料有以下几种。

(1)重晶石粉。重晶石的化学名称为硫酸钡，分子式为 $BaSO_4$，相对分子质量为233.4。其纯品为白色粉末，含杂质时为浅黄色或棕黄色。常温下密度为 $4.0 \sim 4.6 g/cm^3$(现场使用的重晶石密度为 $4.2 g/cm^3$)，莫氏硬度 $2.5 \sim 3.5$ 级。有轻微毒性，不溶于水、有机溶剂、酸和碱溶液。因其具有价格便宜、来源丰富、硬度低、密度合适、是惰性物质等特性，多数油田中都采用它作加重剂，主要用于水基或油基钻井液的加重，可使钻井液密度加重到 $2.30 g/cm^3$。还可

— 9 —

作封堵剂和高压层固井用水泥的加重剂。

(2)石灰石粉。石灰石的化学名称为碳酸钙,分子式为$CaCO_3$,相对分子质量为100.1。其纯品为白色粉末,含杂质时为灰色、灰白色、灰黑色、浅黄色或浅红色等,杂质中一般有白云母、黏土等。常温下密度为$2.7\sim2.9g/cm^3$,莫氏硬度3~4级。不溶于水,密度较低,最大加重钻井液密度可达$1.68g/cm^3$,但现场不宜采用石灰石粉配制密度超过$1.30g/cm^3$的钻井液,其主要用于完井液及修井液的加重。不同粒度的石灰石粉配合使用,可用作油层漏失的暂堵剂,也可用作固相降滤失剂等。

(3)方铅矿粉。方铅矿的化学名称为硫化铅,分子式为PbS,相对分子质量为239.3。呈铅灰色,有金属光泽,天然产品呈致密的粒状或块状,有时呈完整的立方体。常温下密度为$7.5\sim7.6g/cm^3$,莫氏硬度2~3级,性脆易碎。它不溶于水,也不溶于碱,但溶于酸。

(4)磁铁矿粉。磁铁矿的化学分子式为Fe_3O_4,相对分子质量为232.0。常温下密度为$4.9\sim5.9g/cm^3$,莫氏硬度5.5~6.5级,为暗褐色粉末,有强磁性。它不溶于水、乙醚、乙醇,部分溶于酸。适合做各种钻井液加重剂,但硬度较高,易磨损钻具、阀门、泵配件及钻头水眼。

(5)碳酸钡粉末。碳酸钡的分子式为$BaCO_3$,相对分子质量为197.5。常温下密度为$4.2\sim4.35g/cm^3$,莫氏硬度3.0~3.7级。它是白色粉末,不溶于水,微溶于含CO_2的水,形成$Ba(HCO_3)_2$,溶于酸(但在硫酸中难溶)。对于需要酸化的油层,可用碳酸钡粉末代替重晶石粉做加重剂,虽然成本高,但有利于在油层酸化时打通油层孔道。

此外,菱铁矿粉、钛铁矿粉等也可作加重剂,还有一些可溶性盐溶液也可作加重剂。

2. 钻井液密度计的构造

测量钻井液密度的仪器是钻井液密度计(也称钻井液比重秤),如图2-1所示。钻井液杯的容量为140mL。钻井液密度计的测量范围为$0.95\sim2.00g/cm^3$,秤杆刻度每一小格代表$0.01g/cm^3$。钻井液密度计是基于平衡原理,杠杆左端为钻井液杯,通过右端校正筒和可沿杠杆移动的游码保持平衡。秤杆上有水平泡,保证测量时秤杆水平。

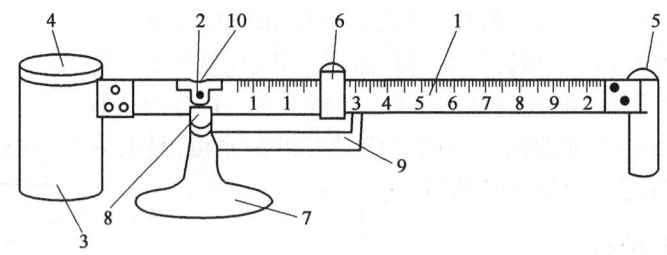

图2-1 钻井液密度计
1—秤杆;2—主刀口;3—钻井液杯;4—杯盖;5—校正筒;
6—游码;7—支架;8—主刀垫;9—挡壁;10—水平泡

二、操作技能

现场操作技术人员必须熟练掌握钻井液密度的测量原理和操作步骤。使用钻井液密度计测量钻井液密度包括校正和测量两部分。

1. 钻井液密度计的校正

(1)取一套钻井液密度计,检查外观是否有损坏,游码移动是否灵活,杯盖孔是否畅通。

(2)将清洗干净的钻井液密度计放于实验台上,左手心向下紧靠液杯握住标尺梁根部,右手将钻井液杯加满清水,右手持杯盖慢慢平移、拧动、压紧,使过量水从杯盖中部的小孔中溢出,左手拇指压住杯盖中部小孔,右手擦净钻井液杯外面溢出的水分。

(3)把钻井液密度计底座放置于水平实验台上,将刀刃放在底座刀垫上,移动游码使其左侧对准刻度 1.00g/cm^3。

(4)用镊子调整标尺梁右侧校正筒中的铅粒数量,直至水平标尺气泡位于中央,钻井液密度计左右平衡。

(5)旋紧校正筒盖,钻井液密度计校正完毕。

2. 钻井液密度的测量

(1)取校正好的钻井液密度计一套,将底座放置在水平实验台上。

(2)左手手心向下紧靠液杯握住标尺梁根部,右手将钻井液杯加满钻井液,右手持杯盖慢慢平移、拧动、压紧。为使杯中无气泡,必须使空气和过量钻井液从杯盖中部的小孔溢出。

(3)左手拇指压住杯盖中部小孔,右手洗净溢出的钻井液,并擦干钻井液杯外侧。

(4)把钻井液密度计刀刃放在底座的刀垫上,移动游码,直至平稳(水平泡居中)。

(5)读出游码左侧对应的刻度值即为钻井液密度。

(6)把测试完的钻井液倒回钻井液桶内,清洗仪器,整理实验台(视频6)。

视频6 钻井液密度测定

三、问题探究

1. 钻井过程中对钻井液密度的要求

钻井液密度的大小决定着井筒内钻井液液柱压力的大小,即密度大,钻井液液柱压力就大,反之就小。

钻井液密度对钻井的影响,总结起来有如下两个方面。一是平衡地层压力,因钻井液具有质量,必然通过钻井液液柱对井底产生压力,对井壁有一定的支撑力,该压力可以平衡地层及油、气、水层压力,防止井喷,保护和稳定井壁,防止地层中的高压油、气、水侵入钻井液而破坏钻井液性能,导致井下复杂事故。二是影响钻速,钻井液密度大,产生的液柱压力就大,对地层有压实作用,同时增加了钻具在井中转动的摩擦阻力,从而增加了动力消耗,加重了钻头研磨新地层的负担,致使钻速降低。同时钻井液密度过大易压漏地层,破坏油气层渗透率,或把油气层压死,增加了发现油气藏的困难。

综上所述,钻井对钻井液密度的基本要求是"压而不死,活而不喷",即密度大,但不能把油层压死;密度小,但不能发生井喷。

2. 在钻进过程中钻井液密度的确定

钻井过程中钻井液密度一般通过计算和测量两种方法进行确定,在此重点介绍计算方法。

$$\rho_0 = 10 \frac{p_0}{H} \tag{2-1}$$

实际使用钻井液密度应大于理论密度,故:

$$\rho = \rho_0 + \beta = 10\frac{p_0}{H} + \beta \qquad (2-2)$$

式中　ρ_0——理论计算钻井液密度，g/cm³；

　　　p_0——原始地层压力，kg/cm²；

　　　H——井眼垂直深度，m；

　　　ρ——实际使用钻井液密度，g/cm³；

　　　β——密度附加系数，一般取 0.1～0.2。

3. 钻进过程中钻井液密度的调整

1）提高钻井液密度的方法

一般可在钻井液中加入惰性的、密度大的固体粉末，如重晶石粉、石灰石粉、蚌壳粉等，还可加入可溶性盐类，如 $NaCl$、$CaCl_2$ 等。使用最普遍的是重晶石粉。

2）降低钻井液密度的方法

（1）机械除砂，即用振动筛、除砂器、除泥器清除钻井液中的钻屑、砂粒等有害固相，减少钻井液固相含量，从而降低钻井液密度。

（2）加入大量的清水稀释。

（3）加入一定数量的发泡剂。

（4）使用化学絮凝剂，使部分固体颗粒聚结沉淀而降低钻井液密度。

四、拓展知识

1. 提高钻井液密度加重剂用量计算

$$W_{加} = \frac{V_{原}\rho_{加}(\rho_{重} - \rho_{原})}{\rho_{加} - \rho_{原}} \qquad (2-3)$$

式中　$W_{加}$——加重剂用量，t；

　　　$V_{原}$——原钻井液体积，m³；

　　　$\rho_{加}$——加重剂密度，g/cm³；

　　　$\rho_{重}$——加重后钻井液密度，g/cm³；

　　　$\rho_{原}$——原钻井液密度，g/cm³。

2. 降低钻井液密度所需水量计算

$$X = \frac{V_{原}(\rho_{原} - \rho_{稀})}{\rho_{稀} - \rho_{水}} \qquad (2-4)$$

式中　X——降低钻井液密度所需水量，m³；

　　　$V_{原}$——原钻井液体积，m³；

　　　$\rho_{稀}$——稀释后钻井液的密度，g/cm³；

　　　$\rho_{水}$——水的密度，g/cm³。

3. 混合钻井液密度计算

$$\rho = \frac{V_1\rho_1 + V_2\rho_2}{V_1 + V_2} \qquad (2-5)$$

式中 ρ——混合钻井液密度,g/cm³;
V_1——井内钻井液体积,m³;
ρ_1——井内钻井液的密度,g/cm³;
V_2——混入钻井液体积,m³;
ρ_2——混入钻井液的密度,g/cm³。

任务 2　钻井液漏斗黏度的测定

(1)掌握钻井液漏斗黏度的定义;
(2)掌握钻井液漏斗黏度测量仪器的构造和使用方法;
(3)掌握调整钻井液黏度的方法;
(4)能够根据现场资料,判断钻井液黏度是否符合要求;
(5)根据现场情况,会正确调整钻井液漏斗黏度。

钻井液漏斗黏度是钻井液常规性能之一,钻井液漏斗黏度的大小与安全快速钻井密不可分,为此准确测量钻井液的漏斗黏度是每一位钻井液工必备的技能。

在钻井过程中,钻井液漏斗黏度的大小会因各种因素的影响不断变化,钻井液漏斗黏度过大或过小都会对钻井过程造成非常大的危害。因此,根据《中国石油天然气集团公司钻井液技术规范规定》,钻井液工要每隔 45min 测量一次钻井液漏斗黏度;钻井液加重后及用增黏剂或降黏剂对钻井液进行处理后应加密测定或按钻井液循环周测定钻井液漏斗黏度,以便判断钻井液漏斗黏度是否符合设计要求。

一、基础知识

1. 钻井液漏斗黏度的概念

钻井液漏斗黏度(FV)是指一定体积的钻井液流过规定尺寸小孔所用的时间,其单位为秒(s)。它是用一定量的钻井液从漏斗中流出时间的多少来表示钻井液黏度,由于测量方法简单,使用方便,可直观反映钻井液黏度的大小,在钻井的过程中,钻井液漏斗黏度是经常测量的一个重要参数。

2. 钻井对钻井液漏斗黏度的要求

在钻井的过程中,如果钻井液的漏斗黏度过高,钻井液的流动性变差,钻井液循环时的流动阻力增大,钻井泵的动力消耗增大,钻速降低;同时滤饼质量变差,滤饼摩擦系数变大,易导致黏卡事故的发生,并影响固井质量,对设备的磨损也会加重。如果钻井液的漏斗黏度过低,悬浮和携带岩屑的能力下降。所以,钻井液工程师在进行一口井的钻井液技术设计时,主要根据本井所在地区井下地层的特点和本井所采用的钻井技术确定不同井段的钻井液黏度指标,在钻井的过程中必须严格执行钻井液技术设计中对性能参数的控制要求。

3. 钻井液黏度调节用化学处理剂

钻井液黏度是确保悬浮携带岩屑、支撑井壁、钻井泵安全、快速钻进和保护油气层的一个重要参数。通过钻井液黏度的变化,可以判断钻井液在井筒内流动性的好坏。所以在钻井的过程中应定时地使用漏斗黏度计来测定钻井液黏度,判断其是否符合本井钻井液的设计要求,当其不符合设计要求时,应根据其变化的原因,选择相应的化学处理剂对其进行性能调节,使其符合设计要求,以达到安全、快速钻井的目的。

钻井液黏度调节用的化学处理剂有以下几种。

1) 降黏剂(稀释剂)

(1) 磺甲基单宁(SMT)。磺甲基单宁是深褐色自由流动粉末,抗温可达 160~180℃,并具有降滤失效应,可降低钻井液黏度。它与磺化褐煤树脂、磺甲基酚醛树脂以及磺甲基栲胶同时使用,可配成一种多效能的磺酸盐钻井液,可成功地在有严重盐钙污染地层的深井和超深井中使用。其通常加量为 0.5%~1.5%。

(2) 铁铬木质素磺酸盐(FCLS)。铁铬木质素磺酸盐是一种浅至深褐色带有纸浆味的自由流动粉末,是从淡水到不同浓度盐水钻井液体系的有效降黏剂,抗温可达 170~180℃。尽管它是一种有效降黏剂,但因 Cr^{6+} 会造成环境污染限制了它只能在环保要求较宽松的地区使用。按钻井液体系性质的不同,降黏效应所需要的碱性 pH 值范围在 9.0~12.5 变化。其通常加量为 0.2%~0.6%。

(3) 两性离子聚合物降黏剂(XY-27)。两性离子聚合物降黏剂是相对分子质量约为 2000 的两性离子聚合物降黏剂,在其分子链中同时含有阳离子基团、阴离子基团和非离子基团,属于乙烯基单体多元共聚物。其主要特点是降黏的同时又可抑制页岩分散,与分散型降黏剂相比,只需很少的加量就能取得很好的降黏效果,同时还有抑制黏土水化膨胀的能力。它可与各种常用的钻井液添加剂配伍,抗盐抗钙,其抗温能力为 120℃。其通常加量为 0.2%~0.5%。

(4) 磺甲基栲胶(SMK)。磺甲基栲胶是一种单宁含量较低的磺化单宁提取物。因它的抗温能力比 SMT 低,故用于较浅的井中作降黏剂,其抗温能力为 120℃;它也可以降低滤失量。其通常加量为 0.5%~2.0%。

2) 增黏剂

(1) XC 生物聚合物。XC 生物聚合物又称黄原胶,是由黄原菌类作用于碳水化合物而生成的高分子链状多糖聚合物,相对分子质量高达 500 万,易溶于水。很少的加量(0.2%~0.3%)既可产生较高的黏度,并兼有降失水的作用。XC 还具有良好的剪切稀释性能,能够有效改进钻井液的流型。用它处理过的钻井液,高剪切速率下的极限黏度很低,有利于提高机械钻速;而在环形空间的低剪切速率下又具有较高的黏度,并有利于形成平板型层流,使钻井液携带岩屑的能力明显提高。

(2) 部分水解聚丙烯酰胺(PHPA)。部分水解聚丙烯酰胺是一种白色水溶性聚合物粉末或水溶液,主要用作水基钻井液的增稠剂、包被剂。它可直接加入钻井液,但最好配成 0.5%~1.0% 的水溶液使用。部分水解聚丙烯酰胺产品可分为两种:相对分子质量为 3×10^6 的常规产品和相对分子质量为 $(8\sim12)\times10^6$ 的高分子量产品,高分子量产品有更强的包被和增稠效果。一般情况下部分水解聚丙烯酰胺在钻井液中的加量(折合成干粉)为 0.1%~0.3%。

(3)聚丙烯酰胺钾盐(KPAM)。聚丙烯酰胺钾盐是一种部分水解聚丙烯酰胺—聚丙烯酸钠钾盐的共聚物,有很强的页岩抑制作用,故除用作增稠剂、包被剂外,还可用于页岩抑制剂。它可溶于淡水、咸水和盐水,常以0.5%~1.0%的水溶液形式使用,其抗温能力可达160~180℃,在钻井液中的加量(折合成干粉)为0.1%~0.3%。

(4)FA-367。FA-367是一种相对分子质量很大的水溶性两性离子聚合物,在其丙烯酸主链上带有很多阴离子、阳离子和非离子基团,商业产品为白色至微黄的粉末。它常在水基钻井液中用作增稠剂、包被剂或与XY-27(两性离子聚合物降黏剂)和JT-888(两性离子聚合物降滤失剂)一起使用形成两性离子聚合物钻井液体系。其抗温能力可达160~180℃,具有很好的抗盐和抗钙性能;可与常用添加剂和丙烯酸类聚合物一起配合使用。在淡水钻井液中的通常加量(折合成干粉)为0.2%~0.4%,饱和盐水钻井液中的通常加量(折合成干粉)为0.7%~1.5%。

(5)高黏度羧甲基纤维素(CMC_{HV})。高黏度羧甲基纤维素为白色棉花状毛绒物,在水中完全溶解。与低黏度羧甲基纤维素(CMC_{LV})和中黏度羧甲基纤维素(CMC_{MV})相比,它主要用于提高钻井液黏度,以提高其洗井和悬浮能力;同时还可降低滤失量。其通常加量为0.2%~0.5%。

(6)聚阴离子纤维素(PAC)。聚阴离子纤维素是一种高品质水溶性纤维素衍生物,可有效提高水基钻井液黏度,通常加量为0.2%~0.6%。

二、操作技能

现场钻井液工技术操作人员必须熟练掌握钻井液漏斗黏度计的测量原理和操作步骤。钻井液漏斗黏度计主要包括马氏漏斗黏度计和范氏漏斗黏度计两种类型,现场主要使用马氏漏斗黏度计。使用钻井液漏斗黏度计测量钻井液包括校正和测量两部分。

1. 马氏漏斗黏度计的构造和使用方法

1)马氏漏斗黏度计的构造

马氏漏斗黏度计由漏斗、12目筛网、946mL标准量筒、出口管及2000mL钻井液杯组成,其构造如图2-2所示。

图2-2 马氏漏斗黏度计

2) 马氏漏斗黏度计的使用方法

(1) 检查并校验。测定漏斗黏度前要检查漏斗、出口管以及钻井液杯是否完好，出口有无堵塞；并用清水进行校验。在常温下，其准度为当向漏斗内注入1500mL清水，流出946mL时的漏斗黏度为26±0.5s，以此作为校验漏斗黏度计的标准。

(2) 用2000mL钻井液杯取搅拌均匀待测钻井液近2000mL，将左手食指堵住漏斗底流口，并使钻井液经过筛网后流入漏斗中（注入量为1500mL）。

(3) 将体积为946mL标准量筒置于漏斗出口的正下方，在松开左手食指的同时右手按动秒表。注意在钻井液流出过程中，始终使漏斗保持直立。

(4) 待钻井液流满946mL标准量筒时，按动秒表记录所用时间。所记录的时间(s)即为待测钻井液的漏斗黏度。

2. 操作注意事项

(1) 测量前必须对仪器进行校正。

(2) 测量用的钻井液一定要经过充分搅拌，且钻井液必须通过筛网过滤。

(3) 注入漏斗的钻井液量必须是1500mL，否则会影响测量结果的准确性。

钻井液从漏斗口流出时，随着漏斗中钻井液液面逐渐降低，流速逐渐减小。因此，漏斗黏度计不能在某一固定剪切速率下测定黏度，所以无法与其他流变参数进行换算。漏斗黏度只能用来判断在钻井期间各个阶段黏度变化的趋向，它不能说明钻井液黏度变化的原因，也不能作为对钻井液进行处理的依据。但由于漏斗黏度的测量方法简单，使用方便，其数值的大小可直接反映钻井液黏度的大小，因此，在钻井过程中，钻井液的漏斗黏度是经常测定的重要参数，在钻井现场漏斗黏度常用来与其他钻井液流变参数一起表征钻井液的流变性。

三、问题探究

1. 钻井过程中对钻井液漏斗黏度的要求

钻井液漏斗黏度是直观反映钻井液流动性的一个非常重要的性能指标，它决定着钻头水率功率的大小（即钻井速度的快慢）、钻井泵动力消耗的多少，更关系到钻井液气侵后除气器和旋流器功能的发挥。钻井液漏斗黏度过大，则钻井液在循环过程中沿程压力损失大，并对井底形成过高的附加循环压力，这样相当于增加了作用在井底的静液柱压力，这对于地层埋藏深、破坏严重、裂缝、微裂缝发育地层特别容易引起井漏；钻井液漏斗黏度过小，则钻井液悬浮和携带岩屑的能力下降，同时钻井液的滤失量会增大，这对于稳定井壁和防止渗透性地层发生井漏都非常不利。

2. 钻井过程中钻井液漏斗黏度的确定

钻井过程中钻井液漏斗黏度应根据本口井的钻井液设计要求进行确定和控制。用马氏漏斗黏度计对钻井液进行黏度测量，用测量的结果与设计值进行比较，当发现实际测量结果不在设计要求的范围之内时，应使用本井设计要求规定的增黏剂或降黏剂对漏斗黏度进行调节，最终使其符合设计要求。

3. 钻井过程中钻井液漏斗黏度的调整

1) 提高钻井液漏斗黏度的方法

(1) 提高固相含量。固相含量的增加减少了液体流动空间,固体颗粒本身的水化增加了固相吸附水,减少了自由流动的自由水,且固体颗粒与固体颗粒之间、固体颗粒与液体分子之间的摩擦力都大于液体与液体之间的摩擦力,所以提高固相含量可以提高钻井液漏斗黏度。此外,因片状结构的黏土颗粒各部分的带电位不同,故水化程度也不同,因此在黏土颗粒水化差的地方,电性弱的部分易相互吸引而连接,于是黏土颗粒在钻井液中形成空间网状结构而包住了自由水,这相当于增加了固相含量,减少了自由水;而且,钻井液流动需破坏部分网状结构,即流动阻力增加,黏度升高。

(2) 加入水溶性高分子化合物。钻井液中加入高分子化合物后,由于它们是长链高分子,增加了滤液黏度,并促使黏土颗粒形成网状结构;大分子本身的水化又使部分自由水变为束缚水,使黏度升高。如使用 Na—CMC、水解聚丙烯腈提高黏度。

(3) 提高固相分散度。固相分散度升高,钻井液中固体颗粒数增加,粒间距变小,更易碰撞接触形成网状结构,使摩擦力变大,黏度提高。

2) 降低钻井液漏斗黏度的方法

(1) 增加钻井液中自由水。补充清水即可。

(2) 加入稀释剂(或降黏剂)。稀释剂吸附于黏土颗粒边棱处,使本来水化差的部分水化性增强,水化膜变厚,削弱或拆散了部分网状结构,放出被包自由水从而降黏。

(3) 升高温度。升温后,一方面增稠剂性能减弱,另一方面各种分子间热运动距离增大,液体内部总摩擦力降低,黏度降低。

四、拓展知识

为了使整个循环系统的钻井液都能得到有效处理,在向钻井液中加入增黏剂或降黏剂时必须在一个循环周或两个循环周内均匀加入并对钻井液充分搅拌。钻井液循环一周所需时间的计算公式为:

$$T = \frac{V}{60Q} \qquad (2-6)$$

式中 T——钻井液循环一周需要的时间,min;
V——钻井液的总体积,L;
Q——钻井泵的排量,L/s。

钻井过程中如果测定钻井液的漏斗黏度不符合设计要求而需要加入增黏剂或降黏剂对钻井液进行处理时,其加量的多少没有计算公式可供计算,只有在钻井现场通过小型试验找出最合理的加量。方法是:取6个2000mL的钻井液杯并编号,贴上标签;在高架槽处取钻井液,在每个杯子中分别加入1600mL钻井液,根据所用增黏剂或降黏剂的厂家推荐使用量的范围加入处理剂,假如某种增黏剂或降黏剂的推荐使用量为1%~2%;则可在六个杯子中分别加入处理剂0.75%、1%、1.25%、1.5%、1.75%、2.0%;然后分别用搅拌器搅拌两个小时左右,再用马氏漏斗黏度计测出六个杯子的漏斗黏度,看看哪一个加量刚好可以把钻井液的漏斗黏度调整到设计要求的范围之内。假如加量为1.5%时刚好可以将钻井液的漏斗黏度调整到设计要求的范围之内,就用这个加量对循环系统的所有钻井液进行处理。假如现在井场上循环系统的钻井液体积是180m³,在对全井的钻井液进行黏度调整时应加入增黏剂或降黏剂的量应该是180×1.5% = 2.7m³,约为2700kg。处理时将这2700kg的处理剂按循环周均匀混入钻井液中,既可将钻井液的漏斗黏度调整到设计要求的范围之内。

任务3 钻井液流变参数的测定

(1)掌握钻井液流变参数的定义;
(2)掌握钻井液流变参数的类型和调整方法;
(3)掌握六速旋转黏度计的构造和使用方法;
(4)能够根据现场资料,判断钻井液流变参数是否符合设计要求或相关标准;
(5)能够根据现场情况和钻井液技术设计,调整钻井液的流变参数。

钻井液流变参数是钻井液最重要的常规性能指标,钻井液流变参数与井底清洗、岩屑携带的效率、井壁的稳定、岩屑及加重剂的悬浮、起下钻的静液柱压力波动及安全快速钻进和油气层保护密不可分,为此在钻井过程中准确测量钻井液流变参数和正确控制流变参数是每一位钻井液工必须具备的技能。

在钻井过程中,钻井液流变参数会由于各种因素(如钻井过程中发生淡水浸或盐水浸)的影响不断变化,而钻井液流变参数过大或过小都会对钻井过程造成非常大的危害。因此,在钻井的过程中钻井液工要求每一工作班(《中国石油天然气钻井液技术规范规定》)必须测量两次钻井液流变参数(特殊情况还需加密测量),以便掌握钻井液流变参数是否符合设计标准。掌握钻井液各流变参数的基本概念、钻井对流变参数的要求、六速旋转黏度计的结构和使用方法对钻井液工来说显得尤为重要。

一、基础知识

1.流体流动的基本概念

观察江河表面水的流速分布,可发现靠近河岸流速小,靠近河中心流速大,河面水的流速分布如图2-3所示。管道中水的流速分布也是中心处流速最大,越向周围流速越小,流速剖面为抛物线状,其立体形状像一个套筒望远镜或拉杆天线,如图2-4所示。

1)剪切速率(γ)

水中各点的流速不同,可以设想将其分成许多薄层。通过管道中心线上的点作一条流速的垂线,自中心线上的点沿垂线向管壁移动位置,随着位置的变化流速也在发生变化。液流中各层的流速不同这个现象,通常是用剪切速率(或称流速梯度)这个物理量来描述的。如果在垂直于流速的方向上取一段无限小的距离dx,流速由v变化到$v+dv$,则比值dv/dx表示在垂直于流速方向上单位距离流速的增量,即剪切速率。剪切速率也可用符号γ来表示。

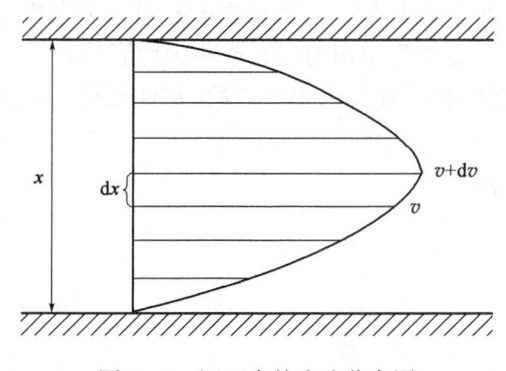
图 2-3 河面水的流速分布图

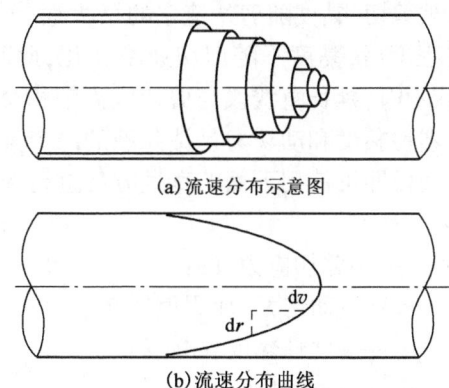
(a)流速分布示意图

(b)流速分布曲线

图 2-4 管道中水的流速分布图

若剪切速率大,则表示液流中各层之间的流速变化大;反之,则流速变化小。流速的单位是 m/s,距离的单位是 m,所以剪切速率的单位是 s^{-1}。

钻井液在循环过程中,由于它在各处的流速不同,因此剪切速率也不相同。流速越大剪切速率越高,反之则越低。一般情况下,沉砂池剪切速率最低,大约为 $10 \sim 20 s^{-1}$;环形空间为 $50 \sim 250 s^{-1}$;钻杆内为 $100 \sim 1000 s^{-1}$;钻头喷嘴处最高,大约为 $10000 \sim 100000 s^{-1}$。

2)剪切应力(τ)

液流中各层的流速不同,所以液层与液层之间必存在着相互作用力,在流速不同的各液层之间会发生内摩擦作用,即出现成对的内摩擦力(剪切应力),阻碍液层剪切变形。通常将液体流动时所具有的抵抗剪切变形的物理性质称为液体的黏滞性。

3)流体流型

剪切应力和剪切速率是流变学中的两个基本概念,钻井液流变性的核心问题是研究钻井液剪切应力与剪切速率之间的关系。剪切应力与剪切速率的数学关系式称为流变方程(或称为流变模式),剪切应力—剪切速率曲线称为流变曲线。

根据液体流动时剪切应力与剪切速率的关系,流体可以分为四种流体:牛顿流体、塑性流体(宾汉流体)、假塑性流体(幂律流体)和膨胀流体,以上四种基本流体的流变曲线如图 2-5 所示。水、酒精、轻质油、低分子化合物溶液都属于牛顿流体;高黏土含量的钻井液、高含蜡原油和油漆都属于塑性流体;高分子聚合物钻井液属于假塑性流体;生面团等属于膨胀型流体。

2. 塑性流体

高黏土含量的钻井液属于塑性流体。从图 2-5 可以看出,塑性流体当 $\gamma=0$ 时,$\tau \neq 0$,也就是说施加力超过一定值的时候才开始流动,这种使流体开始流动的最低剪切应力(τ_s)称为静切应力(又称静切力、切力或凝胶强度)。当剪切应力超过 τ_s 时,在初始阶段剪切应力与剪切速率的关系不是一条直线,表明此时塑性流体还不能均

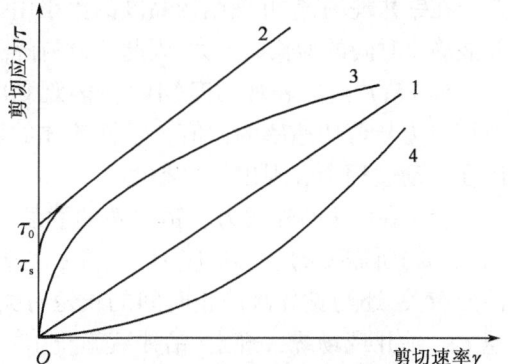
图 2-5 四种基本流体的流变曲线
1—牛顿流体;2—塑性流体;3—假塑性流体;
4—膨胀型流体
τ_s—静切力;τ_0—动切力

匀地被剪切,黏度随剪切速率的增大而降低(图中曲线段)。继续增加剪切应力,当其值大到一定程度后,黏度不随剪切速率变化,此时流变曲线变成直线。此直线段的斜率为塑性黏度 μ_p(或 PV),延长直线段与剪切应力轴相交于一点 τ_0,即为动切力(YP 或称为屈服值)。

塑性黏度和动切力是钻井液的两个重要流变参数。引入动切力之后,塑性流体流变曲线的直线段即可使用下面的直线方程进行描述:

$$\tau = \tau_0 + \mu_p \gamma \tag{2-7}$$

式中　τ——剪切应力,Pa;
　　　τ_0——动切力(屈服值),Pa;
　　　μ_p——塑性黏度,mPa·s;
　　　γ——剪切速率,s^{-1}。

式(2-7)是塑性流体的流变模式,称为宾汉方程,塑性流体也称为宾汉流体。

(1)钻井液的塑性黏度(μ_p)。钻井液的塑性黏度反映的是在层流流动状态下钻井液中固相颗粒与固相颗粒之间、固相颗粒与液相分子之间以及液相分子与液相分子之间内摩擦力的总和。塑性黏度大,钻井液携带岩屑的能力强,但钻井液的流动性差,不利于钻头水力功率的发挥,特别是对定向钻井极为不利;如果钻井液的塑性黏度过小,对深井及超深井段钻井时携带岩屑极为不利。因此在钻井的过程中必须合理地控制好塑性黏度,以利于安全、优质、快速、低耗地进行钻井。一般来说非加重钻井液塑性黏度控制在 5~12mPa·s。

(2)钻井液的动切力(τ_0)。钻井液的动切力又称屈服值,它反映的是钻井液在层流流动时形成的空间网架结构力的大小,是钻井液循环上返的过程中携带岩屑能力强弱的一个重要的性能指标。钻井液的动切力越大,其携带岩屑的能力越强,反之则弱。在钻井的过程中,应根据所钻井的类型、地层岩性、水力参数等合理控制动切力,以满足钻井工程的要求。一般来说非加重钻井液动切力控制在 1.4~14.4Pa。钻井液的动切力和塑性黏度是衡量钻井液流变性好坏的两个非常重要的指标。在钻井现场,我们控制钻井液在环形空间的流动状态就是控制钻井液动塑比值(τ_0/μ_p)的大小,为了获得良好的流动性,应控制动塑比值在 0.36~0.48Pa/mPa·s。

(3)钻井液的结构黏度。钻井液的结构黏度是反映钻井液在静止状态下悬浮岩屑和加重剂能力的一个性能指标。钻井液结构黏度大则钻井液的悬浮能力强,反之,则钻井液的悬浮能力差。在钻井现场,钻井液结构黏度的大小用钻井液静切力来表示,由于钻井液结构黏度会随着钻井液静止时间的增长而增大,因此,现场在测定钻井液的静切力时应分别测出初切力和终切力。

(4)钻井液的表观黏度(AV)。表观黏度又称有效黏度或视黏度,是指在某一剪切速率下,剪切应力与剪切速率的比值。塑性流体的表观黏度由塑性黏度和结构黏度两部分组成,是流体在流动过程中表现出的总黏度。

(5)钻井液的静切力。钻井液的静切力是指当钻井液静止时,破坏其内部单位面积上的网状结构所需要的最小切应力,用符号 θ 表示,单位是 Pa。静切力的大小不仅与钻井液本身性质有关,还与钻井液静止时间的长短有关,钻井液静止的时间越长,则钻井液的静切力值就越大。钻井现场统一规定,钻井液静止 10s 后所测的切力称为初切力,用 θ_1 表示;钻井液静止 10min 后所测的切力称为终切力,用 θ_{10} 表示。

(6)钻井液的触变性。钻井液的触变性是指搅拌后钻井液变稀(即切力降低),静止后又变稠(即切力增大)的性质。一般用钻井液的终切力与初切力的差值表示钻井液触变性的强弱,差值越大,则表示钻井液触变性越强。钻井液具有触变性有利于停泵后井筒中静止钻井液悬浮岩屑,但是触变性过大使开泵时产生压力激动,并可能压漏薄弱地层。综合各方面的因素考虑,钻井液的触变性应合理控制在一个合适的范围内,以更有利于满足钻井过程的需要。

(7)钻井液的剪切稀释性。对于塑性流体,虽然塑性黏度和动切力不随剪切速率变化,但表观黏度随剪切速率的增大而降低。表观黏度随剪切速率的增大而降低的特性称为剪切稀释性。为了保证钻井液有好的破岩能力和携岩效果,要求钻井液应有较好的剪切稀释性。

3. 假塑性流体

某些高分子钻井液、高分子化合物的水溶液以及乳状液等均属于假塑性流体,其流变曲线是通过原点并凸向剪切应力轴的曲线。这类流体的流动特点是施加很小的剪切力就能产生流动,不存在静切力,它的黏度随剪切应力的增大而降低。

假塑性流体服从幂律公式,即

$$\tau = K\gamma^n \tag{2-8}$$

式中 K——稠度系数,$mPa \cdot s^n$;

n——流性指数。

式(2-8)为假塑性流体的流变模式,习惯上称为幂律公式,n 和 K 是假塑性流体的两个重要流变参数。

(1)稠度系数(K)。钻井液的稠度系数表示液体的可泵性和直观流动性,反映钻井液的稠稀程度,可以认为它是钻井液的表观黏度。它既受钻井液内摩擦力的影响,又受结构力的影响。

(2)流性指数(n)。流性指数是钻井液结构力的一种表示,也是钻井液触变性或剪切稀释性强弱的表示。由幂律公式可知,当 $n=1$ 时,为牛顿公式,流体为牛顿流体。n 值越大,剪切稀释能力越弱,液体的非牛顿性越弱。对于塑性流体,一般 n 值小于1,其取值范围是 $0.4 \sim 0.7$。n 值越小,钻井液触变性和剪切稀释性越强,提高钻速和携带岩屑效果越好。降低 n 值有利于携带岩屑,清洗井底。n 值主要受大分子网架结构的影响,大分子网架结构越强,n 值越小。减小 n 值的方法有:加入大分子聚合物处理剂,如 XC、水解聚丙烯酰胺(PHP)等;加入预水化膨润土;加入适量无机盐,提高钻井液絮凝程度,增大体系网架结构等。

二、操作技能

1. 六速旋转黏度计的构造和使用方法

1)六速旋转黏度计的构造

六速旋转黏度计是目前钻井现场中广泛使用测量钻井液流变性的仪器,由电动机、恒速装置、变速装置、测量装置和支架箱体等五部分组成。恒速装置和变速装置合称旋转部分,在旋转部件上固定一个能转动的外筒。测量装置由测量弹簧(扭簧)、刻度盘和内筒组成,内筒通过扭簧固定在机体上,扭簧上附有刻度盘。通常将外筒称为转子,内筒称为悬垂。其实物图如图2-6(a)所示,构造原理如图2-6(b)所示。

工作时,内筒和外筒同时浸没在钻井液中,它们是同心圆筒,环隙1mm左右。当外筒以某一恒速旋转时,带动环隙里的钻井液旋转。由于钻井液的黏滞性,使与扭簧连接在一起的内筒转动一个角度。根据流动方程,内筒转动角度的大小与钻井液的黏度成正比,于是,对钻井液黏度的测量就转变为对内筒转角的测量。转角的大小可从刻度盘上直接读出。

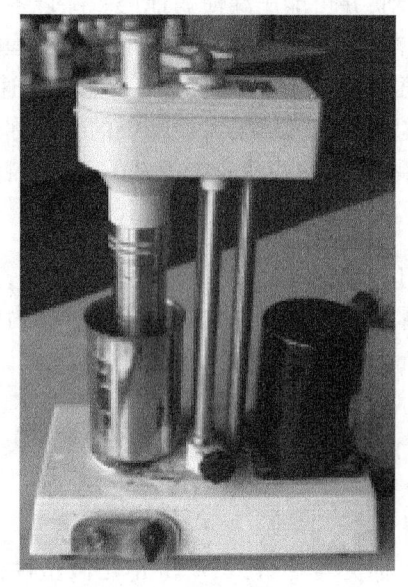 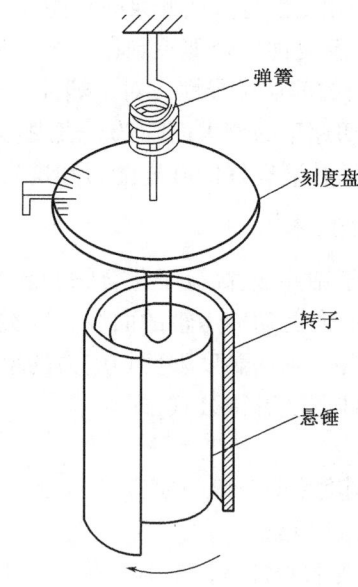

(a) 实物图　　　　　　　　　(b) 构造原理图

图 2-6　六速旋转黏度计

2) 六速旋转黏度计的使用方法

(1) 将待测的钻井液(或预先配制好的钻井液)进行充分搅拌,然后倒入钻井液杯中,至钻井液的液面与杯内刻度线相平齐;然后上升托盘,使杯内钻井液的液面与黏度计外筒上的刻度线相平齐;最后将其用托盘上的顶丝固定住。

(2) 将黏度计转速设置在 600r/min 对钻井液进行搅拌,待刻度盘稳定后准确读取数据。

(3) 再将黏度计的转速分别设置在 300r/min、200r/min、100r/min、6r/min 和 3r/min,待刻度盘稳定后分别读取刻度盘上的偏转格数。

(4) 用直读公式计算各流变参数。

钻井液的塑性黏度：

$$PV = \phi_{600} - \phi_{300} \tag{2-9}$$

钻井液的表观黏度：

$$AV = \frac{1}{2}\phi_{600} \tag{2-10}$$

钻井液的动切力：

$$\tau_0 = 0.511(\phi_{300} - PV) \tag{2-11}$$

钻井液的初切力：

$$\theta_1 = 0.511\phi_3 \tag{2-12}$$

钻井液的终切力：

$$\theta_{10} = 0.511\phi_3 \tag{2-13}$$

式中　PV——塑性黏度,mPa·s;

　　　ϕ_{600}——600r/min 时刻度盘的恒定读数;

　　　ϕ_{300}——300r/min 时刻度盘和恒定读数;

　　　AV——表观黏度,mPa·s;

τ_0——动切力,Pa;

θ_1——初切力,Pa;

ϕ_3——钻井液静止10s(或10min)后3r/min的最大读值;

θ_{10}——终切力,Pa。

使用六速旋转黏度计不但能测定出钻井液的塑性黏度、表观黏度,同时还可以测定出钻井液的其他重要的流变参数。

流性指数的计算公式为:

$$n = 3.22\lg\frac{\phi_{600}}{\phi_{300}} \qquad (2-14)$$

钻井液稠度系数 K 值的计算公式为:

$$K = \frac{0.511\phi_{300}}{511^n} \qquad (2-15)$$

钻井液的稠度系数 K 值越大,钻井液的黏度越高;若钻井液的 K 值过大,将造成重新开泵困难。当钻井液中固相含量或聚合物处理剂的浓度增大时,K 值相应增大。降低 K 值类似于降低钻井液的黏度,有利于提高钻速;提高 K 值类似于增大钻井液的黏度,有利于清洁井眼和消除井塌引起的井下复杂情况。因此,K 值并非越低越好,有时需要适当提高 K 值。降低 K 值最有效的方法是通过加强固相控制或加水稀释以降低钻井液中的固相含量。若需要适当提高 K 值时,可向钻井液中添加适量聚合物处理剂,或将预水化膨润土加入盐水钻井液或钙处理钻井液中。

2. 操作注意事项

(1)六速旋转黏度计的最高工作温度为93℃,如果测定温度高于93℃的钻井液,应使用实心的金属内筒或内部完全干燥的空心金属内筒。因为当浸入到高温钻井液中时,空心内筒内部的钻井液可能会蒸发而引起内筒的破裂。

(2)直读式黏度计的准确度主要依赖于正确的弹簧扭力及正确的转速,所以,应经常对仪器进行校正。当弹簧的刚度发生改变时应用螺丝刀对弹簧的刚度进行调整,以保证测量前刻度盘的零位对准零位。另外,也可通过测量一些已知黏度的牛顿流体来对仪器校正。

在钻井现场,应按照《中国石油天然气钻井液技术规范》,定时测定钻井液的流变参数,并将测量结果与设计值进行比较,当钻井液的这些参数不符合设计要求时马上对其进行调整以使其符合设计要求。

三、问题探究

1. 在钻井过程中钻井液塑性黏度太高的原因

(1)钻井液的塑性黏度太高说明此时钻井液的固相控制设备没能充分发挥功效,该清除的固相没有得到有效的清除,钻井液的固相含量高,固相颗粒随钻井液循环而不断水化分散,造成钻井液的塑性黏度越来越大。

(2)配制钻井液时所加入膨润土的量太大,随着钻井深度的不断增加,地层温度越来越高,膨润土水化分散性进一步增强,造成钻井液的塑性黏度越来越高。

(3)如果在处理钻井液时加入过量的高分子处理剂也会引起塑性黏度的增高,此时应加强固控设备的清除效率,特别是充分利用高速倾注式的离心机把钻井液当中的超细微粒和膨润土回收出来一部分,把钻井液的塑性黏度降下来。

值得注意的是,很多情况下使用降黏剂不能降低钻井液的塑性黏度,因为影响塑性黏度的主要因素是固相颗粒,降黏剂主要用来降低钻井液的动切力而非塑性黏度。

2. 钻井液动切力太高的原因及相应措施

影响钻井液动切力的因素有被钻头破碎后的地层中黏土矿物的类型和含量、电解质的浓度、高分子及降黏剂的使用等。如果动切力增大是因为 Ca^{2+}、Mg^{2+} 污染,则应清除这些离子,方法是加入处理剂来沉除这些离子。聚合物钻井液中也可以通过加入稀释剂的方法来降低钻井液的动切力。

3. 钻井液动塑比值的大小与钻井速度的关系

钻井液的动塑比值是影响机械钻速的一个重要因素。由于钻井液具有剪切稀释性,在钻头喷嘴处的流速极高,一般在150m/s以上,剪切速率高达 $10000s^{-1}$ 以上,在如此高的剪切速率下,紊流流动阻力很小,因而液流对井底的冲击力强,钻井液容易渗入钻头冲击井底岩石时所形成的微裂缝中,减小岩屑和井底岩石的可钻性,因此可以提高钻井速度。如果钻井液塑性黏度高,动塑比小,一般情况下喷嘴处的紊流流动阻力会比较大,必然降低和减缓钻头对井底的冲击和切削作用,使钻速降低。

4. 调节流变参数时处理剂用量的确定

调节流变参数时处理剂用量的确定方法与增黏剂或降黏剂用量的确定方法相同,详见本项目任务2的"拓展知识"。

5. 用处理剂调节钻井液性能时将其提前配制成胶液的原因

钻井液处理剂提前配制成胶液再加入钻井液中对其性能进行调节,可很快发挥处理剂应有的作用。如果将干粉状的处理剂直接加入到钻井液中,它需要一个溶解和反应的过程,甚至它刚刚吸附到岩屑表面还没有发挥作用就被振动筛连同岩屑一起被筛入沉砂坑中了,造成了处理剂材料的浪费,增加钻井液的成本。

四、拓展知识

1. 钻井液流变性与钻井作业的关系

1)钻井液流变性与井眼净化

钻井液的主要功用之一就是清洗井底并将岩屑携带到地面上来。钻井液净化井眼的能力除取决于循环系统的水力参数外,还取决于钻井液的性能,特别是其中的流变性能。根据喷射钻井理论,岩屑的清除分为两个过程,一是岩屑被冲离井底,二是岩屑从环形空间被携至地面。岩屑被冲离井底的问题涉及钻头选型和井底流场的研究,属于钻井工程的范畴,这里只讨论钻井液携带岩屑的问题。

(1)层流携带岩屑原理。

一方面钻井液携带岩屑颗粒向上运动,另一方面岩屑颗粒由于重力作用向下滑落。在环形空间里,钻井液携带岩屑颗粒向上运动的速度取决于流体的上返速度与颗粒自身滑落速度

二者之差,即

$$v_P = v_f - v_s \qquad (2-16)$$

式中 v_P——岩屑的净上升速度,m/s;
v_f——钻井液的上返速度,m/s;
v_s——岩屑的滑落速度,m/s。

上式两边同除以 v_f,可得:

$$\frac{v_P}{v_f} = 1 - \frac{v_s}{v_f} \qquad (2-17)$$

通常将 v_P/v_f 称作携带比,并用该比值表示井筒的净化效率。显然,提高携带比的途径是提高钻井液的上返速度 v_f 或者降低岩屑的滑落速度 v_s。但综合考虑钻井的成本和效益,上返速度不能大幅度提高。因此,如何尽量降低岩屑的滑落速度对井眼净化至关重要。研究表明,岩屑的滑落速度除与岩屑尺寸、岩屑密度、钻井液密度和流态等因素有关外,还与钻井液的有效黏度成反比。

为了研究岩屑在井筒内上升的过程,用玻璃井筒进行实验,实验中用扁平的圆形铝片代替岩屑。结果表明,当钻井液处于不同流态时,片状岩屑上升的机理是不相同的。片状岩屑在层流时的受力情况如图 2-7 所示,从图中可以看出,层流时钻井液的流速剖面为一抛物线,中心线处流速最大,两侧流速逐渐降低,而靠近井壁或钻杆壁处的速度为零。这样,岩屑在上升过程中各点受力是不均匀的。中心处流速高,作用力大;靠近两侧流速低,作用力小。如图中所示,$F_4 > F_2、F_3 > F_1$,致使有一个力矩作用在岩屑上,使岩屑翻转侧立,向环空两侧运移。此时,有的岩屑贴在井壁上形成厚的假滤饼,有的向下滑移。由于两侧液面的阻力,岩屑下滑至一定距离后又会进入流速较高的中心部位而向上运移。如此周而复始,岩屑经过曲折的路径才被带出井口(图 2-8)。

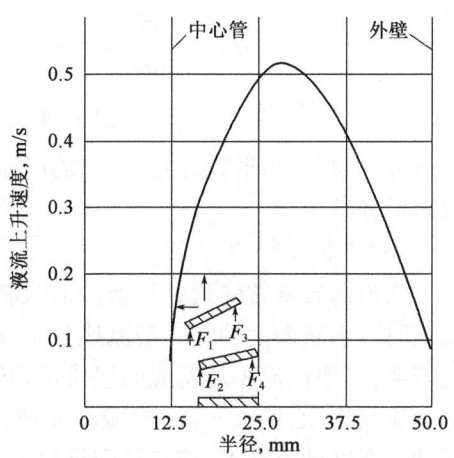

图 2-7 片状岩屑在层流时的受力情况

岩屑的这种转动现象对携岩是不利的,不仅延长了岩屑从井底返至地面的时间,而且容易使一些岩屑返不出地面,造成起钻遇卡、下钻遇阻、下钻下不到井底等复杂情况。实验表明,岩屑转动现象与岩屑的形状有关,当岩屑厚度与其直径之比小于 0.3 或大于 0.8 时才会出现转动,此范围之外的岩屑将会比较顺利地携带出来。

钻柱转动对层流携带岩屑是有利的,因为钻柱转动改变了层流时液流的流速分布状况,使靠近钻具表面的液流速度增大,岩屑以螺旋形式上升,如图 2-8(b)所示。此时,岩屑的转动现象仅出现在靠近井壁的那一侧。

(2)紊流携带岩屑的原理。

如图 2-8(c)所示,钻井液在紊流流动时,岩屑不存在转动和滑落现象,几乎全部都能携带到地面上来,环形空间里的岩屑比较少。但是紊流携岩也有一些缺点,岩屑在紊流时的滑落速度比在层流时大,这就要求钻井液的上返速度高,泵的排量大,但这要受到泵压和泵功率的限制,特别是当井眼尺寸较大、井较深以及钻井液黏度、切力较高时,更加难以实现;由于沿程压降与流速的平方成正比,功率损失与流速的立方成正比,所以用紊流携岩还会使钻头的水功

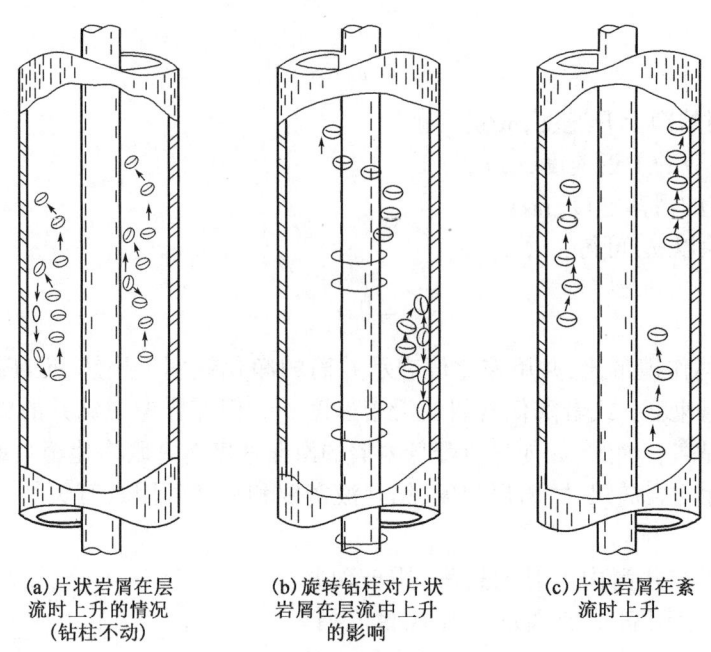

(a) 片状岩屑在层流时上升的情况（钻柱不动）　　(b) 旋转钻柱对片状岩屑在层流中上升的影响　　(c) 片状岩屑在紊流时上升

图 2-8　片状岩屑在井筒内的上升情况

率降低,不利于喷射钻井;紊流时的高流速对井壁冲蚀严重,不能很好地形成滤饼,容易引起易塌地层井壁垮塌。

(3) 平板型层流。

紊流携岩常常受到各种条件的限制,不是随便可以采用的。既然造成岩屑转动的原因是层流时过水断面上的尖峰型流速分布,那么解决问题的途径则是设法改变这种流速分布。研究表明,当塑性流体从塞流向层流逐渐转化时,中间要经过一种平板型层流,即通过调整钻井液的流变性能,增大 τ_0/μ_p 或减小 n 值,便可以使钻井液流速剖面的尖峰转为平缓,如图 2-9 所示。在这种流态下,液流周围呈层流流动,中间是一个速度剖面较为平齐的等速核,即流核。于是,用平板型层流来代替尖峰型层流即可达到上述目的。

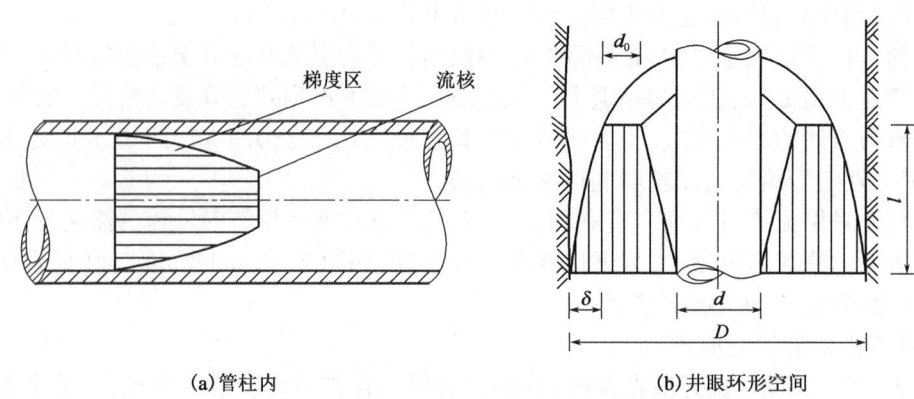

(a) 管柱内　　(b) 井眼环形空间

图 2-9　钻井液平板型层流流动状态

D—井眼直径;d—钻柱外径;d_0—等速核直径;δ—流速梯度;l—等速核流速

相对于尖峰型层流和紊流来说,平板型层流可以实现环空减低返速而有效地携带岩屑。现场经验表明,在多数情况下,即便是使用低固相钻井液,将环空返速保持在 0.5~0.6m/s 就可满足携带岩屑的要求,既能使泵压保持在合理范围,又能降低钻井液在钻柱内和环空的压力损失,使水力功率得到充分、合理的利用,解决了低黏度钻井液有效携岩的问题,为普遍推广使用低固相不分散聚合物钻井液提供了流变学上的依据。尽管钻井液黏度较低,但只要保证 τ_0/μ_p 较高,使环空液流处于平板型层流状态,一般情况下都能做到有效携岩,保持井眼清洁。避免了钻井液处于紊流状态时对井壁的冲蚀,有利于保持井壁稳定。

一般认为,就有效地携带岩屑而言,将钻井液的 τ_0/μ_p 保持在 0.36~0.48Pa/(mPa·s) 或 n 值保持在 0.4~0.7 是比较适宜的。如 τ_0/μ_p 过小,会导致尖峰型层流;如该比值过大,往往会因 τ_0 值的增大引起泵压显著升高。当然,为了减小岩屑的滑落速度,钻井液的有效黏度也不能太低,对于低固相聚合物钻井液,将其有效黏度保持在 5~12mPa·s 是较为适宜的。

2) 钻井液流变性与井壁稳定

紊流液流对井壁有较强的冲蚀作用,容易引起易塌地层垮塌,不利于井壁稳定。其原因是紊流时液流质点的运动方向是紊乱的、无规则的,而且流速高,具有较大的动能。因此,在钻井液循环时,一般应保持在层流状态,尽量避免出现紊流。

要做到这一点,钻井工程师需要比较准确地计算钻井液在环空的临界返速。临界返速在很大程度上受钻井液的密度、塑性黏度和动切力的影响。表 2-1 计算了三种不同密度钻井液的临界返速。计算结果表明,随着钻井液密度、塑性黏度和动切力的减小,临界流速明显降低,即更容易形成紊流。

表 2-1 钻井液密度和流变参数对临界返速的影响

井眼直径 D,mm	钻柱外径 d,mm	密度 ρ,g/cm³	塑性黏度 μ_p,mPa·s	动切力 τ_0,Pa	临界返速 v_c,m/s
215.9	127	1.20	23	60	3.76
215.9	127	1.09	9.4	26	2.55
215.9	127	1.06	6	20	2.25

因此,在调整钻井液流变参数和确定环空返速时,既要考虑携岩问题,同时又要考虑钻井液的流态,使井壁保持稳定。

3) 钻井液流变性与悬浮岩屑、加重剂的关系

钻进过程中,在接单根或设备出现故障时,钻井液会多次停止循环。此时,要求钻井液体系内迅速形成空间网架结构,将岩屑和加重剂悬浮起来,或以很慢的速度下沉;而开泵时,泵压又不能上升太高,以防憋漏地层。提供悬浮能力的决定因素是钻井液的剪切应力和触变性。

根据计算,如果重晶石颗粒直径为 0.1mm,则悬浮重晶石所需的钻井液剪切应力至少为 0.5Pa,当重晶石颗粒直径为 0.2mm 时,钻井液至少应具备 1Pa 的剪切应力,即切力增大一倍。由此可见,配制的加重钻井液必须具备一定的剪切应力,重晶石的粒度也不应过大。除剪切应力外,钻井液还应具有良好的触变性,当循环停止时,钻井液应很快达到一定的剪切应力值,才会对悬浮岩屑和重晶石有利。

4) 钻井液流变性与井内液柱压力激动的关系

所谓井内液柱压力激动是指在起下钻和钻进过程中,由于钻柱上下运动、钻井泵开泵等原因,使得井内液柱压力发生突然变化(升高或降低),给井内增加一个附加压力(正值或负值)的现象。

(1)起下钻时的压力激动。由于钻柱具有一定的体积,当钻柱入井或起出时,钻井液向上或向下流动,会产生一个附加压力。下钻时的激动压力为正值,对井内产生挤压作用,易引起井漏等复杂情况;起钻时的激动压力为负值,对井内产生抽吸作用,易引起井壁坍塌或井喷等事故。起下钻压力激动值的大小主要取决于起下钻速度、井深、井眼尺寸、钻头喷嘴尺寸和钻井液的流变参数(主要是黏度、切力和触变性)。井深1500m 时激动压力可达到 2~3MPa,在5000m 时可达到 7~8MPa,因而不可忽视。

(2)开泵时的压力激动。由于钻井液具有触变性,停止循环后,井内钻井液处于静止状态,其中黏土颗粒所形成的空间网架结构强度增大,剪切应力升高,开泵泵压将超过正常循环时所需要的压力,造成压力激动。开泵时使用的排量越大,所造成压力激动值越高。当钻井液开始流动后,结构逐渐被破坏,泵压逐渐下降。随着排量的增大,结构的破坏与恢复达到平衡,这时泵压便处于比较稳定的工作泵压值。例如,某井某次开泵泵压为5MPa,钻井液流动一段时间后,泵压降为4.4MPa,最后降到钻井泵正常工作时的2.8MPa,对于这一过程,以排量—压力为坐标的流变曲线如图 2-10 所示。图中 p_s 和 p_0 分别为克服钻井液静切力和动切力所需要的压力;p_1 和 p_2 分别为钻井液静止不同时间之后,开泵时克服钻井液剪切应力所需的压力。钻井液的触变性使剪切应力值随静止时间的延长而增大,因此 $p_2 > p_1 > p_s$。若以压力 p_1 开泵,压力将沿虚线升至 M_1 点与流变曲线相交;若以 p_2 开泵,则压力沿虚线到达 M_2 点与流变曲线相交。只有循环一段时间之后,压力才恢复到对应于一定排量的稳定工作压力。这就是开泵时的压力激动。开泵时压力激动值的大小与井眼和钻具尺寸、井深、钻井液剪切应力和触变性、开泵时的操作等因素有关。有时因井底沉砂也会使压力激动加剧。

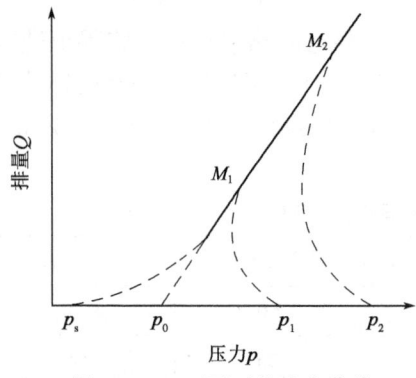

图 2-10 开泵时的流变曲线

压力激动对钻井是有害的,它破坏了井内液柱压力与地层压力之间的平衡,破坏了井壁与井内液柱之间的相对稳定,容易引起井漏、井喷或井塌。影响压力激动的因素是多方面的,与钻井液的黏度、切力密切相关,当其他条件相同时,随着钻井液黏度、切力增大,压力激动会更加严重。因此,特别是钻遇高压地层、容易漏失地层或容易坍塌地层时,一定要控制好钻井液的流变性,在起下钻和开泵的操作上不宜过猛,开泵之前最好先活动钻具,以防止因压力激动而引起各种井下复杂情况。

5)钻井液流变性与提高钻速的关系

钻井液的流变性是影响机械钻速的一个重要因素。研究表明,这种影响主要表现为钻头喷嘴处的紊流流动阻力对钻速的影响,有的文献中将这种流动阻力简称为水眼黏度。由于钻井液具有剪切稀释特性,在钻头喷嘴处的流速极高,一般在 150m/s 以上,剪切速率达到 $1 \times 10^4 s^{-1}$ 以上。在如此高的剪切速率下,紊流流动阻力变得很小,因而液流对井底冲击力增强,更加容易渗入钻头冲击井底岩层时所形成的微裂缝中,有利于减小岩屑的压持效应和井底岩石的可钻强度,从而有利于提高钻速。需要指出,各种钻井液的剪切稀释特性存在着很大差别,试验表明,层流时表观黏度(以 θ_{600} 计算)相同的钻井液,在喷嘴处的紊流流动阻力可相差10倍。如果钻井液塑性黏度高,动塑比小,一般情况下喷嘴处的紊流流动阻力就会比较大,就必然降低和减缓钻头对井底的冲击和切削作用,使钻速降低。

2. 常用的钻井液流变参数调节处理剂

常用的钻井液流变参数调节处理剂种类很多,某些常用的处理剂已在任务 2"钻井液漏斗黏度的测定"中进行介绍,本节只介绍其他两种相关的处理剂。

(1) PAC-141。PAC-141 是不同的丙烯腈单体共聚物,其主链上连接有—COOH、—COONa、—(COO)$_2$Ca 和—CONH$_2$等极性基团,呈白色粉末状,在钻井液中作为增稠剂(包被剂)使用,加入钻井液后还可控制滤失量。其抗温能力在 160~180℃,也可用于盐水钻井液体系中。在淡水钻井液中加量为 0.1%~0.4%,在饱和盐水钻井液中加量为 0.5%~1.0%(折合成干粉)。

(2) 羟乙基纤维素(HEC)。羟乙基纤维素是一种非离子型聚合物,为白色或略带微黄的毛绒状粉末,主要用于用盐粉或石灰石粉加重的不损害油气层的无固相完井液和修井液。使用羟乙基纤维素来配制这种体系的优越性在于它有很好的酸溶性,通过酸化处理可有效地清除侵入地层中的羟乙基纤维素残渣、盐颗粒和石灰石粉颗粒。羟乙基纤维素一般加量为0.3%~0.6%,用于配制完井液和修井液时的用量应通过室内试验确定。

任务 4 钻井液滤失量的测定

学习目标

(1) 掌握钻井液滤失性的概念;
(2) 了解钻井液的滤失过程;
(3) 了解影响钻井液滤失量的因素;
(4) 掌握钻井液滤失量的测量方法。

一、基础知识

钻井液的滤失是指在压差作用下,钻井液中的自由水向井壁岩石的孔隙或裂隙中渗透的过程,常用滤失量(或失水量)来表示滤失性的强弱。在钻井液滤失的同时,钻井液中的固相颗粒附着在井壁上形成滤饼的过程称为钻井液的造壁性,滤饼质量是衡量造壁性好坏的指标。

1. 钻井液的滤失过程

在钻井过程的不同阶段,根据钻井液滤失情况不同,可以分为瞬时滤失、动滤失和静滤失三种情况。

(1) 瞬时滤失。从钻头破碎井底岩石形成新井眼的瞬间开始,滤饼未形成之前,钻井液中的自由水便向岩石孔隙中渗透,直到钻井液中的固相颗粒及高聚物在井壁上附着开始出现滤饼,这段时间的滤失称为瞬时滤失。瞬时滤失时井底岩石表面尚无滤饼形成,所以滤失速率(单位时间内滤失液体的体积)很高,但持续时间短。

(2) 动滤失。经过瞬时滤失后,随着滤失的进行,滤饼不断增厚,同时,循环的钻井液对形成的滤饼产生冲刷作用,滤饼的增厚速度与滤饼的冲刷速度相等时,滤饼厚度不再变化,即达到动态平衡,此过程称为动滤失。动滤失的特点是:压差较大(等于静液柱压力与环空压力降之和与地层压力之差),滤饼比较薄,滤失速率逐渐减小,直至稳定在某一值。

(3)静滤失。当起下钻或其他原因停止钻进时,钻井液停止循环,液流对滤饼的冲刷作用消失,随着滤失的进行,滤饼逐渐增厚,滤失速率逐渐减小,此过程称为静滤失。静滤失的特点是:压差较小(等于静液柱压力与地层压力之差),滤饼较厚,故通常滤失速率比动滤失的小。

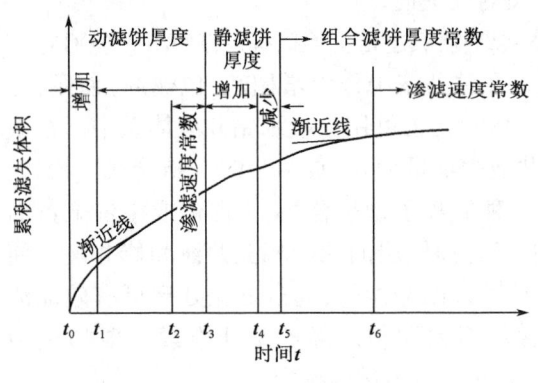

图2-11 井内钻井液滤失过程

再次钻井时,钻井液重新循环,滤失过程由静滤失转为动滤失。由于经历一段静滤失,循环的钻井液对静滤失过程形成的滤饼进行冲刷,随着滤失的进行又有滤饼形成,当冲刷滤饼的速度等于形成滤饼的速度时,再次达到新的动态平衡,这一阶段的动滤失量比前一次要小一些。井内滤失就是这样交替进行,如图2-11所示。从图中可以看出,瞬时滤失时间很短,但滤失速率最大;动滤失时间最长,滤失速率中等;静滤失时间较长,滤失速率最小。

2. 影响钻井液滤失量的因素

钻井液的滤失是一个渗透过程,滤饼作为渗滤介质,其厚度是随静滤失时间的延长而增大的,是一个变量。

假设滤饼的厚度与井眼直径相比是很小的,滤饼可以看成平面型的,厚度为定值,滤饼是不可压缩的,其渗透率不变。在此假设条件下,可以用静滤失方程计算通过滤饼滤失的滤液体积,即

$$V_{\mathrm{f}} = A\sqrt{2K\Delta p\left(\frac{f_{\mathrm{sc}}}{f_{\mathrm{sm}}}-1\right)\frac{t}{\mu}} \qquad (2-18)$$

式中 V_{f}——滤液体积(滤失量),cm³(mL);
A——渗滤面积,cm²;
K——滤饼渗透率,μm²;
Δp——渗滤压差,10^5Pa;
f_{sc}——滤饼中的固相含量体积分数;
f_{sm}——钻井液中的固相含量体积分数;
t——滤失时间,s;
μ——滤液黏度,10^{-1}mPa·s。

从式(2-18)可以看出,单位渗滤面积的滤失量(V_{f}/A)与滤饼渗透率(K)、固相含量因素($f_{\mathrm{sc}}/f_{\mathrm{sm}}-1$)、渗滤压差($\Delta p$)、滤失时间($t$)的平方根成正比,与滤液黏度($\mu$)的平方根成反比。

1)滤失时间对滤失量的影响

滤失量与滤失时间的平方根成正比。测量时,通常用7.5min滤失量$V_{7.5}$乘以2作为API标准滤失量。如果不考虑瞬时滤失,绘制出滤失量与滤失时间平方根的关系是通过原点的直线。但根据钻井液实验结果绘制出的直线并不通过原点,而是相交于纵轴上某一点,形成一定的截距,如图2-12所示。在滤饼形成之前,存在一瞬时滤失量V_{sp}。如果瞬时滤失量可以测量,或瞬时滤失量占总滤失量比例比较大,就应根据式(2-19)确定API标准滤失量V_{30}(常温、0.69MPa条件下,30min内通过4580mm²滤失面积的滤失量)。

$$V_{30} = 2(V_{7.5} - V_{sp}) + V_{sp} \tag{2-19}$$

也可按图 2-12 所示,做滤失量与滤失时间平方根的关系曲线,用线上的两个点外推确定瞬时滤失量,或测量两个时间点的滤失量,利用两点式直线方程求出瞬时滤失量。如果 7.5min 的滤失量小于 8mL,$2V_{7.5}$ 与 V_{30} 相差较大,一般对于滤失量较小的钻井液,测量时间应取 30min。

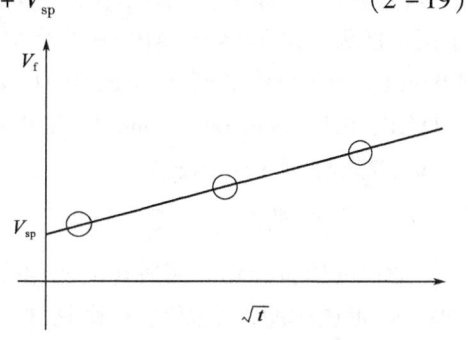

图 2-12 滤失量与时间的关系

2) 渗滤压差和滤液黏度对滤失量的影响

在假设条件下,滤失量 V_f 与渗滤压差的平方根成正比,而实际上钻井液滤失量不一定与渗滤压差成平方根关系。因为钻井液的组成不同,滤失时所形成滤饼的压缩性也不相同。随渗滤压差增大,渗透率减小的程度也有差异,因而滤失量与渗滤压差的关系也不同。对于不同的造浆土、处理剂,滤失量随渗滤压差的变化规律,如图 2-13、图 2-14 所示。

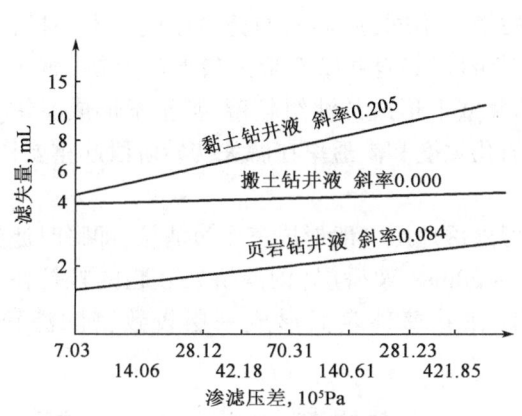

图 2-13 渗滤压差对钻井液滤失量的影响(不同造浆土)

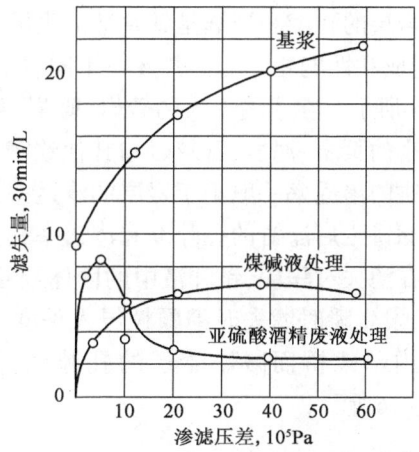

图 2-14 渗滤压差对钻井液滤失量的影响(不同处理剂)

从图中可以看出,在低压差时,用不同钻井液测得的滤失量相近,但在高压差下却可能有较大差别。在深井和对滤失量要求严格的井段钻井前,要求进行高压差滤失实验,以便正确选择配浆黏土和处理剂。

滤液黏度越小,钻井液的滤失量越大。滤液黏度与有机处理剂(如 CMC、KPAM 等)的加入量有关,有机处理剂加入量越大,滤液黏度越大。因此,可以通过提高滤液黏度达到降低滤失量的目的。

油基钻井液滤液(一般为柴油)的黏度随压力的增大而增大,滤失量随压力增加而减小。

3) 温度对滤失量的影响

温度升高,滤液黏度降低,滤失量增大。此外,随着温度升高,水分子热运动加剧,黏土颗粒对水分子和处理剂分子的吸附减弱,解吸附的趋势加强,使黏土颗粒聚结和去水化,从而影响滤饼的渗透性,造成滤失量上升。在高温下,钻井液中的某些处理剂会发生不同程度的降解,并且随着温度的升高降解加剧,最终导致处理剂失效。温度升高,水的黏度降低,也将导致钻井液的滤失量增大。因此,不能用常温下的滤失量来预测较高温度下的滤失量。API 规定了两个滤失量测量标准,API 中压滤失量是钻井液在常温及(0.689 ± 0.035)MPa 压力下,30min 滤失时间内通过滤失面积为(4580 ± 60)mm² 的标准滤失量;深井要测量高温高压(HTHP,High Temperature and High Pressure)滤失量,即井底温度、压差为 3.5MPa 条件下,30min 滤失时间的标准滤失量。

4)固相含量对滤失量的影响

滤饼的质量与钻井液所含的固相颗粒和分散度关系密切。若钻井液中细黏土颗粒多,粗颗粒少,形成的滤饼薄而致密,则钻井液的滤失量少;反之形成的滤饼厚而疏松,则钻井液的滤失量大。根据静滤失方程,钻井液滤失量和固相含量因素的平方根成正比,钻井液中的固相含量越高,滤饼中的固相含量越少,钻井液的滤失量越小。但是,钻井液中的固相含量增大会显著降低机械钻速,通过增大 f_{sm} 来降低滤失量是不可取的,通常的办法是减小 f_{sc}。降低滤饼中固相含量的方法是使用分散性好的优质膨润土配制钻井液和使用有机处理剂。

5)孔隙度和渗透率对滤失量的影响

岩层的孔隙和裂缝是钻井液滤失的天然通道,不同井位和层位,岩层的孔隙度和渗透率不同,组成和性能相同的钻井液在不同岩层的滤失量也不同,所形成的滤饼厚度也不一样,如图 2-15 所示。在渗透率大的砂岩、砾岩、裂缝发育的石灰岩井壁会形成较厚的滤饼;而在渗透率较小的页岩、泥岩、石灰岩和其他致密岩石的井壁上形成的滤饼较薄,甚至不形成滤饼。由于滤饼的渗透率一般小于岩层的渗透率,岩层的孔隙度和渗透率在滤失初始阶段起重要作用,形成滤饼之后滤饼的孔隙度和渗透率起主要作用。

在滤失过程中,钻井液中的固体颗粒侵入可渗透地层一般形成三个过滤层,即瞬时滤失渗入层,发生瞬时滤失时细颗粒侵入深度可达 25~30mm;架桥层(内滤饼),较粗的颗粒在岩层孔隙内部架桥而减小岩层的孔隙度;外滤饼,在井壁外表面形成一层较致密的滤饼,如图 2-16 所示。

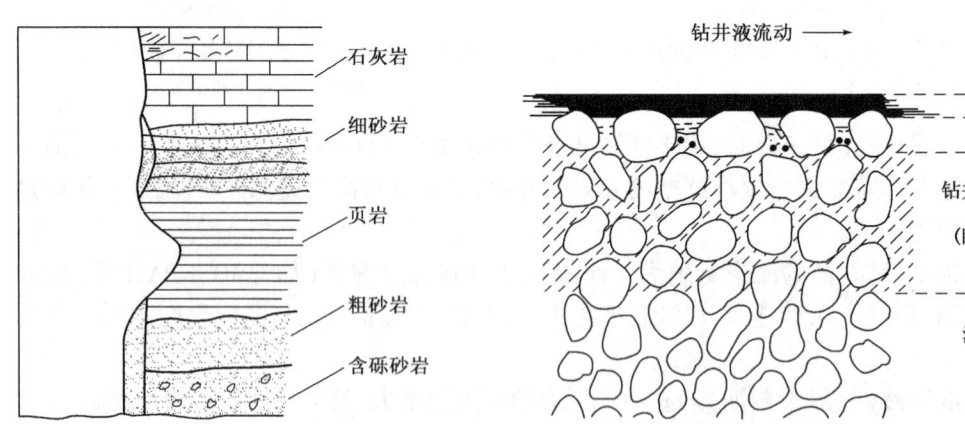

图 2-15 滤饼与岩石性质关系　　图 2-16 钻井液固体颗粒侵入可渗透地层示意图

影响滤失量的因素是滤饼的孔隙度和渗透率。滤饼的渗透率取决于滤饼中固相颗粒的种类、大小、形状和级配,处理剂的种类和加量,以及渗滤压差等。通常滤饼厚滤失量大,滤饼薄滤失量小。颗粒尺寸均匀变化时,孔隙度最小,因为较小的颗粒可以填充在较大颗粒的孔隙之间。颗粒尺寸分布范围较宽的混合物,其孔隙度比颗粒尺寸分布范围窄的混合物孔隙度小。

小颗粒多时形成滤饼的孔隙度比大颗粒多时形成滤饼的孔隙度小。处理剂的种类和加量决定着钻井液中颗粒是分散还是絮凝,以及颗粒周围可压缩性水化膜的厚度,从而影响滤饼的渗透率。

现场实验表明,钻井液中固相粒度与所钻地层孔隙所需的架桥颗粒大小不匹配时,API滤失实验可能会给出错误的结果,即室内实验结果可能与井下真实情况相差较大。

滤饼渗透率还受胶体种类、数量及颗粒尺寸的影响。例如,在淡水里膨润土悬浮液的滤饼具有极低的渗透率,因为黏土颗粒是片状结构,这些小薄片能在流动的垂直方向上将孔隙封住。在钻井液中加入沥青,只有当沥青是胶体状态时,才具有控制滤失的效果;如果混入的芳烃含量太高,就没有控制滤失的能力,因为此时沥青变成了真溶液。油基钻井液通过使用乳化剂来形成油包水乳状液,体系中细小且稳定的水滴就像可变形的固相,产生低渗透率滤饼,从而有效地控制滤失量。

钻井液絮凝剂使得黏土颗粒之间形成网架结构,从而增大钻井液滤失量。在钻井液中加入稀释剂,其反絮凝作用就会使滤饼的渗透率降低。此外,大多数稀释剂是钠盐,钠离子可以交换黏土晶片上的多价阳离子(Ca^{2+}),使聚结状态变为分散状态,从而降低滤饼渗透率。

3. 钻井过程对钻井液滤失量的要求

钻井液循环时,对于井壁为泥页岩的地层,滤失量过大会引起地层岩石水化膨胀、剥落,使井径扩大或缩小。由于井径扩大或缩小,又会引起卡钻、钻杆折断降低机械效率,缩短钻头、钻具的使用寿命等问题。对于裂隙发育的破碎性地层,滤液渗入岩层的裂隙面,减小了层面间的接触摩擦力,在钻杆的碰击下,碎岩块落入井内,常引起掉块卡钻等井内事故。而对于储层(特别是低渗和黏土含量高的储层),滤失量过大则会引起储层渗透率下降。

钻井液循环时,如果在井壁上形成的滤饼过厚,则会减小井的有效直径,钻具与井壁的接触面积增大,从而有可能引起各种钻井问题,如旋转时扭矩增大、起下钻遇阻以及高的抽吸与激动压力、功率消耗增加等,甚至可能引起井壁垮塌或造成井漏、井涌等事故。在液柱压力和地层压力作用下,厚的滤饼易引起压差卡钻事故。此外,滤饼过厚会造成测井工具、打捞工具不能顺利下至井底;同时滤饼过厚,还会影响测试结果的正确性,甚至会影响发现低压储层。

由此可见,钻井液的滤失控制是钻井液工艺中一个十分重要的问题,这里的滤失控制首要的是滤饼厚度的控制,而滤饼的厚度是随滤失总量的增加而增大的,故应控制钻井液的滤失量。然而,滤失量并不是决定滤饼厚度的唯一因素,对于不同的钻井液,滤饼厚度相同,而滤失量却不一定相同;反之,滤失量相同,滤饼厚度亦可能不同。滤失量过大固然不好,但过小的滤失量也会造成钻井液成本增加,钻速下降。

综上所述,要求钻井液形成的滤饼一定要薄、致密而坚韧;钻井液的滤失量则要控制适当,应根据地层岩石的特点、井深、井身结构等因素来确定,还要考虑钻井液的类型。在实际钻井过程中,钻井液的滤失量是不断变化的,总的原则是:浅层可以稍大,深层必须减小;非储层可以稍大,储层必须减小。总之,要从钻井实际出发,以井下情况为依据,适时测定并及时调整钻井液的滤失量。

对钻井液滤失量的一般要求是:

(1)在钻开油气层时,应尽力控制滤失量,以减轻对油气层的损害。一般情况下,此时的API滤失量应小于5mL,模拟井底温度的HTHP滤失量应小于15mL。

(2)钻遇易坍塌地层时,滤失量需严格控制,API滤失量最好不大于5mL。

（3）对一般地层，API 滤失量应尽量控制在 10mL 以内，HTHP 滤失量不应超过 20mL。但有时可适当放宽要求，某些油基钻井液体系正是通过适当放宽滤失量要求来提高钻速的。

（4）要注意提高滤饼质量，尽可能形成薄、韧、致密及润滑性好的滤饼，以利于稳定井壁和避免压差卡钻。我国油田要求钻开储层时 API 滤失实验测得的滤饼厚度不得超过 1mm。

（5）加强对钻井液滤失性能的检测。正常钻进时，应每 4h 测一次常规滤失量。对定向井、丛式井、水平井、深井和复杂井要增测 HTHP 滤失量和滤饼的润滑性，对其要求也相应高一些。

室内研究表明，瞬时滤失量的适当增加有利于提高机械钻速。瞬时滤失量较大时，钻头下面已被破碎的岩石在各个方向上的压力能迅速达到平衡，从而使岩屑能及时地离开井底，减轻因压差引起的压持效应。由此看来，在控制总滤失量的同时，使钻井液保持一定的瞬时滤失对于钻头破岩是有益的。

4. 钻井液滤失性能的控制和调整

在影响钻井液滤失性能的诸多因素中，井底温度和地层渗透性是不可变因素，其余因素可以通过改善滤饼质量（渗透性和抗剪切强度）和确定适当的钻井液密度以减少液柱压差、提高滤液黏度、提高钻井速度以缩短钻井液的浸泡时间、控制钻井液返速和流态等方法来减少钻井液的滤失量；形成薄而坚韧的滤饼，既包括增加滤饼的致密程度，降低其渗透性，又包括增强滤饼的抗剪切能力和润滑性。主要的调整方法是根据钻井液类型、组成及所钻地层的情况，选用合适的降滤失剂和封堵剂。

获得致密与渗透性小的滤饼的一般方法：

（1）使用优质膨润土造浆。膨润土颗粒细、呈片状，水化膜厚，能形成致密滤饼，而且可在固相较少的情况下满足对钻井液滤失性能和流变性能的要求。

（2）加入适量的纯碱、烧碱或有机分散剂（如煤碱液等），使黏土 ζ 电位增大，扩散层增厚，提高黏土水化程度和分散度。

（3）加入 CMC 或其他聚合物以保护黏土颗粒，防止其聚结，从而有利于提高黏土分散度。同时，CMC 和聚合物分子长链亦起封堵作用，降低滤失量。

（4）加入一些极细的胶体颗粒（如腐殖酸钙胶状沉淀）堵塞滤饼孔隙，降低滤饼渗透性，提高抗剪切能力。

（5）采用高效成膜水基钻井液。该类水基钻井液在页岩等地层井壁表面形成膜，阻止钻井液滤液进入地层，从而在稳定井壁方面发挥着类似于油基钻井液的作用。

需要指出的是，钻井液滤液矿化度不同，对井壁稳定性的影响也不同。与淡水滤液和强碱性滤液相比，高矿化度、弱碱性滤液和含聚合物的滤液不易引起井壁岩层的膨胀和坍塌。实践证明，即使滤失量大些，这类钻井液也要安全得多。因此，对于井壁稳定来说，不仅要注意滤失量的大小，还要考虑滤液的性质及其对井壁稳定的影响。

二、操作技能

钻井液滤失量测定分为 API 中压滤失量测定和 HTHP 滤失量测定两种。

1. API 中压滤失仪

API 中压滤失仪是油田现场最常用的常温中压条件下评价钻井液滤失量的装置

(图2-17),其渗滤面积是45.8cm²(滤纸直径为90mm),实验渗滤压差为0.69MPa(实验过程中一般调至0.7MPa),测试温度为室温。以30min渗滤出的滤液体积作为API滤失量评价标准。为了获得具有可比性的实验结果,实验时必须使用直径为90mm、符合标准的滤纸。

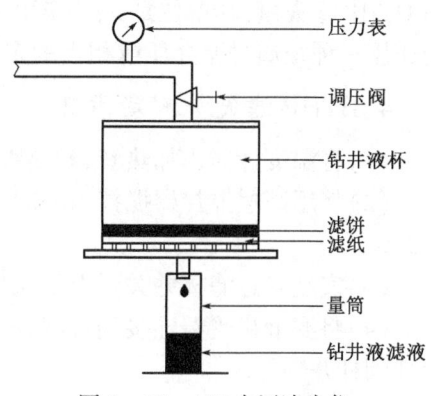

图2-17 API中压滤失仪

2. API中压滤失量测定步骤

(1)取API中压滤失仪一套(包括大于0.7MPa的气源、20mL量筒、秒表等),检查滤失仪各气阀是否灵活好用,钻井液杯、密封圈是否完好、有无缺失,气源是否充足。

(2)左手手心向上托住钻井液杯,杯口向上,中指堵住杯体下方的气流小孔,向液杯中倒入240mL钻井液(钻井液至液杯刻度线处),依次放入密封圈、滤纸(要求放置密封圈和滤纸前要擦干杯口)、杯盖并拧紧压盖。

(3)左手翻转向上,把钻井液杯气流小孔按卡槽方向悬挂在进气阀下面的卡槽里,然后旋转钻井液杯90°使之卡紧。

(4)对准钻井液杯出水口放好量筒,关闭放空阀,顺时针调整减压阀(进气阀)手柄,使压力表指针指向0.69MPa。

(5)观察钻井液杯出水口,左手持秒表(秒表回零),右手逆时针旋转放空阀,使气体进入钻井液杯中,当钻井液杯出口开始滴液时迅速按下秒表记录时间,记录7.5min或30min量筒内的滤液体积。

(6)测量时间结束后,逆时针旋转减压阀关闭气源,顺时针旋转放空阀,将钻井液杯中剩余气体全部放空,关闭氮气瓶气源阀,取下钻井液杯,打开杯盖取出滤纸。

(7)计量滤失量。若测定时间为30min,滤失量为量筒内滤液体积数值;若测定时间为7.5min,则滤失量为滤液体积的两倍。

(8)测量滤饼厚度。取下钻井液杯中的滤纸可见滤纸上有一层滤饼,用钢板尺侧面轻轻刮去上面的浮层(或用清水冲掉浮层),直立钢板尺测量滤饼坚实部分的厚度,若测定时间为30min,滤饼厚度为钢板尺直接读取的数值,若测定时间为7.5min,滤饼厚度为钢板尺读数的两倍。

(9)滤饼质量评价。用手触摸、按压滤饼表面描述滤饼质量(从滤饼软、硬、薄、厚、韧性好坏,致密、疏松、润滑性好坏等方面进行描述)。

(10)测量pH值。用玻璃棒沾取量筒内的钻井液滤液点在pH试纸上使之变色,待颜色稳定后,与标准比色卡对比,读出钻井液pH值。

(11)将测试完的钻井液倒入钻井液回收桶内,清洗所有实验仪器,注意密封圈不要丢失,整理实验台。

3. HTHP滤失仪

对于深井钻井液,必须测量高温高压条件下的滤失量(HTHP滤失量)。API给出了测量高温高压条件下API滤失量的标准:测量压差3.5MPa,测量时间30min。由于高温高压滤失仪渗滤面积只有API中压滤失仪的一半,因此,按照API标准,应将30min的滤失量乘以2才是HTHP滤失量,其单位是mL。温度低于204℃时,使用一种特制的滤纸;温度高于204℃时,则使用一种金属过滤介质或相当的多孔过滤介质盘。

4. HTHP滤失量测定步骤

(1)将温度计插入加热套,预热直至比所需试验温度高5℃,保持恒温。

(2)将用高速搅拌器搅拌10min之后的钻井液样品注入过滤杯中,液面距顶部13mm,装上滤纸。

(3)安装好过滤杯并关紧上下阀杆,放入加热套内,插上温度计。

(4)将滤液接受器连接到过滤杯底部阀杆上并锁好,将压力调节器连接压力源并安装到上部阀杆并锁好。

(5)在上下阀杆关紧的情况下分别调节上下压力调节器至100psi(690kPa)。打开上部阀杆,将100psi压力施加到过滤杯内。维持此压力直至达到试验所需温度,保持此压力恒定。过滤杯内的钻井液从预热达到试验温度的时间不应超过1h。

(6)当温度达到试验温度后,将顶部压力增加到600psi(4140kPa),并同时打开底部阀杆开始收集滤液,记时开始。保持试验温度在波动±3℃的范围内,收集滤液30s。如果在测定过程中,滤液接受器的回压超过100psi,可以小心地从滤液接受器中排出一部分滤液,使压力降至100psi。

(7)记录滤液体积、试验温度、压力和时间。

(8)试验结束后,关紧过滤杯的上下阀杆,压力调节器释放掉压力,注意此时过滤杯内仍有500psi的高压。

视频7 HTHP滤失量测定

(9)在确保上下阀杆关闭(并且压力调节器已释放压力)的情况下拆除滤液接受器和压力调节器;设法使过滤杯冷却至室温,保持过滤杯垂直向上,小心打开上阀杆,释放出杯内的压力;然后打开杯盖,倒掉钻井液,取出滤饼,用缓慢水流冲去滤饼表面疏松的物质,用钢板尺测量滤饼厚度,精确到1mm;最后清洗过滤杯各个部件(视频7)。

HTHP滤失量测定结果计算如下:

(1)钻井液滤失量 $V_{30}(\text{cm}^3) = 2 \times$ 滤液体积(cm^3/30min)。

(2)钻井液滤饼厚度=钢板尺测量值(mm)。

三、拓展知识

1. 钻井工艺对滤失量和滤饼质量的基本要求

滤饼质量高,具有润滑作用,有利于防止黏附卡钻,有利于稳定井壁,防止地层坍塌与剥蚀掉块。钻井液滤失量过大,滤饼厚而虚,会引起一系列问题:

(1)易造成地层孔隙堵塞损坏油气层,滤液大量进入油气层,会引起油气层的渗透率等物性变化,降低产能。

(2)滤饼在井壁堆积太厚,环空间隙变小,泵压升高。

(3)易引起泥包钻头,下钻遇阻、遇卡或堵死水眼。

(4)在高渗透地层易造成较厚的滤饼而引起阻卡,甚至发生压差卡钻。

(5)电测不顺利,并且由于钻井液滤液进入地层较深,水侵半径增大,若超过测井仪所测范围,其结果使电测解释不准确而易漏掉油气层。

(6)对松软地层,易泡垮易塌地层,会形成不规则井眼,引起井漏等。

2. 钻井液滤饼质量的评价

在滤失过程中,随着钻井液中的部分水进入岩层,钻井液中的固相颗粒便附着在井壁上形成滤饼,其标准以厚薄来衡量,单位为 mm。同时通过以下几个部分对滤饼质量进行评价:

(1)光滑性。将滤饼放在一平面上,用手指触摸,如果滤饼薄而光滑,并没有砂子的感觉则光滑性好;否则,光滑性不好。

(2)坚实性。用手指按压滤饼表面,如果能轻松按压进入滤饼,则滤饼较疏松;如果按压有压实感,则滤饼较致密。

(3)韧性。将滤饼放在一立方形物品(桌面)边缘,向下折90°,如果滤饼无明显断裂,证明韧性较好,否则较差。滤饼韧性评价如图2-18所示。

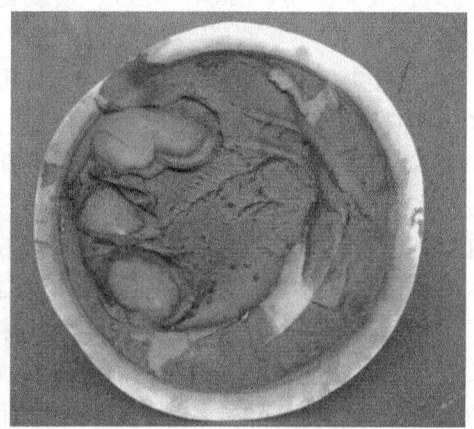

图 2-18 滤饼韧性评价

3. 对钻井液滤饼摩擦系数的基本要求

滤饼摩擦系数太大,将对钻具产生较大摩擦阻力,且易造成黏附卡钻,起下钻遇阻,对钻具磨损严重。因此,滤饼摩擦系数越小对钻井越有利。为降低滤饼摩擦系数可加入润滑剂,如在钻井液中混入一定量原油、加入高分子聚合物(如聚丙烯酰胺)等。

4. 在钻井过程中如何降低失水量

在钻达生产层、易垮塌及易吸水膨胀的地层,或渗透性较好、滤饼较厚及易产生滤饼卡钻的井段,需要严格控制钻井液的失水量,具体措施有以下两种:

(1)加入降滤失剂(降失水剂)。现场一般用混合漏斗将降滤失剂直接加入钻井液。为了提高处理剂的抗温能力,还可把 Na-CMC 与某些表面活性剂混合使用。

(2)混油。加入原油、柴油或原油与柴油混合物。

5. 在混油工艺中需要注意的要点

(1)先将基浆处理好再混油。基浆的黏度以低一些为宜,基浆中应含有一定数量的处理剂(如煤碱液、CMC、铁铬盐等)。

(2)混油量(原油或原油与柴油混合)以10%~20%为宜,有时可高达30%。宜选用黏度较小,杂质、水分及可溶性盐类较少的原油。

(3)混油时要逐步加入,尤其是加重钻井液混油应该注意严防因密度突然下降而发生井下事故。

(4)混油过程中应保持较大的泵排量,充分循环使混入的油类混合均匀。

6. 常用的降滤失剂

(1)低黏度羧甲基纤维素CMC_{LV}和中黏度羧甲基纤维素(CMC_{MV})。CMC_{LV}和CMC_{MV}是一种白色棉花状毛绒物,可完全溶于水。根据需提高钻井液黏度的程度可选用CMC_{LV}或CMC_{MV}。其通常加量为0.2%~0.5%。

(2)改性淀粉(Starch-M)。改性淀粉是一种淀粉衍生物,商业产品为白色或淡黄色粉末,用作淡水、盐水(咸水)或饱和盐水钻井液体系的降滤失剂。其抗温能力为110~120℃,通常加量为1.0%~2.0%。

(3)预胶化淀粉(Starch-PG)。预胶化淀粉产品为白色至淡黄色粉末。其通常加量为1.0%~2.0%。

(4)羧甲基淀粉(Starch-CM)。羧甲基淀粉为白色至淡黄色粉末,可有效地控制淡水和盐水钻井液滤失量,与此同时还有明显的提黏效应。其通常加量为0.3%~0.5%。

(5)磺甲基酚醛树脂(SMP)。磺甲基酚醛树脂为棕色自由流动粉末,是一种有效的高温抗污染降滤失剂。加入一定数量的SMP可在淡水和盐水钻井液中得到满意的API滤失量和HTHP滤失量。产品分两种类型,SMP-1用于淡水和低浓度盐水体系,SMP-2用于高浓度盐水体系。其抗温能力为180℃,通常加量为2.0%~3.0%。

(6)磺化褐煤树脂(SPNH)。磺化褐煤树脂是磺化酚醛树脂和磺化褐煤的共聚物,为黄色至棕色粉末。它是一种抗高温的降滤失剂,配成溶液后不仅可以有效地降滤失并能形成高质量的滤饼,而且高温下也能在长时间和钻很长的进尺后使钻井液性能保持稳定。SPNH与KPAM、SMT、SMC和SMP配合使用形成磺酸盐钻井液体系可以用于钻超过4000m的深井,还可用于配制盐水及饱和盐水钻井液。SPNH的抗温能力为180℃,在淡水钻井液中通常加量为1.0%~2.0%,在盐水钻井液中通常加量为2.0%~3.0%。

(7)磺甲基褐煤(SMC)。磺甲基褐煤为褐色至黑色自由流动粉末,既是一种降滤失剂,又具有降黏效应。SMC与SPNH和SMP-1(或SMP-2)配合使用形成磺酸盐钻井液,用于深井和超深井钻井。它可用于淡水钻井液,还可用于盐水、最高至饱和盐水钻井液。其抗温能力为150℃,通常加量为2.0%~3.0%。

(8)聚丙烯腈铵盐(NH_4-HPAN)。聚丙烯腈铵盐由聚丙烯腈纤维在高温(180℃)下水解制得,商业产品为褐色粉末,用作水基钻井液,特别是聚合物钻井液的降滤失剂。将其加入钻井液后,在降滤失的同时还可获得降黏和页岩抑制效果,并可有效用于最高含盐5%的钻井液。其抗温能力为150~180℃,在淡水钻井液中通常加量为0.3%~0.8%,在盐水钻井液中通常加量为1.0%~2.0%。

(9)腐殖酸钾(KHm)。腐殖酸钾为腐殖酸与氢氧化钾反应生成的提取物,商业产品为黑色自由流动粉末。它是水基钻井液的降滤失剂,而且还有降黏效应。一般用于井底温度不高于120℃的浅井段。其通常加量为0.5%~1.5%。

任务5 钻井液润滑性的测定

学习目标

(1)掌握钻井液润滑性的影响因素；
(2)了解钻井过程对钻井液润滑性的要求；
(3)掌握钻井液常用的润滑剂；
(4)能够正确使用相关仪器测量钻井液的润滑性。

一、基础知识

钻井液的润滑性通常包括滤饼的润滑性和钻井液本身的润滑性两方面。钻井液和滤饼的摩阻系数是评价钻井液润滑性的两个主要技术指标。钻井液的润滑性对钻井工作影响很大，特别是超深井、大斜度井、水平井和丛式井等特殊工艺井钻井时，钻柱的旋转阻力和提拉阻力会大幅度增大。钻井液的润滑性对减少卡钻等井下复杂情况，保证安全、快速钻井起着至关重要的作用。

1.钻井液的润滑性

钻井液摩阻系数相当于物理学中的摩擦系数，用专用仪器进行测定。空气为0.5，清水为0.35，柴油为0.07，大部分油基钻井液的摩阻系数为0.08~0.09，各种水基钻井液的摩阻系数为0.20~0.35，如加有油品或各类润滑剂，则可降到0.10以下。

钻井液摩阻系数在0.20左右可以满足普通钻井要求，钻水平井则要求钻井液的摩阻系数为0.08~0.10，以保持较好的润滑性能。除油基钻井液以外，其他类型钻井液的润滑性很难满足水平井钻井的需要，需要改善钻井液的润滑性。

钻井液润滑性好，可以减少钻头、钻具及其他配件的磨损，延长使用寿命，同时可以防止黏附卡钻、减少泥包钻头，易于处理井下事故等。钻井液润滑性差，会造成钻具回转阻力增大，起下钻困难，甚至发生黏附卡钻；当钻具回转阻力过大时，会导致钻具振动，可能引起钻具断裂和井壁失稳。

2.钻井液润滑性的影响分析

1)钻井作业中摩擦现象的特点

在钻井过程中，根据摩擦副表面润滑情况，可将摩擦分为三种情况(图2-19)。

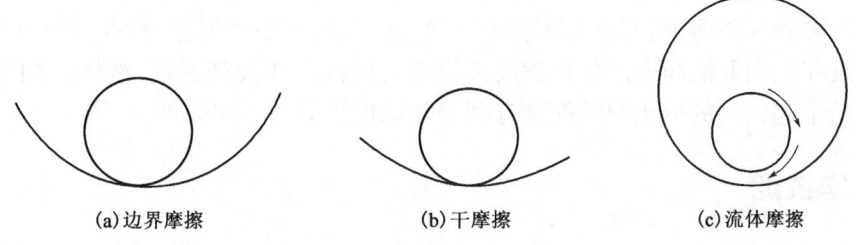

(a)边界摩擦　　(b)干摩擦　　(c)流体摩擦

图2-19 三种摩擦情况示意图

(1)边界摩擦。两接触面间有一层极薄的润滑膜时的摩擦称为边界摩擦。在有钻井液的情况下,钻铤在井眼中的运动属于边界摩擦。

(2)干摩擦。干摩擦又称为障碍摩擦,属于无润滑摩擦,如在空气钻井中钻具与岩石接触时的摩擦,或井壁极不规则的情况下,钻具直接与部分井壁岩石接触时的摩擦。

(3)流体摩擦。两个相对运动的接触面之间存在流体,由两接触面间流体的黏滞性引起的摩擦称为流体摩擦。在钻井过程中,钻具与井壁不直接接触,间隙中有钻井液存在时的摩擦就是流体摩擦。

在实际钻井作业中的摩擦是混合摩擦,即部分接触面为边界摩擦,部分为流体摩擦。在钻井作业中,摩阻系数是两个滑动或静止表面间的相互作用以及润滑剂所起作用的综合表现。

在钻井作业中的摩擦现象较为复杂,摩擦阻力的大小不仅与钻井液的润滑性有关,还和钻柱、套管、地层、井壁滤饼表面的粗糙度,接触表面的塑性,接触表面所承受的负荷,流体黏度与润滑性,流体内固相颗粒的含量和大小,井壁表面滤饼润滑性,井斜角,钻柱质量,滤失作用等因素有关。其中钻井液的润滑性是主要可调节因素。

2)钻井液润滑性的主要影响因素

钻井液润滑性的影响因素主要有以下几个方面:

(1)钻井液固相。钻井液固相含量对其润滑性影响很大,随着钻井液固相含量增加,通常其密度、黏度、切力等也会相应增大。这种情况下,钻井液的润滑性也会相应变差,这时,钻井液的润滑性主要取决于固相的类型和含量。随着钻井液固相含量增加,除使滤饼黏附系数增大外,还会使滤饼增厚易产生压差黏附卡钻。另外,固相颗粒尺寸的影响也不可忽视。研究结果表明,钻井液在一定时间内通过不断剪切循环,固相颗粒的尺寸随剪切时间的增加而减小,颗粒分散得更细,使比面积增大,从而造成摩擦阻力增大。通过严格控制钻井液膨润土含量,加强固控设备的使用严格控制固相含量,尽量用低固相钻井液,可以改善和提高钻井液的润滑性。

(2)滤失性和岩石性质。表面光滑、薄而致密的滤饼具有良好的润滑性。降滤失剂和其他改进滤饼质量的处理剂(如磺化沥青)主要是通过改善滤饼质量来改善钻井液的防磨损和润滑性。其他影响滤饼质量的因素对钻井液的润滑性也会产生影响,如许多高分子处理剂都有良好的降滤失、改善滤饼质量、减少钻柱摩阻的作用。有机高分子处理剂在钻柱和井壁上的吸附,会形成吸附膜,有利于降低井壁与钻柱之间的摩擦阻力,如 PAC、SMP－2 等具有提高钻井液润滑性的作用。许多高分子化合物通过复配、共聚等处理,可成为具有良好润滑性的润滑材料。在相同钻井液条件下,岩石性质是通过影响所形成滤饼的质量以及井壁与钻柱之间接触表面的粗糙度而起作用的。

(3)润滑剂。使用润滑剂是改善钻井液润滑性、降低摩擦阻力的主要途径。钻井液常用的润滑剂有液体和固体两种,前者有矿物油、植物油、表面活性剂等;后者有石墨、塑料小球、玻璃小球等。近年来钻井液润滑剂品种发展最快的是惰性固体类润滑剂,液体类润滑剂中主要发展了高负荷下起作用的极压润滑剂及有利于环境保护的无毒润滑剂。

二、操作技能

钻井液摩阻系数和滤饼摩阻系数是评价钻井液润滑性的两个技术指标,对应的评价仪器是极压(EP)润滑仪和滑板式滤饼黏附系数测定仪。

1. 极压(EP)润滑仪

极压润滑仪可以测量钻井液的润滑性和评价润滑剂降低扭矩的效果,以及预测在该条件下金属部件的磨损速率。极压润滑仪是用一个钢环模拟钻柱,给它施加一定的载荷,使它紧压在起井壁作用的金属材料上。摩擦过程在钻井液中进行,钢环旋转时产生惯性力,从而使钻井液流动。在固定的转速下转动钢环,记录钢环和金属材料间的接触压力、力矩和仪表上的读数,经换算可得到评价液体润滑性的摩擦阻力值。这种仪器的缺点是不能评价温度和压力对润滑性的影响。

每一次使用该仪器时,必须先进行校正,如果读数达到要求,即可正常测试,达不到要求时必须进行磨合工作即标准化。具体操作步骤如下:

(1)将滑块、钢环及仪器上所有接触样品的部位用洗涤剂或肥皂清洗并用蒸馏水彻底洗净擦干。各就各位,滑块和钢环先不要接触即扭力扳手不加压力。开动仪器,使其在300r/min下运转15min。然后调节转速为60r/min,偏差±5r/min,待转速稳定后关闭电源,调整扭力扳手为零。

(2)将蒸馏水注满样品杯,并使滑块和钢环浸没其中,开启仪器,空转5min,再次检查转速表及扭力表是否处于调好的状态。

(3)在标准转速下,迅速调节扭力表读值为16.95(N·m)(150psi),让仪器转5min。

(4)扭力表读值应在28~48范围内,记录仪表读数备用。

(5)将水换成待测液体,重复上述步骤进行钻井液润滑性测定。

2. 滑板式滤饼黏附系数测定仪

滑板式滤饼黏附系数测定仪是一种在油田现场广泛使用的测量滤饼黏附系数的仪器。仪器工作时,在仪器工作平面倾斜的条件下,放在实验平台上的滤饼随之发生倾斜,在滤饼上的滑块受到自身重力的作用会有向下滑动的趋势,当滑块重力分量克服滤饼的黏滞力后滑块开始滑动。记录滑块开始滑动时角度的正切值即为滤饼的黏附系数。

使用滑板式滤饼黏附系数测定仪测定滤饼润滑性的实验步骤如下:

(1)打开实验仪器箱,接通电源,打开仪器开关,保证仪器有读数显示,按下调零按钮,调整平衡螺栓使滑板水平。

(2)将滤饼放在实验平台上,将滑块轻轻放在滤饼上,静置1min,按下启动按钮,电动机带动传动机构使滑块翻转。

(3)当滑块开始滑动时,立即按下停止按钮,读取显示屏上的角度值,查出显示角度值的正切值即为滤饼黏附系数。

三、拓展知识

1. 钻井液润滑剂的选择原则

钻井液润滑剂的选择应遵循以下原则:

(1)润滑剂必须能润滑金属表面,并在其表面形成边界膜和次生结构。

(2)应与基浆有良好的配伍性,对钻井液的流变性和滤失性不产生不良影响。

(3)不降低破碎岩石的效率。

(4)具有良好的热稳定性和耐寒稳定性。
(5)不腐蚀金属,不损坏密封材料。
(6)不污染环境,易于生物降解,价格合理,来源广泛。
(7)具有低荧光或无荧光性质。

基于上述要求,一般植物油类既无荧光和毒性,又易于生物降解,且来源广泛,较适合做润滑材料。可选用的植物油有蓖麻油、亚麻油、棉籽油等。

2. 钻井液常用的润滑剂

1) 固体类润滑剂

该类产品主要有塑料小球、石墨粉、炭黑、玻璃微珠及坚果圆粒等。

塑料小球作为润滑剂,具有高的抗压强度,是一种无毒、无荧光、耐酸、抗温、抗压的透明球体,在钻井液中呈惰性,不溶于水和油,密度为 $1.03 \sim 1.05 \text{g/cm}^3$,耐温205℃以上,可与水基和油基的各类钻井液匹配,是一种较好的润滑剂,但成本较高。玻璃小球也可以达到类似的效果,且成本低于塑料小球。塑料小球和玻璃小球这类固体润滑剂由于受固体尺寸的限制,在钻井过程中很容易被固控设备清除,而且在钻杆的挤压或拍打下,有破坏、变形的可能,因此在使用上受到一定限制。

石墨粉作为润滑剂具有抗高温、无荧光、降摩阻效果好、用量小、对钻井液性能无不良影响等特点。石墨粉不会影响钻井液的动切力和静切力,与各种纤维质和矿物混合物具有良好的配伍性。除此之外,石墨粉能牢固地吸附在钻具和井壁岩石表面,从而改善摩擦状态,起到降低摩阻的作用。同时,石墨粉吸附在井壁上,可以封闭井壁的微孔隙,因此兼具降低滤失量和保护油层的作用。

固体类润滑剂能够在接触面之间产生物理分离,其作用是在摩擦表面上形成一种隔离润滑薄膜。多数固体类润滑剂类似于细小滚珠,可以存在于钻柱与井壁之间,将滑动摩擦转化为滚动摩擦,从而大幅度降低摩阻和扭矩。固体类润滑剂在减少带有加硬层工具接头的磨损方面尤其有效,尤其适合于下尾管、下套管和旋转套管。固体类润滑剂的热稳定性、化学稳定性和防腐蚀能力均良好,适合在高温、低转速的条件下使用,但不适合在高转速条件下使用。

2) 液体类润滑剂

液体类润滑剂产品有矿物油、植物油和表面活性剂,如聚合醇等。其作用机理都是通过在金属、岩石和黏土表面形成吸附膜,使钻柱与井壁岩石接触(或水膜接触)产生的固—固摩擦,变为活性剂非极性端之间或油膜之间的摩擦,或通过表面活性剂的非极性端,再吸附一层油膜,从而使钻柱与岩石之间的摩擦阻力大大降低,减少钻具和其他金属部件的磨损。

3) 沥青类处理剂

沥青类处理剂主要用于改善滤饼质量和提高其润滑性。沥青类物质亲水性弱、亲油性强,可有效地涂敷在井壁上,在井壁上形成一层液膜,这样,既可减轻钻具对井壁的摩擦,又可减轻钻具对井壁的冲击作用。沥青类处理剂可使井壁岩石由亲水转变为憎水,所以可阻止滤液向地层渗透。

任务6 钻井液 pH 值和碱度的测定

学习目标

(1) 会测定钻井液的 pH 值；
(2) 能够叙述钻井液碱度的概念；
(3) 能够进行钻井液碱度的测定；
(4) 根据钻进工艺要求进行钻井液 pH 值的调整。

一、基础知识

1. 钻井液的 pH 值

pH 值表示钻井液的酸碱性。通常用 pH 试纸测量，要求的精度较高时，可使用 pH 计测量。

1) pH 值对钻井液性能的影响

由于酸碱性的强弱直接与钻井液中黏土颗粒的分散程度有关，因此 pH 值在很大程度上会影响钻井液的黏度、切力和其他性能参数。图 2-20 表示经预水化的膨润土基浆（其中膨润土含量为 57.1 kg/m³）的表观黏度随 pH 值的变化。

由图可知，当 pH 值大于 9 时，表观黏度随 pH 值升高而显著增大。原因是当 pH 值升高时，会有更多 OH^- 被吸附在黏土晶层的表面，进一步增强表面的负电性，从而在剪切作用下使黏土更容易水化

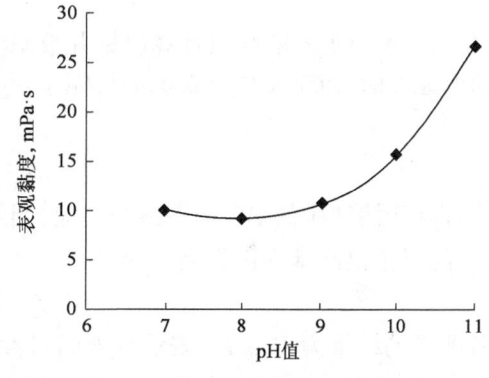

图 2-20 pH 值对钻井液表观黏度的影响

分散。在实际应用中，大多数钻井液的 pH 值要求控制在 8~11，即维持一个弱碱性环境，其原因是：(1) 可以减轻对钻具的腐蚀；(2) 可以预防因氢脆引起的钻具和套管的损坏；(3) 可以抑制钻井液中钙、镁盐的溶解；(4) 有相当多的有机处理剂需要在碱性介质中才能发挥效能，如单宁类、褐煤类和木质素磺酸盐类等处理剂，若 pH 值过低，有机处理剂易发酵变质。

对不同类型的钻井液，所要求的 pH 值范围也有所不同。一般要求分散钻井液的 pH 值在 10 以上，含有石灰的钙处理钻井液的 pH 值多控制在 11~12，含石膏的钙处理钻井液的 pH 值多控制在 9.5~10.5，而在许多情况下，聚合物钻井液的 pH 值只要求控制在 7.5~8.5。

2) pH 值的调节

提高 pH 值的方法是加入烧碱、纯碱、熟石灰等碱性物质。常温下，10% NaOH 水溶液，pH 值为 12.9；10% $NaCO_3$ 水溶液，pH 值为 11.1；饱和 $Ca(OH)_2$ 水溶液，pH 值为 12.1；如果是石膏侵、盐水侵造成的 pH 值降低，可加入高碱比的煤碱液、单宁碱液等进行处理，其优点是既能提高 pH 值，又能降低黏切和滤失量，使钻井液性能变好。

降低钻井液 pH 值，现场一般不加无机酸，而是加弱酸性的单宁粉或栲胶粉。

2. 钻井液的碱度

由于使钻井液维持碱性的无机离子除 OH^- 外,可能还有 HCO_3^-、CO_3^{2-} 等离子,而 pH 值并不能完全反映钻井液中这些离子的种类和质量浓度。因此在实际应用中,除使用 pH 值外,还常使用碱度来表示钻井液的酸碱性。引入碱度参数主要有两点好处:一是由碱度测定值可方便地测定钻井液滤液中 OH^-、HCO_3^- 和 CO_3^{2-} 三种离子的含量,从而可以判断钻井液碱性的来源;二是可以确定钻井液体系中悬浮石灰的量(储备碱度)。

1) API 测定标准

碱度是指溶液或悬浮体对酸的中和能力,为了建立统一的标准,API 选用酚酞和甲基橙两种指示剂来评价钻井液及其滤液碱性的强弱。酚酞变色点的 pH 值为 8.3。在进行滴定的过程中,pH 值降至该值时,酚酞即由红色变为无色。因此,能使 pH 值至 8.3 所需的酸量被称为酚酞碱度。钻井液及其滤液的酚酞碱度分别用符号 P_m 和 P_f 表示。甲基橙变色点的 pH 值为 4.3。当 pH 值降至该值时,甲基橙由黄色变为橙红色。能使 pH 值降至 4.3 所需的酸量,则被称为甲基橙碱度。钻井液及其滤液的甲基橙碱度分别用符号 M_m 和 M_f 表示。

按 API 推荐的实验方法,要求对 P_m、P_f 和 M_f 分别进行测定。并规定以上三种碱度的值,均以滴定 1mL 样品(钻井液或滤液)所需的 0.01mol/L H_2SO_4 的毫升数来表示,毫升单位通常可以省略。

由测出的 P_f 和 M_f 可计算出钻井液滤液中 OH^-、CO_3^{2-} 和 HCO_3^- 的浓度。其根据在于,当 pH 值为 8.3 时,以下反应已基本进行完全:

$$OH^- + H^+ = H_2O$$

$$CO_3^{2-} + H^+ = HCO_3^-$$

而存在于溶液中的 HCO_3^- 不参与反应,当继续用 H_2SO_4 溶液滴定至 pH 值为 4.3 时,HCO_3^- 与 H^+ 的反应也已基本进行完全,即:

$$HCO_3^- + H^+ = CO_2 + H_2O$$

若测得的结果为 $M_f = P_f$,表示滤液的碱性完全由 OH^- 所引起;若测得的 $P_f = 0$,表示碱性完全由 HCO_3^- 引起;如 $M_f = 2P_f$,则表示滤液中只含有 CO_3^{2-}。

显然,以上情况是比较特殊的。在一般情况下,钻井液滤液中这三种离子的质量浓度可按表 2–2 中进行计算。但需注意,有时钻井液滤液中存在着某些易与 H^+ 发生反应的其他无机离子(如 SiO_3^{2-}、PO_4^{3-} 等)和有机处理剂,这样会使 M_f 和 P_f 的测定结果产生一定误差。

表 2–2 应用 P_f 和 M_f 估算滤液中 OH^-、CO_3^{2-} 和 HCO_3^- 浓度

条件	$[OH^-]$,mg/L	$[CO_3^{2-}]$,mg/L	$[HCO_3^-]$,mg/L
$P_f = 0$	0	0	$1220M_f$
$2P_f < M_f$	0	$1200P_f$	$1220(M_f - 2P_f)$
$2P_f = M_f$	0	$1200P_f$	0
$2P_f > M_f$	$340(2P_f - M_f)$	$1200(M_f - P_f)$	0
$P_f = M_f$	$340M_f$	0	0

测定碱度的另一个目的是根据测得的 P_f 和 P_m 值确定钻井液中悬浮固相的储备碱度。所谓储备碱度,主要是指未溶石灰构成的碱度。当 pH 值降低时,石灰会不断溶解,这样一方面可为钙处理钻井液不断地提供 Ca^{2+},另一方面有利于使钻井液的 pH 值保持稳定。钻井液的

储备碱度通常用体系中未溶 $Ca(OH)_2$ 的含量表示,其计算公式为:

$$储备碱度(kg/m^3) = 0.742(P_m - f_w P_f) \quad (2-20)$$

式中 f_w——钻井液中水的体积分数。

2) 碱度、pH 值与钻井液应用的关系

钻井液中 HCO_3^- 和 CO_3^{2-} 均为有害离子,它们会破坏钻井液的流变性和滤失性能,用 M_f 和 P_f 的比值可相对表示它们的污染程度。当 $M_f/P_f = 3$ 时,表明 CO_3^{2-} 浓度较高,即已出现 CO_3^{2-} 污染;如果 $M_f/P_f \geq 5$,则为严重的 CO_3^{2-} 污染。故测定滤液中的 P_m 及 P_f 就可以测定两种离子的质量浓度或含量,为钻井液处理提供可靠依据。当 pH > 11.3 时,HCO_3^- 几乎不存在;当 pH < 8.3 时,则只存在 HCO_3^-;当 pH 值在 8.3~11.3 时,两种离子可以共存。

在钻井实际应用中,可以用碱度代替 pH 值,表示钻井液的酸碱性。具体要求是:(1)一般钻井液的 P_f 最好保持在 1.3~1.5mL;(2)饱和盐水钻井液的 P_f 保持在 1mL 以上即可,而海水钻井液的 P_f 应控制在 1.3~1.5mL;(3)深井抗高温钻井液应严格控制 CO_3^{2-} 的含量,一般应将 M_f/P_f 的值控制在 3 以内。

二、操作技能

1. 钻井液 pH 值的测定

(1)用玻璃棒沾取量筒内的钻井液滤液点在 pH 试纸上使之变色。

(2)待颜色稳定后,与标准比色卡对比,读出钻井液 pH 值。

钻井液 pH 值测定技术要求:(1)现场测定多采用比色法,为准确读出钻井液 pH 值,必须使用钻井液滤液进行测定;(2)必须待试纸颜色稳定后再对比读数;(3)通常使用 pH 试纸测量钻井液 pH 值,如要求精度较高,可使用 pH 计。

2. 钻井液碱度的测定

1) 滤液碱度 P_f、M_f 的测定

(1)取 1mL 或多些的滤液于滴定瓶中,加入 2 滴或更多的酚酞指示剂。如果指示剂变成粉红色,则用刻度移液管逐滴加入 0.01mol/L 硫酸并不断搅拌,直至粉红色恰好消失为止。如果样品颜色较深而干扰指示剂颜色变化,则可用 pH 计测定,pH 值降至 8.3 即达到滴定终点。

(2)以每单位体积(mL)滤液所消耗的 0.01mol/L 硫酸的体积数(mL),记录滤液的酚酞碱度 P_f。

(3)测完 P_f 之后的样品中加入 2~3 滴甲基橙指示剂,用刻度移液管逐滴加入标准硫酸并不断搅拌,直至指示剂颜色从黄色变为粉红色为止。也可以用 pH 计测定,pH 值降至 4.3 即达到滴定终点。

(4)以每单位体积(mL)滤液到达甲基橙滴定终点所消耗的 0.01mol/L 硫酸的总体积数(包括达到 P_f 终点所消耗的量),记录滤液的甲基橙碱度 M_f。

2) 钻井液碱度 P_m 的测定

(1)用注射器或移液管取 10mL 钻井液于滴定瓶中,用 25~50mL 蒸馏水稀释,加入 4~5 滴酚酞指示剂,边搅拌边用 0.01mol/L 标准硫酸迅速滴定到粉红色消失。如果滴定终点的颜

色变化看不清楚,则可用pH计测定,pH值降至8.3时即达到滴定终点。

如果怀疑有水泥污染,则必须尽可能快地滴完,并以粉红色第一次消失为滴定终点记录。

(2)以每单位体积(mL)钻井液所消耗的0.01mol/L硫酸的体积数(mL),记录钻井液的酚酞碱度P_m。

3)P_f、M_f的计算

OH^-、CO_3^{2-}、HCO_3^-的质量浓度可按表2-2计算。

任务7 钻井液固相含量的测定

(1)能够测定钻井液的固相含量;
(2)能够解释钻井液固相含量与钻井质量之间的关系。

一、基础知识

钻井液中的固相含量是指钻井液中除液体以外的全部固相的体积占钻井液总体积的百分数,用%表示。固相含量的高低以及固相颗粒的类型、尺寸和性质均对钻井时的井下安全、钻井速度及油气层损害程度等有直接影响。现场统计数据表明,在低密度范围内,钻井液中的固相含量每降低1%(相当于钻井液密度下降0.016g/cm³),一般地层的机械钻速可提高8%左右。可见,在钻井过程中对钻井液固相含量进行监测和有效控制是十分必要的。

1. 钻井液中固相的类型

一般情况下,钻井液中存在各种不同组分、不同性质和不同颗粒尺寸的固相,根据其作用不同,可分为有用固相和无用固相。有用固相是指用来调节钻井液性能的固相物质;无用固相是指在钻井液中不发生反应,包括钻屑和造浆率低的黏土等,这类固相在钻井液中是无用的,而且对钻井设备有磨蚀作用。根据其性质的不同,可将钻井液中的固相分为活性固相和惰性固相。凡是容易发生水化作用或易与液相中某些组分发生反应的称为活性固相,主要指膨润土;凡是不容易发生水化作用或不易与液相中某些组分发生反应的称为惰性固相,主要包括石英、长石、重晶石及造浆率低的黏土等。除加重材料外,其余的惰性固相均被认为是无用固相,是必须尽可能清除的物质。根据固相物质的密度不同,可将钻井液中的固相分为高密度固相和低密度固相。高密度固相主要指重晶石及其他加重材料;低密度固相主要指膨润土和钻屑,一般认为膨润土和钻屑的平均密度为2.6g/cm³。

2. 钻井液固相含量对钻井液性能的影响

在钻井过程中,由于被破碎岩屑的不断积累,特别是泥页岩等易水化分散岩屑的大量存在,在不具备固控条件的情况下,钻井液的固相含量越来越高。过高的固相含量会使钻井液性能急剧变差,对井下安全造成很大危害,具体包括:

(1)使钻井液流变性能不稳定,黏度、切力偏高,流动性和携岩效果变差。

(2)使井壁上形成厚的滤饼,而且质地疏松、摩擦系数大,从而导致起下钻遇阻,容易造成黏附卡钻。

(3)钻井液滤失量增大,造成井壁泥页岩水化膨胀、井径缩小、井壁剥落或坍塌。

(4)钻井液易发生盐侵、钙侵和黏土侵,抗温性能变差,钻井液性能维护难度大。

(5)钻遇油气层时,由于钻井液固相含量高、滤失量大,将导致钻井液侵入油气层深度增加,降低近井壁地带油气层的渗透率,使油气层损害程度增大,产能下降。

3. 钻井液固相含量对钻速的影响

钻井实践证明,水是钻速最快的钻井液,当水中加入固相物质之后,将导致钻速下降。钻井液对钻速的影响与固相含量、固相类型和固相颗粒的大小等因素有关。图2-21是固相含量与钻速、钻头用量和钻机工作日的关系曲线。固相含量为零(清水钻井)时钻速最高,随着固相含量的增加钻速逐渐下降。

实践统计表明,不同类型的固相颗粒对钻速的影响不同,一般认为砂粒、重晶石等惰性固相对钻速影响较小;岩屑、劣质土对钻速的影响居中;优质膨润土对钻速的影响最大。这主要是因为钻井液中固相颗粒的粒度分布特性不同,钻井液中细颗粒的含量越高,对钻速的影响越大。钻井液中粒径小于$1\mu m$的亚微米颗粒要比粒径大于$1\mu m$的颗粒对钻速的影响大12倍。因此,钻井液中小于$1\mu m$的亚微米颗粒越多,所造成钻速下降的幅度越大。

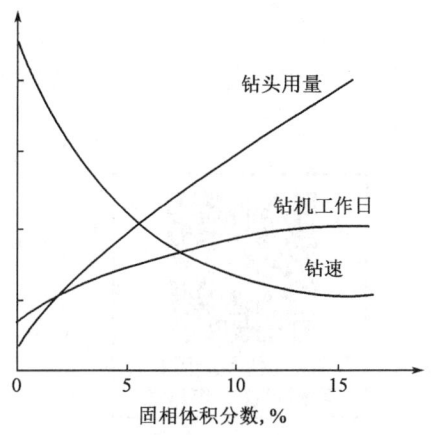

图2-21 固相含量对钻速、钻头用量和钻机工作日的影响

4. 钻井液固相控制的方法

钻井液中的固相含量越低越好,要通过固相控制不断地清除钻屑等无用固相,使膨润土和重晶石等有用固相含量维持在适当范围。一般固相含量应控制在5%左右,以实现提高钻速、保证安全的要求。固相控制有以下几种方法:

(1)清水稀释法。向钻井液中加入大量清水,可降低钻井液的固相含量,但该方法要增加钻井液的容器(增设备用钻井液罐)或放掉部分钻井液,不仅增大成本,并且易使钻井液性能变差。

(2)替换部分钻井液法。用清水或低固相钻井液替换一定体积高固相含量的钻井液,可减少清水和处理剂的用量,但仍有浪费。

(3)机械设备除砂法。利用振动筛、除砂器、除泥器和离心机四级固控设备清除钻井液无用固相。

(4)化学絮凝法。在钻井液中加入高分子絮凝剂,一方面使钻屑等无用固相在钻井液中不水化分散,絮凝成较大颗粒沉淀;另一方面使固控设备无法清除的小颗粒无用固相聚结变大,然后通过固控设备清除。

二、操作技能

1. 钻井液固相含量测定仪结构和工作原理

钻井液固相含量测定仪由加热棒、蒸馏器和量筒等部分组成,其结构如图2-22所示,工

作原理如视频 8 所示。加热棒有两只,一只用 220V 交流电,另一只用 12V 直流电,功率都是 100W。蒸馏器由蒸馏器本体和带有蒸馏器引流管的套筒组成,两者用螺纹连接,将蒸馏器的引流管插入冷凝器的孔中,使蒸馏器和冷凝器连接。冷凝器为一长方形铝锭,有一斜孔穿过整个冷凝器,上端与整个冷凝器引流管相连,下端为一弯曲的引流嘴。

视频8 钻井液固相含量测定仪工作原理

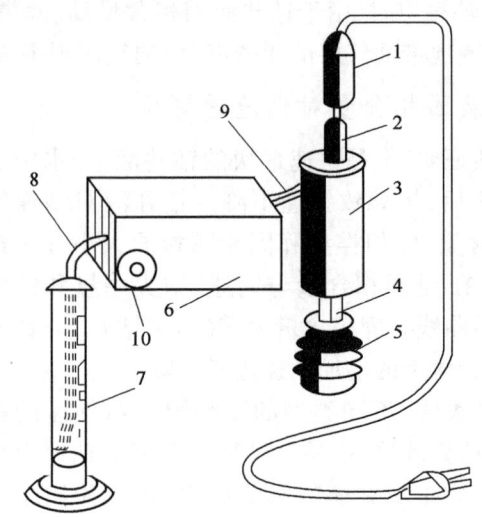

图 2-22 钻井液固相含量测定仪
1—电线接头;2—加热棒插头;3—套筒;4—加热棒;5—液杯;
6—冷凝器;7—量筒;8—引流嘴;9—引流管;10—计量盖

工作时,由蒸馏器将钻井液中的液体(包括油和水)蒸发成气体,经引流管进入冷凝室,冷凝器将气态的油和水冷却成液体,经引流嘴流入量筒。量筒刻度若为百分刻度,可直接读取接收的油和水占钻井液样品的体积分数。

2. 钻井液固相含量测定仪的使用方法

(1)将搅拌好的钻井液注入拆开的蒸馏器液杯内,盖好计量盖,擦干溢出的钻井液,取下计量杯盖,用刮刀将黏附在杯盖上的钻井液刮回到液杯中,这时液杯中的钻井液为 20mL。

(2)将蒸馏器导管插入冷凝器的小孔内,再把玻璃量筒卡在冷凝器引流管下方,以便接收冷凝后的油和水。

(3)将导线的内孔接头与加热棒上端接头连接,接通电源,通电 3~5min 后,从第一滴蒸馏液流出时开始计时,直到全部蒸干,大约需要 20~30min,无液滴流出 10min 后切断电源。

(4)右手拿环架套住蒸馏器出液口根部,左手扶住加热棒与电源线连接部分(注意不能触碰金属部分,以免烫伤)放在水中冷却,电线与加热棒连接部分、套筒出液口处应小心,不能沾上水。

(5)待冷却后拔出电源接头,卸开蒸馏器,用刮刀刮净液杯内壁、加热棒和套筒内的固相成分,全部回收完后称取质量,将蒸馏器、加热棒洗净擦干。

(6)取出量筒,读出油和水的体积分数,如果油水液面分层不清,可加入 2~3 滴破乳剂以改善液面清晰度。

3. 测定结果计算

(1)水的百分含量 $\Phi_水$:直接由量筒内读出。

(2)油的百分含量 $\Phi_{油}$：

$$\Phi_{油} = 量筒读数 - \Phi_{水} \quad (2-21)$$

(3)固相百分含量：

$$\Phi_{固} = 1 - \Phi_{水} - \Phi_{油} \quad (2-22)$$

当钻井液含盐量较低时,可以按上述计算公式计算固相含量。但对于含盐量较高的盐水钻井液,被蒸干的盐会和固相共存于蒸馏器中,此时需扣除由于盐析出引起体积增加的部分,才能确定钻井液中的实际固相含量。在这种情况下,钻井液固相含量的计算式如下：

$$f_s = 1 - f_w C_f - f_o \quad (2-23)$$

式中 $f_s \, f_w \, f_o$ ——钻井液的固相、水和油的体积分数；

C_f ——考虑盐析出而引入的体积校正系数,显然它总是大于1的无量纲常数,在不同盐度下的 C_f 值可使用表2-3查得。

表2-3　20℃时不同质量浓度 NaCl 水溶液的密度和 C_f 值

质量浓度 mg/L	质量分数 %	密度 g/cm³	C_f	质量浓度 mg/L	质量分数 %	密度 g/cm³	C_f
0	0	0.9982	1	154100	14	1.1009	1.054
10050	1	1.0053	1.003	178600	16	1.1162	1.065
20250	2	1.0125	1.006	203700	18	1.1319	1.075
41100	4	1.0268	1.013	229600	20	1.1478	1.087
62500	6	1.0413	1.020	256100	22	1.1640	1.100
84500	8	1.0559	1.028	279500	24	1.1804	1.113
107100	10	1.0707	1.036	311300	26	1.1972	1.127
130300	12	1.0857	1.045				

任务8　钻井液含砂量的测定

学习目标

(1)能够用筛分法准确测定钻井液的含砂量；
(2)能够解释钻井液测定含砂量的原因。

一、基础知识

1. 钻井液含砂量的概念及钻屑分类

含砂量是指钻井液中不同通过200目筛网,即粒径大于74μm的砂粒体积占钻井液总体积的百分数。根据API(美国石油学会)标准的规定,钻屑按粒度大小可分为三类：黏土类——粒径小于2μm；泥质类——粒径为2～74μm；砂质类——粒径大于74μm。

2. 含砂量过大对钻井的危害

(1)使钻井液密度过大,对提高钻速不利。

(2)使形成的滤饼松软,导致滤失量增大,不利于井壁稳定,并影响固井质量。

(3)滤饼中粗砂粒含量过高会使滤饼的摩擦系数增大,容易造成压差卡钻。

(4)增加对钻头和钻具的磨损,缩短其使用寿命。

3. 钻井对含砂量的基本要求

含砂量高时,钻井液密度升高,钻速降低,滤饼质量变差,滤失变大,滤饼摩擦系数变大,影响固井质量,并导致电测遇阻,地质资料不准,对设备的磨损严重。所以,钻井要求钻井液含砂量越小越好,一般控制在0.5%以下。

二、操作技能

1. 钻井液含砂量测定仪的构造和使用方法

1) 钻井液含砂量测定仪的构造

测量钻井液含砂量的仪器是钻井液含砂量测定仪(图2-23),由一个带刻度的、类似离心试管的玻璃测管和一个带漏斗的筛网筒组成,所用筛网为200目。

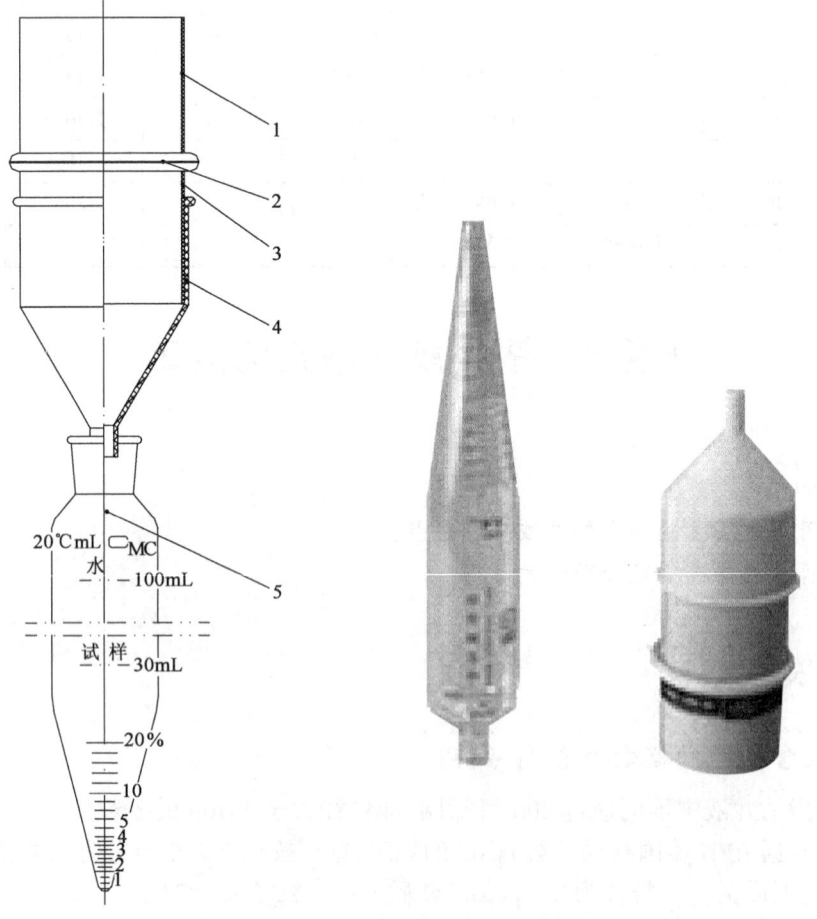

图 2-23 钻井液含砂量测量仪
1—下过滤网;2—滤网;3—上过滤网;4—含砂漏斗;5—含砂量筒

2)钻井液含砂量测定仪的使用方法

测量时,将一定体积的钻井液注入含砂量筒内,然后注入清水至刻度线;用力震荡后将容器中的流体倒入筛网筒过筛;筛完后将含砂漏斗套在筛网筒上翻转,漏斗嘴插入含砂量筒;将不能通过筛网的砂粒用清水冲入含砂量筒中,待砂粒全部沉淀后读出砂子的体积分数即为含砂量。

测量方法如下:

(1)取钻井液含砂量测定仪一套,检查管体有无破裂,筛网有无损坏。

(2)将待测钻井液注入含砂量筒至"钻井液"刻度线处(25mL)。

(3)注水至"水"刻度线处,用手盖住含砂量筒口,将钻井液和水摇匀,摇荡过筛,再用清水冲洗过筛,反复几次直到水清物净。

(4)把含砂漏斗放在含砂量筒上,用水将不能通过200目筛网的砂子冲到含砂量筒里,含砂量筒垂直静置。

(5)待上层清水中不再有下落物时,从刻度瓶上直接读取含砂量百分数。

(6)清洗所有仪器,整理实验台。

2.钻井液含砂量的控制

(1)机械除砂。充分利用振动筛、除砂器、除泥器等设备,对钻井液的固相含量进行有效的控制。

(2)化学除砂。通过加入化学絮凝剂,将细小砂粒絮凝变大,再配合机械设备清除。常用的絮凝剂有聚丙烯酰胺或部分水解聚丙烯酰胺等。

任务9 钻井液膨润土含量的测定

(1)能够测定钻井液中膨润土含量;
(2)能够解释膨润土水化的原因。

一、基础知识

1.膨润土

膨润土是以蒙脱石为主要成分的黏土。蒙脱石是由两层硅氧四面体夹一层铝氧八面体组成的2∶1型黏土矿物。由于蒙脱石晶胞形成的层状结构存在某些阳离子,如Ca^{2+}、Mg^{2+}、Na^+、K^+等,按其所吸附阳离子的不同将膨润土分为钠土和钙土两种。因为钠土水化能力较强,造浆能力较强,所以适合在钻井液使用。自然界中天然钠土一般较少,多为钙土,现场使用时,常把钙土改造成钠土(采用纯碱或烧碱改造),来满足钻井液用土的需要。

2.阳离子交换容量(CEC)

黏土一般带负电荷,黏土的阳离子交换容量指在分散介质pH值为7的条件下,黏土所能交换下来的阳离子总量,包括交换性盐基和交换性氢。

3. 钻井液膨润土含量测定原理

钻井液膨润土含量常使用亚甲基蓝含量计算。亚甲基蓝是一种常见染料,在水溶液中电离出有机阳离子和氯离子,其中的有机阳离子很容易与膨润土发生离子交换。每100mL钻井液所能吸附亚甲基蓝的毫摩尔数称为亚甲基蓝容量。

由于1mL标准溶液中含有0.01mmol亚甲基蓝,因此实验中消耗标准溶液的毫升数在数值上恰好等于钻井液的亚甲基蓝容量。为了便于计算,一般情况下假定膨润土的阳离子交换容量等于70mmol/100g。

二、操作技能

1. 试剂和仪器

(1)亚甲基蓝溶液:用标准试剂级亚甲基蓝配制,浓度为3.20g/L。每次配制时,必须先测定亚甲基蓝的含水量。可将1.000g亚甲基蓝在温度(93±3)℃下干燥至恒重,用下式对样品质量进行校正:

$$取样质量 = \frac{3.20}{亚甲基蓝干燥恒重质量} \tag{2-24}$$

(2)3%(质量分数)的过氧化氢(H_2O_2)溶液。

(3)约2.5mol/L稀硫酸。

(4)3mL注射器或等效物、250mL锥形瓶、10mL滴定管、0.5mL微型移液管、1mL带刻度移液管、30mL量筒、滤纸或亚甲基蓝试验纸。

2. 膨润土含量测定步骤

(1)准确量取1mL钻井液注入250mL锥形瓶中。

(2)加入40mL水稀释,再加入10mL过氧化氢溶液和5mL稀硫酸。

(3)把锥形瓶放在电炉上,缓慢煮沸10min,取下后水冷至室温,加水约50mL。

(4)用0.01mol/L的亚甲基蓝溶液滴定,每滴入0.5mL亚甲基蓝溶液后,旋摇30s。

(5)用搅拌棒沾一滴液体滴到滤纸上,观察在染色固体斑点周围是否出现绿蓝色圈。若无此圈,则继续滴定。

(6)记录亚甲基蓝溶液消耗量,计算亚甲基蓝交换容量(MBT):

$$MBT = \frac{亚甲基蓝溶液用量(mL)}{钻井液样品量(mL)} \tag{2-25}$$

(7)计算钻井液中等效膨润土含量:

$$f_c = 14.3 MBT \tag{2-26}$$

式中 f_c——钻井液中等效膨润土含量,g/L。

例1 将1mL钻井液用蒸馏水稀释至50mL后,用0.01mol/L亚甲基蓝溶液进行滴定,到达滴定终点时该溶液的用量为4.8mL。试求钻井液中等效膨润土含量。

解:因钻井液体积为1mL,则亚甲基蓝用量在数值上等于钻井液的亚甲基蓝交换容量,即MBT=4.8mmol/100g。由式(2-26)得:

$$f_c = 14.3 \times MBT = 14.3 \times 4.8 = 68.64(g/L)$$

任务10 钻井液抑制性的评价

学习目标

(1)了解井壁失稳的概念及井壁失稳的类型;
(2)掌握常用抑制性钻井液的评价方法;
(3)学会配制不同类型的抑制性钻井液体系。

一、基础知识

1. 井壁失稳

井壁失稳,不仅包括脆性泥页岩井壁的坍塌剥落、塑性泥页岩井壁的缩径和黏弹塑性变形,还包括地层在钻井液压力作用下的水压破裂等情况。具体到钻完井过程中,经常出现的井壁坍塌、地层破裂、扩径缩径等工况,均属于井壁失稳问题。

井壁失稳类型包括塑性失稳(盐膏层)、破碎性失稳(无胶结砂层)和泥页岩井壁失稳。井眼缩径一般发生在软泥岩地层,当在软泥岩地层钻进时,如果钻井液循环压力和停泵时的静液柱压力低于地层坍塌压力,就会发生井眼坍塌;当钻井液密度过高,井底压力过大,超过地层破裂压力时就会压裂地层,造成井眼扩大和钻井液漏失,此种情况一般发生在脆性地层。

2. 泥页岩井壁失稳机理

泥页岩井壁失稳问题主要是力学和化学问题。当地层被钻开后,地层原始力学平衡状态被打破,井眼通过钻井液提供的压力来平衡地层孔隙压力,从而起到对井壁岩石的支撑作用。当钻井液液柱压力过高或过低时都会破坏井壁周围的力学平衡状态,从而导致井壁力学失稳。泥页岩的物理化学特性也是导致井壁失稳的一个重要因素,当钻井液体系与井壁泥页岩相互作用时,由于钻井液中某些成分与泥页岩相互作用使得泥页岩初始稳定性遭到破坏,这就会引起井壁化学失稳。化学失稳的根本原因也是破坏了地层的力学稳定性。

二、操作技能

实验室对钻井液处理剂的抑制性评价方法比较多,目前常用的方法有页岩滚动回收率法、体积膨胀法、亚甲基蓝比表面积法和高温高压膨胀法。

1. 页岩滚动回收率法

实验仪器有滚子加热炉、高速搅拌器、天平、钻屑分样筛等。

取含膨润土7%的基浆350mL于高搅杯中,加入待评价的处理剂后高速搅拌15~20min,使处理剂充分分散,然后将其倒入滚子加热炉老化罐中,再加入6~10目钻屑30g后搅匀,在60℃下滚动16h后,用40目筛过滤出未分散的钻屑,干燥称重为W,计算页岩滚动回收率为$W/30 \times 100\%$。计算出的页岩滚动回收率越大,处理剂抑制性越强;反之抑制性越差。

2. 体积膨胀法

实验仪器有离心机、天平、量筒、移液管等。

取三支离心管,在第一支管中盛 0.5g 钠膨润土,10mL 煤油;第二支管中盛 0.5g 钠膨润土,10mL 水;第三支管中盛 0.5g 钠膨润土,10mL 一定浓度的待测处理剂溶液。水化 2h 后,用离心机高速离心 20min,测定煤油中膨润土体积为 V_0,水中膨润土体积为 V_1,待测处理剂中膨润土为 V_2。计算体积膨胀法防膨率 $P = (V_1 - V_2)/(V_1 - V_0) \times 100\%$。$P$ 越大,抑制性越好;反之抑制性越差。

3. 亚甲基蓝比表面积法

实验仪器有 751 分光光度计、离心机、分析天平、容量瓶、烘箱、干燥器等。

先配制不同浓度的亚甲基蓝溶液,用 751 分光光度计测出不同浓度下的吸光值,做出标准工作曲线。然后选用一定浓度的亚甲基蓝溶液,加入待测处理剂的黏土溶液,使二者充分作用,再离心取出上部清液,测得亚甲基蓝溶液浓度为 C,根据下式计算亚甲基蓝比表面积法防膨率 Z。Z 越大,抑制性越好;反之抑制性越差。

$$Z = \frac{S_0 - S_s}{S_0} \times 100\% \tag{2-27}$$

其中

$$S_s = \frac{2.45 \times 10^{-3}(C_0 - C)V}{W_b} \tag{2-28}$$

式中 Z——膨胀率,%;

S_0——水化黏土在亚甲基蓝溶液中的比表面积,m^2/mg;

S_s——比表面积,m^2/mg;

C_0——初始亚甲基蓝溶液浓度,mg/L;

C——离心后亚甲基蓝溶液浓度,mg/L;

V——亚甲基蓝体积,mL;

W_b——黏土质量,g。

4. 高温高压膨胀法

实验仪器有高温高压膨胀仪、天平、干燥器、高速搅拌器等。

称取 14g 已烘干的钠膨润土,在 1.5MPa 的压力下压成直径为 2.48cm、长为 2.5cm 左右的岩心,将该岩心放置到高温高压膨胀仪岩心筒中。在一定的温度、压力下,记录不同时间岩心总长度的增长量及增长率。以蒸馏水为标准,计算处理剂防膨率,其计算公式如下:

$$防膨率 = \frac{蒸馏水膨胀率 - 处理剂膨胀率}{蒸馏水膨胀率} \times 100\% \tag{2-29}$$

四种实验方法各自的优缺点是:

(1)页岩滚动回收率法具有直观、与现场反馈资料相吻合的特点,且评价各类处理剂及钻井液的抑制性均具有可比性。

(2)体积膨胀法和亚甲基蓝比表面积法不仅操作繁琐,而且只能评价无机盐、非离子型小分子类处理剂的抑制性。

(3)高温高压膨胀法能模拟现场温度及压力,且评价各类处理剂和钻井液的抑制性均具有可比性。

三、问题探究

1. 提高钻井液抑制性的方法

1) 采用无机盐或有机盐

KCl、NH_4Cl、$NaCl$、$CaCl_2$ 等无机盐抑制黏土矿物膨胀和分散性的作用已经非常清楚,对于不同的矿物组成,不同无机盐的抑制作用又略有差别。由于 K^+ 或 NH_4^+ 能够进入黏土和页岩的晶层间,促使黏土颗粒连接在一起,从而降低页岩在水中的分散作用,故 KCl、NH_4Cl 比 $NaCl$、$CaCl_2$ 能更为有效地抑制页岩分散。从抑制页岩分散作用的机理上讲,$CaCl_2$ 和 $NaCl$ 主要是通过阻止水进入页岩颗粒而起作用;K^+ 和 NH_4^+ 的水化能低,水化后的离子半径仍小于伊利石的层间间隙,因而能进入伊利石层间,且 K^+ 或 NH_4^+ 是通过与页岩中的黏土发生离子交换而起作用。除上述无机盐外,硫酸钾也可以作为抑制剂。

低碳原子($C_1 \sim C_6$)、碱金属有机酸盐(甲酸铯、乙酸钾、柠檬酸钾、酒石酸钾)、有机酸铵盐(乙酸铵、柠檬酸铵、酒石酸铵等)具有防塌抑制性能好、保护油气层、腐蚀性低、环保及可回收再利用的特点,近年来逐渐受到重视。

小分子季铵盐、胺基聚醚(或聚胺)等,易被黏土优先吸附,会促使黏土晶层间脱水,减少膨胀力,有效抑制黏土水化,且可以嵌入黏土晶层间,阻止水分子进入,降低黏土的水化膨胀作用。由于其在黏土颗粒上吸附牢固,具有长期稳定效果。

2) 采用高相对分子质量聚合物处理剂

具有极性吸附基和水化基团,且具有适当相对分子质量的水溶性阴离子聚合物,可通过氢键或静电吸力吸附钻井液中的页岩或黏土颗粒,将多个页岩或黏土颗粒桥接在一起,阻止页岩或黏土分散(即包被作用)。

当聚合物主链上含有阳离子基团时,由于阳离子基团与黏土之间的吸附主要是静电吸附,不易发生脱附,因此阳离子聚合物比阴离子聚合物具有更强的抑制性。

两性离子聚合物能够通过分子链中阳离子基团吸附在带负电的黏土表面,中和了部分黏土表面电荷;另一方面,两性离子聚合物分子中的阴离子基团在水化后能够形成致密的溶剂化层。当聚合物吸附在黏土颗粒表面时,可形成致密的包被膜,阻止或减缓水分子与黏土表面接触,包被膜还提供颗粒的空间稳定性,达到减弱絮凝、稳定钻井液性能的目的。

在钻井液中加入部分无机盐,可以减少聚合物在液相中的溶解度,使聚合物在页岩颗粒表面的吸附量增加,并产生致密、坚实的保护膜,可进一步增强稳定页岩的效果。

2. 常用的抑制性钻井液类型

国内正在研究和现场应用的抑制性钻井液主要有:正电胶(MMH)钻井液、硅酸盐钻井液、甲基葡萄糖甙(MEG)钻井液、聚合醇(PEM)钻井液和甲酸盐钻井液等。

1) 正电胶(MMH)钻井液

正电胶钻井液是一种混合金属层状氢氧化物钻井液,其中 MMH 是主要处理剂。该钻井液在使用过程中通过钻井液中阳离子所带的正电荷中和黏土表面的负电荷来减少黏土片层间作用力,从而抑制黏土水化膨胀。

该体系具有稳定的流变性和良好的剪切稀释性,从而保证了体系的携岩能力;通过电荷中和作用保证了体系能很好地抑制泥页岩水化分散,提高了井壁稳定性;同时该体系具有良好的抗温、抗盐、抗钙能力,因此该体系得到了广泛应用。

2) 硅酸盐钻井液

硅酸盐钻井液以硅酸盐类处理剂为抑制剂、具有毒性低,对环境影响小的特点。硅酸盐类处理剂粒度范围广,不同粒度的处理剂能够通过扩散吸附等途径堵塞泥页岩井壁不同直径的孔喉和微裂缝,通过降低钻井液的滤失起到抑制黏土水化膨胀的作用。硅酸盐钻井液的抑制性能随着井下温度的升高而增强,因为其中的抑制剂在井下80℃以上时能够与泥页岩井壁上的泥质矿物发生缩合反应,通过在井壁上形成胶结物质可以提高泥页岩井壁的稳定性。

硅酸盐钻井液体系中硅酸盐抑制剂的加量一般较大,而且该体系中还必须加入其他钻井液处理剂进行复配才能起到所需的抑制性能。同时该体系在使用过程中其流变性、滤失造壁性、抗温性能、抗盐性能、抗钙性能等常常因为所复配的钻井液处理剂不同而产生较大的差别,所以在现场应用过程中其各项性能较难控制和调整,因而使用范围受到限制。

3) 甲基葡萄糖甙(MEG)钻井液

MEG 是含有多个羟基官能团的聚糖类高分子单体衍生物,根据半透膜机理,MEG 分子中的羟基官能团能够吸附到泥页岩井壁上,并在井壁上形成具有亲油性能的半透膜,该膜一方面可以阻止钻井液滤液进入地层并减少地层孔隙与井筒间的压力传递,起到抑制泥页岩水化分散的作用;另一方面该膜使井壁与钻具间的摩擦系数减小,扭矩减小,降低了卡钻、憋泵等复杂事故发生的概率。

但是 MEG 钻井液在实际应用过程中会受到限制,因为 MEG 的理想加量为45%~60%,处理剂加量太大。即使将 MEG 与无机盐复配使用也只能将其用量降到25%左右,同时无机盐(KCl)的加入又会对环境造成污染。同时由于该钻井液成本太高,目前还无法推广使用。

4) 聚合醇(PEM)钻井液

$C_nH_{(4n+2)}O_{(n+1)}$、$C_6H_{14}O_3$、$C_3H_8O_3$、$C_2H_6O_2/C_3H_8O_2$ 共聚物、聚环氧乙烷等聚合醇是 PEM 钻井液体系主要的处理剂。PEM 单剂是透明液体,在常温下易溶于水,对环境无污染、对金属无腐蚀性、具有浊点效应。当井底温度高于聚合醇浊点温度时,聚合醇会与钻井液水相发生分离,吸附在井壁表面形成一层阻止钻井液中自由水进入地层的吸附层,从而起到抑制泥页岩水化膨胀的作用;此外,聚合醇在井壁上的吸附量随着温度的升高而增大,从而达到稳定井壁的作用。

虽然聚合醇钻井液体系有上述优点,但是由于该体系的抑制性能有限,同时必须通过和某些无机盐复配使用才能满足各类复杂井的需要,所以没有推广应用。

5) 甲酸盐钻井液

甲酸盐钻井液具有流变性能及降滤失性能好、钻井液无用固相含量低的特点。在使用过程中由于甲酸盐钻井液中自由水的活度小于地层中自由水的活度,因此在井筒钻井液与井壁地层之间会形成一个渗透压,在该压力的驱使下地层中的水会渗入井筒钻井液中,减小自由水向地层中渗透所造成的危害;同时甲酸盐的甲酸根离子可以与水分子形成氢键,对钻井液中自由水具有较强的束缚作用。通过渗透压和氢键两种作用机理使甲酸盐钻井液对泥页岩井壁具有很强的抑制作用,从而起到稳定井壁和减小储层损害的作用。

6)有机胺水基钻井液

钾离子是最常见的阳离子泥页岩抑制剂,能有效抑制泥页岩膨胀,但其使用浓度较高,同时会对环境带来不利影响。近年来,随着页岩气等非常规油气资源的开发和环保意识的不断提高,钻井对抑制性钻井液体系提出了新的、更高的要求。为了寻求一种在性能上类似于油基钻井液的水基钻井液,国外钻井工作者从油基乳化钻井液的相关特性及其作用机理入手,并结合一些非石油行业领域的技术与经验,通过大量的基础实验、各种处理剂优选实验以及体系的配伍性实验等相关实验。通过研制、改性各种新型处理剂,并对各种强抑制性处理剂进行优选和复配,最终研发出了一种具有良好抑制性能的有机胺水基钻井液体系。该体系的设计理念是"强抑制、多功能",即在抑制泥页岩水化分散的同时,又能改善和提高一些钻井液的关键性能,如该体系具有流变性能稳定、携岩能力强、磨阻低、滤失量小、能有效阻止地层与井筒间的压力传递等优点。

四、拓展知识

1. 井壁稳定性分析

井壁不稳定有两种情况:一种是岩层剪切破坏引起井壁剥落或垮塌;另一种是井壁岩层发生张性破裂,出现井漏。因此,钻井液密度存在一个安全范围,理论上说,在这个安全密度范围内钻井,将不会出现井壁坍塌或钻井液漏失等复杂情况。为了得到这个安全范围,需要选择合适的强度准则,计算井壁的理论破裂压力和坍塌压力。

2. 泥页岩井壁稳定措施

(1)根据地层参数确定合理的钻井液密度。为了保持井壁岩石处于力学稳定状态,钻井液的密度应该根据所钻遇地层的坍塌压力及破裂压力确定,并适时检测并调整钻井液密度变化,以防止因为钻井液密度变化而引起的井壁坍塌和塑性变形。

(2)优选抑制性钻井液处理剂类型及体系。可以通过在钻井液中加入具有强抑制性能的抑制剂,抑制黏土水化膨胀,提高钻井液体系的抑制能力。同时利用泥页岩抑制剂和其他处理剂的协同效应,结合物理和化学封堵方法来封堵地层的孔喉和缝隙,以阻止钻井液滤液进入泥页岩地层,减少孔隙压力传递及滤饼渗透率,从而提高井壁岩石的有效强度。目前最先进的方法是利用钻井液的成膜机理调整钻井液活度,使其小于或等于地层水活度,减轻地层与井筒液柱间的压力穿透和滤液的扩散效应,从而减少滤液对泥页岩稳定性的影响。

思 考 题

1. 钻井液密度计的量程是多少?最小刻度值是多少?

2. 某区块设计一口4750m的水平井,井垂深4000m,钻至水平段测得井底孔隙压力60MPa,试计算现场使用的钻井液密度(密度附加值0.15)。

3. 如果钻井液中有气泡,密度的测量结果是偏大还是偏小?为保证测量精度,应该如何处理?

4. 某钻井液体系密度为$1.18g/cm^3$,此时坐岗工人发现溢流,需要快速提高钻井液密度进行压井作业,已知现场只有重晶石和石灰石两种加重材料,为了快速控制溢流,应选择哪种加重材料?经现场技术员初步计算确定将钻井液加重至 1.25g/cm³ 时可控制溢流,问需要加入该种加重材料多少吨?这些加重材料怎样加入钻井液中才能保证加重后的钻井液密度均匀一致?

5. 某区块设计一口 4000m 的水平井,现已钻至井深 3200m,根据钻井液设计要求,此井段钻井液的漏斗黏度应控制在 40~45s,而钻井液工此时测得的钻井液漏斗黏度为 60s;钻井液工决定用 XY-27 来对钻井液进行降黏处理,那么应该在钻井液中加入多少降黏剂?这个加量如何确定出来?若此时整个循环系统的钻井液体积为 150m³,应在 150m³ 的钻井液中加入多少吨降黏剂?

6. 如何调整塑性黏度和动切力、流性指数(n)和稠度系数(K)?

7. 什么是钻井液触变性?怎样的触变性对钻井工作更为有利?

8. 简述塑性黏度和动切力的具体调整方法(包括降低和升高两种情况)。

9. 为什么要求钻井液具有较好的剪切稀释特性?

10. 在六速旋转黏度计上测得某钻井液 600r/min 和 300r/min 时的读数分别为:$\phi_{600}=30$,$\phi_{300}=21$,若该钻井液为幂律流体,试计算该钻井液的流变参数。

11. 什么是钻井液的滤失及造壁性?分析钻井液发生滤失的条件及滤失过程。

12. 简述钻井过程对钻井液滤失量的基本要求。

13. 如何评价钻井液滤饼质量?

14. 钻井液润滑性能评价有几种方法?

15. 钻井液润滑剂应满足哪些要求?

16. 钻井液中常用的润滑剂有哪些类型?

17. 钻井液对酸碱性有何要求?钻井液为何要维持一定的酸碱性?

18. 为什么要测定钻井液碱度?

19. 钻井液 pH 值对钻井液性能有何影响?

20. 钻井液固相含量是如何定义的?采用何种原理测定钻井液固相含量?

21. 钻井液固相含量对钻井液性能及钻井工作有什么影响?钻井过程对钻井液固相含量有何要求?

22. 钻井液固相含量可以分为哪些类型?如何进行钻井液固相含量控制?

23. 如何进行含砂量的测定?含砂量的控制方法有哪些?

24. 膨润土的概念是什么?阳离子交换容量的概念是什么?

25. 取现场某钻井液 2mL 用蒸馏水稀释至 50mL 后,用 0.01mol/L 亚甲基蓝溶液进行滴定,到达滴定终点时该溶液的用量为 9mL。试求钻井液中的膨润土含量。

26. 什么是井壁失稳?井壁失稳类型有哪些?

27. 如何提高钻井液的抑制能力?常用的抑制性钻井液有哪些类型?

28. 在钻井过程中,可以从哪些方面着手解决井壁稳定难题?

项目三 钻井液的配制

任务1 钻井液配浆材料的认知

学习目标

(1)掌握钻井液配浆土的类型;
(2)掌握黏土矿物的分类、化学组成及晶体构造;
(3)掌握黏土的水化作用机理;
(4)掌握黏土扩散双电层理论;
(5)理解DLVO理论。

一、基础知识

黏土是钻井液的主要成分,其矿物组成和性质对钻井液的性能影响很大,在钻井过程中遇到的地层黏土的特征与井眼稳定、油气层保护密切相关。

黏土主要是由黏土矿物(含水的铝硅酸盐)组成的;某些黏土还含有不定量的非黏土矿物,如石英、长石等;许多黏土还含有非晶质的胶体矿物,如蛋白石、氢氧化铁、氢氧化铝等。

大多数黏土颗粒的粒径小于2μm,它们在水中有分散性、带电性、离子交换性、水化性,这些性能直接影响钻井液的配制、性能维护和调整。

1. 黏土矿物的分类和化学组成

1) 黏土矿物的分类

黏土矿物的分类方法很多,其中按单元晶层构造特征,可以分为1:1型(一层硅氧四面体晶片与一层铝氧八面体晶片相结合构成单元晶层)黏土矿物、2:1型(两层硅氧四面体晶片中间夹一层铝氧八面体晶片构成单元晶层)黏土矿物、2:2型(硅氧四面体晶片与铝(镁)氧八面体晶片交替排列的四层晶片构成单元晶层)黏土矿物和层链状结构(硅氧四面体组成的六角环依上下相反方向对列)黏土矿物,各类黏土矿物的典型矿物见表3-1。

表3-1 各类黏土矿物的典型矿物

单元晶体构造特征	黏土矿物族	典型矿物
1:1型	高岭石族	高岭石、地开石、珍珠陶土等
	埃洛族	埃洛石等

续表

单元晶体构造特征	黏土矿物族	典型矿物
2:1 型	蒙脱石族	蒙脱石、拜来石、囊脱石、皂石、蛭石等
	水云母族	伊利石、海绿石等
2:2 型	绿泥石族	各种绿泥石等
层链状结构	海泡石族	海泡石、凹凸棒石、坡缕缟石等

2) 黏土矿物的化学组成

常见的黏土矿物有三种类型:高岭石、蒙脱石(也叫微晶高岭石、胶岭石等),伊利石(也称水云母),其化学组成见表 3-2。

表 3-2　几种常见黏土矿物的化学组成

黏土矿物名称	化学组成	$n_{SiO_2} : n_{Al_2O_3}$
高岭石	$2Al_2O_3 \cdot 4SiO_2 \cdot 4H_2O$	2:1
蒙脱石	$(Al_2Mg_3)(Si_4O_{10})(OH)_2 \cdot nH_2O$	4:1
伊利石	$(K,Na,Ca)_m(Al,Mg)_3(Si,Al)_8O_{20}(OH)_4 \cdot nH_2O$	1:1

不同类型黏土矿物的化学成分是不同的,如高岭石中氧化铝含量较高,氧化硅含量较低;蒙脱石中氧化铝含量较低,氧化硅含量较高;伊利石含有较多的氧化钾。

上述各类黏土矿物的化学组成,是用化学分析方法鉴别黏土矿物类型的依据。

2. 黏土矿物的晶体构造

1) 黏土矿物的基本构造单元

各种黏土矿物都由两种基本构造单元按不同的组合方式组成,分别是硅氧四面体和铝氧八面体。

(1) 硅氧四面体与硅氧四面体晶片。硅氧四面体中有一个硅原子和四个氧原子,硅原子在四面体的中心,氧原子在四面体的顶点,硅原子与各氧原子之间的距离相等,如图 3-1(a)所示。硅氧四面体网格重复联结形成的硅氧四面体晶片,是由三个原子层构成的立体片状结构,如图 3-1(b)所示。

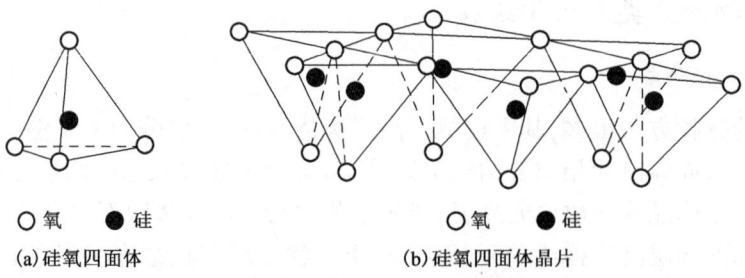

(a) 硅氧四面体　　(b) 硅氧四面体晶片

图 3-1　硅氧四面体及硅氧四面体晶片示意图

(2) 铝氧八面体与铝氧八面体晶片。铝氧八面体的六个顶点为氧原子或氢氧原子团,铝(铁或镁)原子居于八面体中央,如图 3-2(a)所示。铝氧八面体晶片由八面体沿一个平面互相连接而成,如图 3-2(b)所示。

(3) 晶片的结合。硅氧四面体晶片与铝氧八面体晶片通过共用的氧原子以共价键连接在

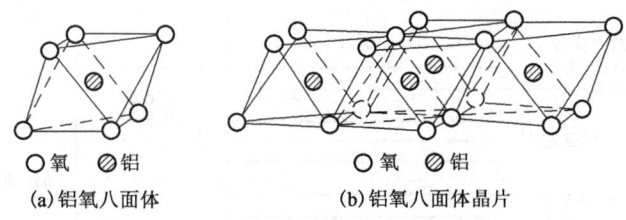

(a) 铝氧八面体　　　　(b) 铝氧八面体晶片

图 3-2　铝氧八面体和铝氧八面体晶片示意图

一起,构成单元晶层,单元晶层面—面堆叠形成晶体。

2) 几种常见的黏土矿物

(1) 高岭石。

高岭石的晶层单元由一个硅氧四面体晶片与一个铝氧八面体晶片构成,称为1:1型黏土矿物。为了直观表示高岭石的晶层构造,将硅氧四面体晶片和铝氧八面体晶片绘制成如图3-3所示的层片状结构,两单元晶层之间的垂直距离称为晶层间距 c。

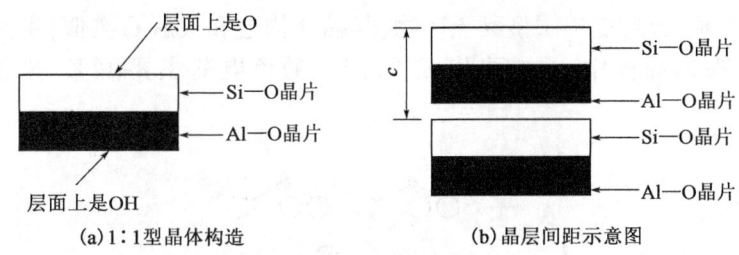

(a) 1:1型晶体构造　　　　(b) 晶层间距示意图

图 3-3　高岭石晶层构造示意图

在高岭石单元晶层上,硅氧四面体的顶尖指向铝氧八面体,单元晶层一面为OH层,另一面为O层,层与层之间容易形成氢键,故晶层之间连接紧密。高岭石几乎无晶格取代现象,阳离子交换容量小,水分子不易进入晶层中间。高岭石为非膨胀型黏土矿物,其水化性能差,造浆性能不好。在钻井过程中,含高岭石的泥页岩地层易发生剥蚀掉块,必须予以重视。

(2) 蒙脱石。

蒙脱石的晶层单元由两片硅氧四面体晶片夹一片铝氧八面体晶片组成,故称为2:1型黏土矿物,晶层构造如图3-4所示。

蒙脱石晶层上下两面皆为氧原子,各晶层之间以分子间力连接,连接力弱,水分子易进入晶层之间引起晶格膨胀;更重要的是由于晶格取代作用,蒙脱石带有较多的负电荷,蒙脱石吸附等电量的阳离子,水化的阳离子进入晶层之间,致使 c 轴方向上的间距增加(c 表示与晶片垂直的坐标方向,同时也表示两个相邻晶层间的距离)。晶格取代作用是指在黏土晶体结构中某些原子或离子被其他不同化合价的原子或

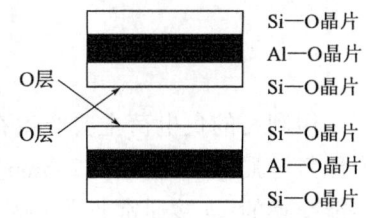

图 3-4　蒙脱石晶层构造示意图

离子取代而晶体骨架保持不变的作用。例如,蒙脱石晶体中一个 Al^{3+} 被 Mg^{2+} 取代,会产生一个负电荷,该负电荷吸附周围溶液中的阳离子来达到电荷平衡。晶格取代作用可以发生在八面体中,也可以发生在四面体中。

蒙脱石是膨胀型黏土矿物,其晶层的所有表面,包括内表面和外表面都可以进行水化及阳离子交换,如图3-5所示(图中 a、b 分别表示晶层上的两个坐标方向)。蒙脱石具有很大的比表面,可以大至 $800m^2/g$。

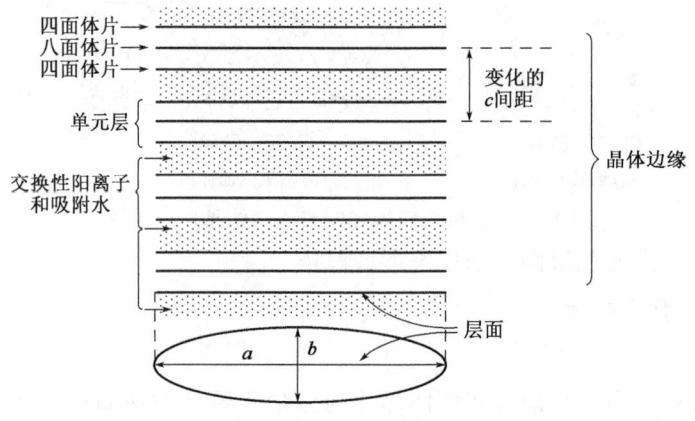

图 3-5 蒙脱石晶格示意图

(3)伊利石。

伊利石也称为水云母,是三层型黏土矿物,其晶体构造和蒙脱石类似,主要区别在于晶格取代作用多发生在四面体中,Al^{3+} 取代 Si^{4+},产生的负电荷主要由 K^+ 来平衡,其结构如图 3-6 所示。

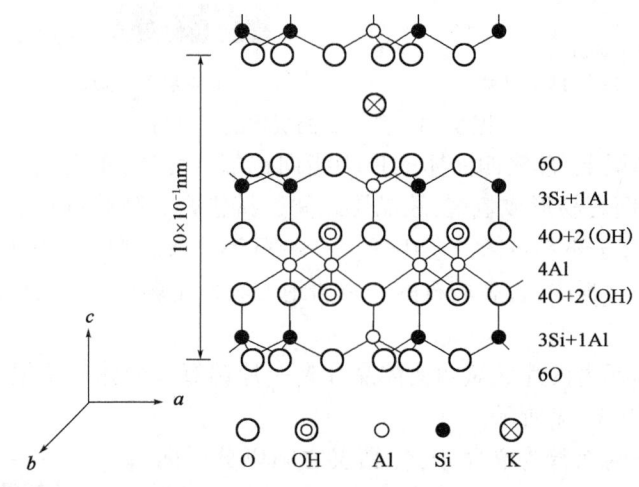

图 3-6 伊利石晶体构造示意图

伊利石的负电荷主要产生在四面体晶片,离晶层表面近,K^+ 与晶层负电荷之间的静电引力比氢键强;K^+(直径 0.266nm)刚好嵌入相邻晶层间的氧原子网格形成的六角环空穴中,是不能交换的,连接通常非常牢固。因此,伊利石不易水化膨胀。

然而,在每个黏土颗粒外表面的 K^+ 却能发生离子交换。因此,其水化作用仅限于外表面,水化膨胀时,它的体积增加程度比蒙脱石小得多。

伊利石是含量最丰富的黏土矿物,存在于所有的沉积年代中,在古生代沉积物中占优势。钻井遇到以伊利石为主的泥页岩地层时,常常发生剥落掉块。

黏土矿物的晶体构造,特别是其表面构造和钻井液关系最密切,因为黏土与水、处理剂的作用主要是在其表面上进行的。

上述三种黏土矿物的特点见表 3-3 和图 3-7。

表3-3 三种黏土矿物的晶体构造和物理化学性质特点

黏土矿物名称	晶型	晶层间距,10^{-1}nm	层间引力	阳离子交换容量,mmol/(100g)
高岭石	1:1	7.2	氢键力,引力强	3~5
蒙脱石	2:1	9.6~40.0	分子间力,引力弱	70~130
伊利石	2:1	10.0	引力较强	20~40

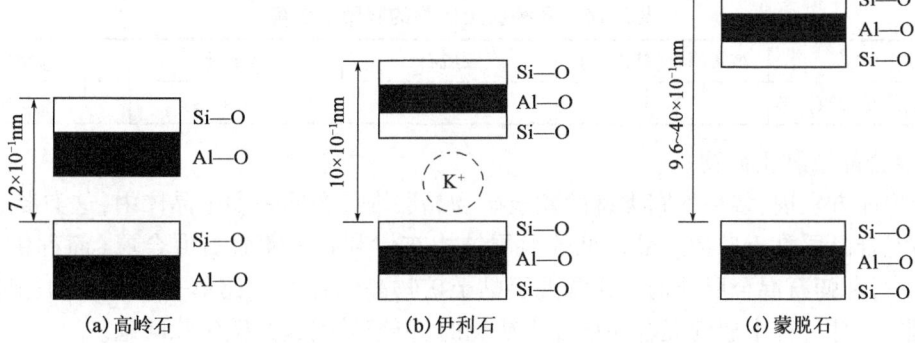

图3-7 高岭石、伊利石、蒙脱石晶体构造特点

(4)绿泥石。

绿泥石晶层由如叶蜡石似的三层型晶片与一层水镁石晶片交替组成,如图3-8所示。

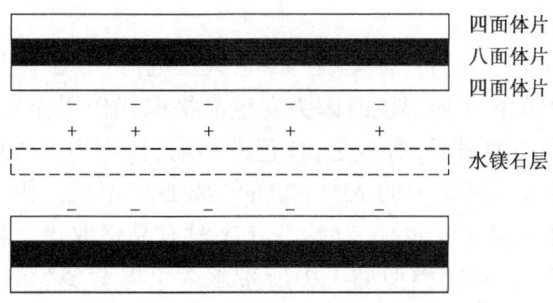

图3-8 绿泥石晶体构造示意图

硅氧四面体中的部分 Si^{4+} 被 Al^{3+} 取代产生负电荷,水镁石层有些 Mg^{2+} 被 Al^{3+} 取代,产生正电荷,这些正电荷与负电荷平衡。

绿泥石的化学式为:

$$2[(Si,Al)_4(Mg,Fe)_3O_{10}(OH)](Mg,Al)_6(OH)_{12}$$

通常绿泥石无层间水,而某种降解的绿泥石中一部分水镁石晶片被除去,有某种程度的层间水和晶格膨胀,绿泥石在古生代沉积物中含量丰富。

(5)海泡石族矿物。

海泡石族矿物俗称抗盐黏土,属链状构造的含水绿镁硅酸盐,其中包括海泡石、凹凸棒石、坡缕缟石(又名山软木)。

这类黏土矿物的晶体构造通常为纤维状,其特点是硅氧四面体所组成的六角环都依上下相反的方向排列,并且相互间被其他的八面体和氢氧群所连接,铝或镁位于八面体的中央。同时,构造中保留了一系列的晶道,具有极大的内部表面,水分子可以进入内部孔道。

海泡石族矿物的独特晶体构造,与所配制的悬浮体经搅拌后,其纤维互相交叉,形成乱稻草堆似的网架结构,这是保持悬浮体稳定的决定性因素。因此,海泡石族黏土悬浮体的流变特性取决于纤维结构的机械参数,而不取决于颗粒的静电引力。

海泡石族矿物的物理化学性质也和其他黏土矿物有显著的不同,其含有较多的吸附水(表3-4),具有好的热稳定性,适用于配制深井钻井液。其在淡水中的造浆情况与在饱和盐水中几乎一样,因而具有良好的抗盐稳定性,用它配制的钻井液用于海洋钻井和钻高压盐水层或盐层具有很好的悬浮性能。

表3-4 几种黏土矿物的吸附水含量

黏土矿物名称	坡缕缟石(软山木)	蒙脱石	水云母	高岭石
吸附水含量(质量分数),%	24.3	20.2	5.4	2.0

(6)混合晶层黏土矿物。

在有些地方发现,多种不同类型的黏土矿物晶层堆叠在同一黏土晶体中,这类混层结构的矿物称为混合晶层黏土矿物。最常见的混层结构有伊利石和蒙脱石混合层(简称伊蒙混层)结构、绿泥石和蛭石混合层结构。通常混层黏土矿物晶体在水中比单一黏土矿物晶体更容易分散、膨胀,钻井过程中遇到混合晶层黏土矿物时,更容易引起井壁失稳问题。

3)黏土—水分散体系的电学性质

黏土—水分散体系的电泳和电渗实验证明黏土颗粒带负电,黏土的电荷影响黏土的特性。钻井液中处理剂的作用,钻井液体系的分散、絮凝等性质,都受黏土电荷的影响。

(1)黏土颗粒带电的原因。

黏土电荷按其成因分类可分为三种类型——永久负电荷,可变电荷和正电荷。

①永久负电荷。黏土在自然界形成时因为发生晶格取代作用而带负电,这种负电荷数量的多少取决于晶格取代作用的强弱,而不受 pH 值的影响,被称为永久负电荷。如硅氧四面体中的 Si^{4+} 被 Al^{3+} 取代,铝氧八面体中的 Al^{3+} 被 Mg^{2+} 或 Fe^{2+} 取代。伊利石的永久负电荷主要来源于硅氧四面体晶片中的硅被铝取代,高岭石几乎没有晶格取代。黏土的永久负电荷大部分分布在黏土晶层的层面上,不同类型黏土中所带永久负电荷多少的排序为:伊利石>蒙脱石>高岭石。

②可变负电荷。介质的 pH 值改变,引起黏土所带电荷的数量改变,这种电荷称之为可变负电荷。例如黏土晶体端面上 Al—OH 在碱性环境中解离 H^+,使黏土带负电荷;黏土晶体的端面上吸附了 OH^-、SiO_3^{2-} 等无机阴离子使黏土带负电荷;黏土晶体吸附有机阴离子聚电解质使黏土带负电荷等。

③正电荷。黏土介质的 pH 值较低时,黏土晶体端面上 Al—OH 在酸性环境中解离,可以使黏土晶体端面上带正电荷。

(2)黏土颗粒带电的规律。

黏土种类不同,带电原因不同,所带电荷多少也不同,蒙脱石带电多,高岭石带电少;黏土颗粒不同位置所带电荷多少不同,层表面带电多,端表面带电少,层表面带负电,端表面带电有正有负;黏土所带正电荷与负电荷的代数和即为黏土晶体的静电荷数,由于黏土所带负电荷一般多于正电荷,黏土颗粒一般都带负电荷。

4)黏土的交换性阳离子

根据电中性原则,带电的黏土颗粒必然从分散介质中吸附等量的阳离子,这些被黏土吸附的阳离子,可以被分散介质中的其他阳离子所交换,称为黏土的交换性阳离子,其多少用黏土的阳离子交换容量来表示。

黏土的阳离子交换容量是指在分散介质的 pH 值为 7 的条件下,黏土所能交换下来的阳离子总量,包括交换性盐基和交换性氢。阳离子交换容量以 100g 黏土所能交换下来的阳离子毫摩尔数来表示,符号为 CEC(cation exchange capacity)。

各类黏土矿物阳离子交换容量见表 3-5。

表 3-5 各类黏土矿物阳离子交换容量

黏土矿物名称	CEC, mmol/100g	黏土矿物名称	CEC, mmol/100g
蒙脱石	70~150	凹凸棒石、海泡石	10~35
伊利石	20~40	钠膨润土(夏子街)	82.30
高岭石	3~5	钙膨润土(高阳)	103.70
绿泥石	10~40		

黏土矿物的化学组成和晶体构造不同,黏土所带电荷多少的不同,阳离子交换容量会有很大差别。当黏土矿物化学组成相同时,其阳离子交换容量随分散度的增加而变大,特别是高岭石,其阳离子交换主要是由于 Al—OH 在碱性环境中解离出 H^+ 产生电荷所引起的,因而颗粒越小,露在外面的 OH^- 越多,交换容量越大;蒙脱石的阳离子交换主要是由于晶格取代产生电荷,由于裸露的 OH^- 中解离出 H^+ 产生的负电荷占比例很小,因而受分散度的影响较小。在黏土矿物化学组成和分散度相同的情况下,在碱性环境中,阳离子交换容量较大。

黏土的阳离子交换容量及吸附的阳离子种类对黏土的胶体活性影响很大,如蒙脱石的阳离子交换容量大,膨胀性也大,在低浓度下就形成稠的悬浮体,特别是钠蒙脱石,水化膨胀性更好,钠蒙脱石因此称为水基钻井液的造浆黏土;而高岭石的阳离子交换容量很低,惰性较强。

5)黏土颗粒的带电状态

(1)黏土颗粒扩散双电层。

带电黏土颗粒周围分布着电荷数相等、溶解化的反离子,受黏土表面负电荷的吸引靠近黏土颗粒表面;同时,由于反离子的热运动,又有扩散到液相内部去的趋势。黏土表面紧紧地吸附着部分反离子,构成图 3-9 中的吸附层,其余反离子带着其溶剂化层,扩散地分布到液相中,构成扩散层(视频 9)。

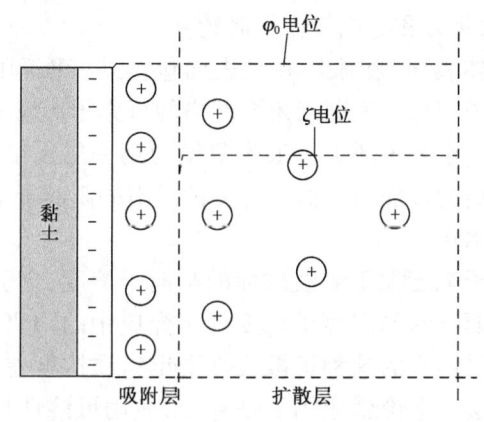

视频 9 扩散双电层的形成

图 3-9 黏土颗粒扩散双电层

视频10 滑动面

当黏土颗粒运动时，界面上的吸附层随着黏土一起运动，与外层错开，吸附层与外层(扩散层)错开的界面称为滑动面(视频10)。从吸附层界面(滑动面)到均匀液相内部的电位称为电动电位(或 ζ 电位)，从黏土颗粒表面到均匀液相内部的电位称为热力学电位(或 φ_0 电位)。热力学电位取决于黏土颗粒表面所带的总电荷，而电动电位取决于黏土颗粒表面电荷与吸附层内反离子电荷之差。

(2)黏土的扩散双电层特点。

黏土颗粒的扩散双电层厚度和 ζ 电位是黏土性质的重要特征参数，黏土—水分散体系的聚结稳定性与扩散双电层厚度、ζ 电位大小密切相关。扩散双电层越厚、ζ 电位越大，黏土—水分散体系越稳定。扩散双电层的厚度主要取决于溶液中电解质的反离子价数与电解质的浓度。随着加入电解质浓度的增加，特别是反离子价数的升高，扩散双电层厚度下降，ζ 电位降低，黏土颗粒之间距离减小，容易发生絮凝或聚结。

在胶体溶液中加入电解质之后，将有更多的反离子进入吸附层，使扩散层的离子数下降，这就导致扩散双电层厚度下降，ζ 电位随之下降(电解质压缩扩散双电层作用)。当所有电解质把扩散双电层压缩到吸附层厚度时，胶体颗粒不带电，此时 ζ 电位降至零，这种状态称为等电态，在等电态，体系不稳定。

黏土—水分散体系的组成和性能比一般胶体复杂，特别是钻井液更为复杂。钻井液是由黏土、水、各种处理剂等组成的混合体系，故其 ζ 电位受多种因素的影响。除了上述加入电解质外，ζ 电位还受 pH 值、交换性阳离子和吸附的阴离子等因素的影响。

6) 黏土的水化和分散

黏土的水化作用是指黏土颗粒吸附水分子形成水化膜，使晶格层面间的距离增大发生膨胀的作用。黏土的水化作用是影响钻井液性能和井壁稳定的重要因素。

(1) 黏土水化膨胀作用的机理。

黏土矿物的水分按其存在的状态可以分为结晶水、吸附水、自由水三种类型。结晶水是黏土矿物晶体构造的一部分，只有温度高于300℃以上时，结晶受到破坏，这部分水才能释放出来；吸附水是具有极性的水分子被吸附到带电的黏土颗粒表面上，在黏土颗粒周围形成一层水化膜，这部分水随黏土颗粒一起运动，所以也称为束缚水；自由水存在于黏土颗粒的孔穴或孔道中，不受黏土的束缚，可以自由地运动。

黏土水化膨胀受表面水化力、渗透水化力和毛细管作用制约。

①表面水化。表面水化是由黏土晶体表面(膨胀性黏土表面包括外表面和内表面)吸附水分子或交换性阳离子而引起的。水分子与黏土表面六角形网格的氧原子形成氢键而保持在表面上，水分子也通过氢键结合为六角环；水分子还可以通过氢键与第一层连接，所以表面水化是多分子层的。氢键的强度随离开距离的增加而降低。许多被吸附的阳离子本身可以吸附水分子，带有水分子的外壳，也促进黏土水化。

②渗透水化。由于晶层之间的阳离子浓度大于溶液内部的阳离子溶度，会引起水浓度扩散，进入层间，增加层间距离。当黏土表面吸附的阳离子浓度高于介质中的阳离子浓度时，便会产生渗透压，从而引起水向黏土晶层间扩散，水的这种扩散程度受电解质浓度差的影响，这就是渗透水化膨胀的机理。早在1931年，这一理论就应用于钻井液，使用可溶性盐以降低钻井液和坍塌页岩中液体之间的渗透压，后来进一步发展了饱和盐水钻井液、氯化钙钻井液等。

(2)影响黏土水化的因素。

①黏土晶体不同部位对水化的影响。黏土晶体表面的水化膜厚度不均匀,黏土的表面水化膜主要是由阳离子水化造成的,黏土晶体所带的负电荷大部分集中在层面上,层面吸附的阳离子较多,水化膜厚;黏土晶体端面上带电量较少,水化膜薄。

②黏土矿物种类对水化的影响。黏土矿物不同,带电量不同,水化作用的强弱也不同。蒙脱石的带电量多,阳离子交换容量高,水化性最好,分散度也最高;而高岭石带电量少,阳离子交换容量低,水化性差,分散度也低,颗粒粗,是非膨胀性矿物;伊利石由于晶层间 K^+ 的特殊封闭作用,以及黏土单元晶层对层间阳离子产生的静电引力作用,使伊利石水化差,分散度也低,也是非膨胀性矿物。

③可交换阳离子的影响。因黏土吸附的交换性阳离子不同,其水化程度有很大差别。例如,钙蒙脱石水化后晶层间距最大仅为 17×10^{-1} nm,而钠蒙脱石水化后其晶层间距可达 $(17 \sim 40) \times 10^{-1}$ nm,如图 3 – 10 所示。现场为了提高膨润土的水化性能,一般加入 Na_2CO_3 将其预水化,使钙膨润土变为钠膨润土,钠膨润土是配制钻井液的理想材料。

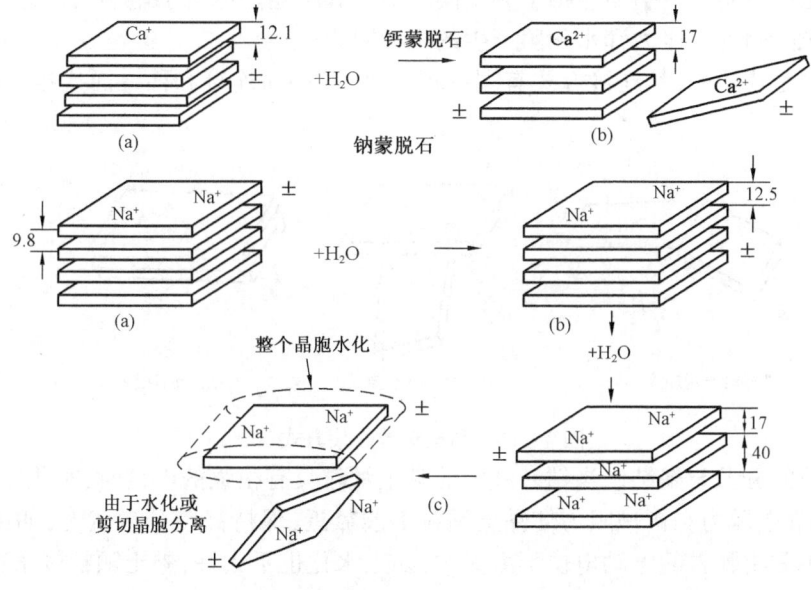

图 3 – 10　钠土与钙土水化区别示意图

④钻井液中可溶性盐及处理剂的影响。钻井液中可溶性盐类增加,会使黏土颗粒的电动电位降低,吸附水分子的能力降低,还使进入黏土颗粒吸附层的阳离子数增加,阳离子本身水化膜变薄,黏土的水化作用减弱。处理剂是为了改善钻井液性能而添加的各种化学剂,有多种类型。有机处理剂一般有较多的亲水基团,被黏土颗粒吸附后可以产生较厚的水化膜。黏土是配制钻井液的主要原材料,普遍存在于地层中,其水化膨胀性对石油钻井和油气开采具有特别重要的意义。

(3)黏土—水分散体系的稳定性。

黏土—水分散体系是高度分散的多相分散体系,其分散相颗粒介于胶体和悬浮体之间,具有很大的比表面和表面能,属于热力学不稳定体系。在钻井液工艺技术中,用各种方法调整钻井液性能,比如加入各种处理剂,其本质是调整体系的稳定性。

分散体系的稳定性包括两个方面,即动力(沉降)稳定性和聚结稳定性。

①动力稳定性:是指在重力作用下分散相颗粒是否容易下沉的性质,一般用分散相下沉速度的快慢来衡量动力稳定性的好坏。例如,在一个玻璃容器中注满钻井液,静止24h后,分别测上部与下部的钻井液密度。其差值越小,则动力稳定性越强,说明颗粒沉降速度很慢。

②聚结稳定性:是指分散相颗粒是否容易自动地聚结变大的性质。不管分散相颗粒的沉降速度如何,只要它们不自动降低分散度聚结变大,该胶体就是聚结稳定性好的体系。

动力稳定性与聚结稳定性是两个不同的概念,但是它们之间又有联系。如果分散相颗粒自动聚结变大,所受重力增大,必然引起下沉。因此,失去聚结稳定性,最终必然失去动力稳定性。由此可见,在上述两种稳定性中,聚结稳定性是最根本的。

(4)黏土颗粒的分散与聚结。

由于多数钻井液都是黏土—水分散体系,上述原理对钻井液优化设计和现场应用具有重要的指导意义。

①黏土颗粒间的作用力。黏土颗粒的分散与聚结同样是颗粒间的吸引力和相斥力综合作用的结果。由于在黏土颗粒的不同部位带电多少不同,水化膜厚度不同,和胶体颗粒相比,有其特殊性。黏土颗粒间的吸引力包括多分子间的引力和棱角边缘的静电引力。黏土颗粒间的相斥力包括颗粒间的静电斥力和水化膜产生的机械阻力。

②黏土颗粒是片状的,其连接方式有端—端连接、端—面连接和面—面连接三种方式,如图3-11所示。

(a)端—端连接 (b)端—面连接 (c)面—面连接

图3-11 黏土颗粒连接方式

③黏土颗粒的分散与聚结。当钻井液中的黏土颗粒具有很强的电位时,水化能力强,水化膜厚,颗粒间的静电斥力和机械阻力使黏土颗粒不能靠近,保持高度分散状态,如图3-12所示。当钻井液中黏土颗粒的电动电位不太大时,黏土水化也不太好,黏土颗粒棱角边缘处水化很差,这时黏土颗粒能以端—端和端—面方式连接,形成空间网架结构,黏土颗粒呈絮凝状态。如果黏土颗粒的电动电位进一步降低到很小的数值,甚至为零,黏土颗粒水化非常差,黏土颗粒会以面—面方式结合,颗粒变粗,形成聚结。在这种状态下,钻井液稳定性很差,性能变坏,不能满足钻井要求。

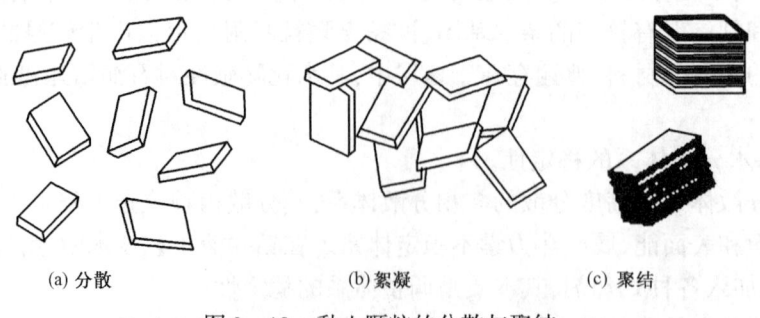

(a)分散 (b)絮凝 (c)聚结

图3-12 黏土颗粒的分散与聚结

二、操作技能

1. 膨润土基浆的配制

1) 实验仪器与药品

(1) 实验仪器：配浆罐、高速搅拌器、电子天平(配称量纸)、秒表、玻璃棒、500mL 量筒、大烧杯、毛刷。

(2) 实验药品：钻井液用二级膨润土、碳酸钠、烧碱。

2) 配制方法

(1) 用 500mL 量筒量取 350mL 清水倒入高搅杯中；

(2) 按表 3-6 中的配方用电子天平依次称取所需的纯碱、烧碱加入清水中，搅拌溶解 10min；

(3) 按表 3-6 中的配方称取膨润土加入高搅杯中，搅拌 1h，然后静置 24h，使膨润土完全水化。

基浆配方及各处理剂功用见表 3-6。

表 3-6 基浆配方及各处理剂功用

处理剂名称	加量	功用
纯碱	1%	促进膨润土水化，控制 Ca^{2+} 含量小于 150mg/L
烧碱	0.5%	调节 pH 值，促进膨润土水化
膨润土	4%	增稠

2. 膨润土基浆的应用范围

(1) 代替清水用于开钻，以加固上部地层井壁，防止井漏。

(2) 作为储备钻井液，防止钻井过程中的各种事故。

3. 膨润土基浆的复杂情况及其处理

1) 黏土和泥页岩岩屑侵入导致钻井液增稠

(1) 放掉部分钻井液并用水稀释。

(2) 加入电解质抑制剂，如 NaCl、CaO、KCl 或石膏等。

(3) 加入聚合物包被絮凝剂。

(4) 启动和使用固控设备。

(5) 加入降黏剂。

2) 膨润土基浆滤失量过大

加入降滤失剂，如 CMC、PAC 或淀粉类降滤失剂。

3) 井漏

(1) 加入膨润土或结构形成剂、增稠剂或电解质，提高 YP 和 PV。

(2) 降低泵排量。

(3) 加入堵漏剂。

(4)将膨润土基浆转化成下一层套管段使用的钻井液:首先将膨润土基浆用水稀释,将膨润土含量降至尽可能低(20~25kg/m³),然后进行加药处理。

三、拓展知识

黏土是配制钻井液的主要材料,是获得、调节和维护钻井液性能的基础。有专门的商品黏土供钻井使用,钻井常用的黏土有膨润土、抗盐黏土及有机膨润土。

1. 膨润土

膨润土是水基钻井液的重要配浆材料,是蒙脱石含量不少于85%的黏土矿物。一般要求1t膨润土至少能够配制出黏度为15mPa·s的钻井液16m³。每吨黏土配制黏度为15mPa·s钻井液的体积数称为黏土的造浆率。我国将配制钻井液所用的膨润土分为三个等级:一级为符合API(American Petroleum Institute,美国石油学会)标准的钠膨润土;二级为改性土,经过改性,符合OCMA(Oil Compang Materials Association,欧洲石油材料商协会)标准要求;三级为较次的配浆土,仅用于性能要求不高的钻井液。

由于无机盐对膨润土的水化分散具有一定抑制作用,膨润土在盐水中的造浆率比在淡水中的造浆率要低。将膨润土先在淡水中预水化,然后再加入盐水中,可以提高其在盐水中的造浆率。

膨润土在钻井液中的主要作用是增加黏度和剪切应力、提高井眼净化能力;形成低渗透率的致密滤饼,降低滤失量;对于胶结不良的地层,可改善井眼的稳定性;防止井漏等。

膨润土适用于淡水和矿化度小于$2×10^4$mg/L咸水,也可作为钻井液降滤失剂、增黏剂和堵漏剂。

2. 抗盐黏土

海泡石、凹凸棒石和坡缕缟石是较典型的抗盐、耐高温的黏土矿物,主要用于配制盐水钻井液及饱和盐水钻井液。

用抗盐黏土配制的钻井液所形成的滤饼质量通常不好,滤失量较大。因此,必须配合使用降滤失剂。海泡石有很强的造浆能力,用它配制的钻井液具有较高的热稳定性。此外,海泡石还具有一定的酸溶性(在酸中可溶解60%左右),因此,在保护油气层的钻井液中,还可用作酸溶性暂堵剂。

抗盐黏土在盐水钻井液中的作用与膨润土在淡水钻井液中的作用相同。

3. 有机膨润土

有机膨润土是由膨润土或抗盐黏土经季铵盐类阳离子表面活性剂处理而制成的亲油膨润土。带负电的膨润土与十二烷基三甲基溴化铵阳离子形成静电吸附,带有较长烃链的活性剂分子被牢固地吸附在黏土表面,使黏土表面带有一层亲油层,由原来的亲水变为亲油(润湿反转)。有机膨润土可以在油中分散,其作用与水基钻井液中的膨润土类似。

4. 膨润土的评价

为了保证膨润土的质量,使用前应先进行评价鉴定。室内评价标准是将膨润土和蒸馏水配制成浓度为6%的钻井液,用12000r/min的速度搅拌15min,不加任何处理剂,测定性能应达到以下要求:

(1)塑性黏度应大于15mPa·s。
(2)有效黏度应大于18mPa·s。
(3)动切力应大于1.9Pa。
(4)静切力应为0~15Pa。
(5)滤失量小于15mL(0.7MPa,30min)。
(6)含沙量小于0.5%。
(7)pH值为7左右。
(8)细度要求通过200目筛。
(9)黏土密度小于2.70g/cm³。

若现场无上述实验设备,可将膨润土与清水配成密度为1.05g/cm³的钻井液,再加0.5%左右的Na_2CO_3,测量漏斗黏度应大于20s,滤失量小于10mL。

任务2 钻井液无机处理剂的认知

(1)掌握无机处理剂的种类及功用;
(2)掌握常用无机处理剂的作用机理;

钻井液化学处理剂主要用来调节和维护钻井液性能。按化学性质可分为无机处理剂和有机处理剂;按作用分为碱度调节剂、杀菌剂、除钙剂、缓蚀剂、消泡剂、乳化剂、降滤失剂、絮凝剂、发泡剂、堵漏材料、润滑剂、解卡剂、页岩抑制剂、表面活性剂、温度稳定剂、降黏剂、配浆材料和加重材料等18类。本书将从无机处理剂和有机处理剂两方面分开进行讲述。无机处理剂数量较多,本书仅介绍常用的几种。

一、基础知识

1.常用的无机处理剂

1)纯碱

纯碱即无水碳酸钠(简称碳酸钠),又称苏打,分子式为Na_2CO_3。纯碱为白色粉末,密度为2.5g/cm³,易溶于水,在接近36℃时溶解度最大,水溶液呈碱性,pH值为11.5。在空气中易吸潮结成硬块(晶体),存放时要注意防潮。纯碱在水中容易电离和水解,其中电离和一级水解较强,所以纯碱水溶液中主要存在Na^+、CO_3^{2-}、HCO_3^-和OH^-,其反应式为:

$$Na_2CO_3 = 2Na^+ + CO_3^{2-}$$
$$CO_3^{2-} + H_2O = HCO_3^- + OH^-$$

纯碱在钻井液中的主要用途有以下几点。
(1)促进黏土的水化分散。纯碱可以使钙土变成水化分散性好的钠土,即

$$\underset{\pm}{Ca} + Na_2CO_3 \longrightarrow 2\underset{\pm}{Na} + CaCO_3 \downarrow$$

如在清水开钻时加入纯碱可促进浅表地层黏土水化分散,加快自然造浆。由于上述反应能有效地改善黏土的水化分散性能,因此加入适量的纯碱可使新浆的滤失量下降,黏度、切力增大。但过量的纯碱会导致黏土颗粒发生聚结,使钻井液性能受到破坏。其合适加量需要通过造浆实验来确定。

(2)沉除钙离子。纯碱可以用来沉除钙离子以处理钙侵,即

处理石膏侵 $Na_2CO_3 + CaSO_4 \Longrightarrow CaCO_3 \downarrow + Na_2SO_4$

处理水泥侵 $Na_2CO_3 + Ca(OH)_2 \Longrightarrow CaCO_3 \downarrow + 2NaOH$

(3)恢复有机处理剂功效。含羧钠基官能团(—COONa)的有机处理剂在遇到钙侵(或Ca^{2+}浓度过高)而降低其溶解性时,一般可采用加入适量纯碱的办法恢复其功效。

2)烧碱

烧碱即氢氧化钠,分子式为NaOH。其外观为乳白色晶体,密度为$2.0 \sim 2.28 g/cm^3$,易溶于水,溶解时放出大量的热。溶解度随温度升高而增大,水溶液呈强碱性,pH值为14,对皮肤和织物有强烈的腐蚀性。烧碱容易吸收空气中的水分和二氧化碳,并与二氧化碳作用生成碳酸钠,存放时应注意防潮。

烧碱在钻井液中的主要作用有:

(1)主要用于调节和控制钻井液的pH值。

(2)促进黏土的水化分散使钙土变成钠土。

(3)与单宁、褐煤等酸性处理剂一起配合使用,使之分别转化为单宁酸钠、腐殖酸钠等有效成分。

(4)用于控制钙处理钻井液中Ca^{2+}的浓度。

(5)单独使用NaOH溶液可以提高钻井液黏度、剪切应力,但烧碱作用猛烈,加入浓度不易掌握,使用时要注意。现场一般将烧碱配成质量浓度为20%或10%的溶液使用。

3)含钙处理剂

(1)石灰。

生石灰即氧化钙,分子式为CaO;吸水后变成熟石灰,即氢氧化钙。氧化钙在水中的溶解度较低,常温下为0.16%,其水溶性呈碱性,对皮肤和织物有腐蚀作用,并且随温度升高,溶解度降低。

在钙处理钻井液中,石灰用于提供Ca^{2+},以控制黏土的水化分散能力,使之保持适度的絮凝状态;在油包水乳化钻井液中,石灰用于使烷基磺酸钠等乳化剂转化为烷基苯磺酸钙,并调节pH值。但需注意,在高温条件下石灰钻井液可能发生固化反应,使性能不能满足要求,故在高温深井中不能使用。此外,石灰可以配成石灰乳堵漏剂封堵漏层。

(2)石膏。

石膏的化学名称为硫酸钙,又名生石膏,分子式为$CaSO_4 \cdot 2H_2O$;加热到150℃脱水变成熟石膏($CaSO_4 \cdot \frac{1}{2}H_2O$);硬石膏为无水硫酸钙($CaSO_4$)。石膏常温下溶解度较低(约为0.2%),但稍大于石灰。40℃以前,溶解度随温度升高而增大;40℃以后,溶解度随温度升高而降低。吸湿后会结成硬块,存放时应注意防潮。

在钙处理钻井液中,石膏与石灰的作用大致相同,都用于提供适量的Ca^{2+};其差别在于石

膏提供的钙离子浓度比石灰高一些,此外石膏处理可避免钻井液的 pH 值过高。

(3)氯化钙。

氯化钙($CaCl_2$)通常含有六个结晶水,外观为无色斜方晶体,密度为 $1.68g/cm^3$,易潮解,且易溶于水(常温下溶解度约为 75%),溶解度随温度升高而增大。氯化钙主要用于配制防塌性能较好的高钙钻井液,可用作水泥的速凝剂。氯化钙易和烧碱作用生成 $Ca(OH)_2$ 沉淀,引起 pH 值降低。

4)其他处理剂

(1)氯化钠。

氯化钠(NaCl)俗名食盐,纯品不易潮解,但含 $MgCl_2$、$CaCl_2$ 等杂质的工业食盐容易吸潮。常温下在水中的溶解度较大,20℃时为 36g/(100g 水),且随温度升高,溶解度略有增大。不同温度下 NaCl 在水中的溶解度见表 3 – 7。

表 3 – 7 不同温度下 NaCl 在水中的溶解度

温度℃	0	10	20	30	40	50	60	70	80	90	100
溶解度 g/(100g 水)	35.7	35.8	36.0	36.3	36.6	37.0	37.3	37.8	38.4	39.0	39.8

NaCl 主要用于配制盐水钻井液及饱和盐水钻井液,以防止岩盐井段溶解,并抑制井壁泥页岩水化膨胀。为保护油气层,还可用于配制无固相清洁盐水钻井液或作为水溶性暂堵剂使用。此外,还可用作有机处理剂的防腐剂(如淀粉钻井液)。

(2)氯化钾。

氯化钾分子式为 KCl,外观为白色立方晶体,常温下密度为 $1.98g/cm^3$,熔点为 776℃,易溶于水,且溶解度随温度升高而增加。KCl 是一种常用的无机盐类页岩抑制剂,具有较强的抑制页岩渗透水化的能力。若与聚合物配合使用,可配制成具有强抑制性的钾盐聚合物防塌钻井液,如 KCl—聚合物钻井液,钾、钙基聚合物钻井液等,在不稳定的地层中使用均有很好的防塌效果。

(3)硅酸钠。

硅酸钠俗名水玻璃或泡花碱,分子式为 $Na_2O \cdot nSiO_2$,式中 n 称为水玻璃的模数,即二氧化硅与氧化钠的分子个数之比。n 值越大碱性越弱,n 值在 3 以上的称为中性水玻璃,n 值在 3 以下的称为碱性水玻璃。

水玻璃通常分为固体水玻璃、水合水玻璃和液体水玻璃三种。固体水玻璃与少量水或蒸汽发生水合作用而生成水合水玻璃;水合水玻璃易溶解于水变为液体水玻璃;液体水玻璃一般为黏稠的半透明液体,随所含杂质不同可以呈无色、棕黄色或青绿色等,其密度越大黏度越大。现场一般采用模数为 2 左右、密度为 $1.5 \sim 1.6g/cm^3$、pH 值为 $11.5 \sim 12$ 的水玻璃。水玻璃对玻璃有腐蚀性,故忌用玻璃器皿存放。水玻璃能溶于水和碱性溶液,能与盐水混溶,可用饱和盐水调节水玻璃的黏度。

水玻璃在钻井液中的主要作用有:

① 使黏土颗粒(或粉砂等)聚沉。水玻璃水解反应生成胶态沉淀,该胶态沉淀可使部分黏土颗粒(或粉砂等)聚沉,从而使钻井液保持较低的固相含量和密度。

② 水玻璃对泥页岩的水化膨胀有一定的抑制作用,故有较好的防塌性能。

③ 胶凝堵漏。当水玻璃溶液的 pH 值降至 9 以下时,整个溶液会变成半固体状的凝胶。

其原因是水玻璃发生缩合作用生成较长的带支链的—Si—O—Si—链。这种长链能形成网状结构而包住溶液中的全部自由水,使体系失去流动性。pH 值的不同,其胶凝速度(调整 pH 值至胶凝所需时间)有很大差别,可以从几秒到几十小时。利用这一特点,可以将水玻璃与石灰、黏土和烧碱等配成石灰乳堵漏剂,注入已确定的漏失井段进行胶凝堵漏。因此,水玻璃也是一种堵漏剂。

此外,水玻璃溶液遇 Ca^{2+}、Mg^{2+} 和 Fe^{3+} 等高价阳离子会产生沉淀。所以,用水玻璃配制的钻井液一般抗钙能力较差,也不宜在钙处理钻井液中使用,但可以在盐水或饱和盐水钻井液中使用。研究表明,利用水玻璃这个特点,可以封闭裂缝性地层的一些裂缝,提高井壁的破裂压力,从而起到化学固壁的作用。

硅酸盐钻井液是防塌钻井液的类型之一,在国内外应用中均取得了很好的效果。配制硅酸盐钻井液的成本较低,且对环境无污染。

(4)混合金属层状氢氧化物。

混合金属层状氢氧化物(简称 MMH)由一种带正电的晶体胶粒组成,常称为正电胶。目前,其产品有溶胶、浓胶和胶粉三种剂型。实验表明,该处理剂对黏土水化有很强的抑制作用,与膨润土和水所形成的复合体具有独特的流变性能。

2. 无机处理剂在钻井液中的作用机理

无机处理剂都是水溶性的无机碱类和盐类,其中多数可提供阳离子和阴离子,也有一些与水形成胶体或络合物。它们在钻井液中的作用机理可归纳为以下几个方面。

1)离子交换吸附

离子交换吸附主要是黏土颗粒表面的 Na^+ 与 Ca^{2+} 之间的交换。当钻井液中 Na^+ 和 Ca^{2+} 的浓度发生改变时,可按下式发生离子交换吸附:

$$Ca + 2Na^+ \rightleftharpoons 2Na + Ca^{2+}$$
$$\pm \qquad\qquad \pm$$

这一过程对改善黏土造浆性能、配制钙处理钻井液以及防塌等方面都很重要,对钻井液性能的影响也较大。例如,淡水钻井液受钙侵污后,Ca^{2+} 浓度加大,反应向左移动,钠土变钙土,钻井液失水量增加,黏度、切力迅速上升,流动性变差。加入适量 Na_2CO_3 后,Ca^{2+} 被清除,反应向右移动,可以消除 Ca^{2+} 对钻井液性能的影响,恢复钻井液性能,流动性变好。

在配制预水化膨润土浆时,常加入适量 Na_2CO_3,其目的就是通过增加 Na^+ 浓度,使其与钙膨润土表面的 Ca^{2+} 发生交换,从而提高黏土的造浆性能,钻井液的黏度、切力升高,滤失量降低;相反,若在分散钻井液中加入适量的 $Ca(OH)_2$ 和 $CaCl_2$ 等处理剂,随滤液中 Ca^{2+} 浓度的提高,一部分 Ca^{2+} 会与吸附在黏土颗粒上的 Na^+ 发生交换,致使钻井液体系转变为适度絮凝的粗分散状态。

2)调控钻井液的 pH 值

钻井液的 pH 值对钻井液有多方面影响,如黏土颗粒的亲水性和分散性,无机处理剂和有机处理剂的溶解度和处理效果,井壁泥页岩钻屑的水化、膨胀以及分散,钻井液对钻具的腐蚀性等。每种钻井液均有一定的 pH 值范围,然而在钻井过程中,钻井液的 pH 值会因为发生盐侵、盐水侵和井壁吸附等各种原因而发生变化。为了保持钻井液性能稳定,应随时对 pH 值进行调整。添加适量的烧碱等无机处理剂是提高 pH 值的最简单的方法,而使用酸式焦磷酸钠(SAPP)、$CaSO_4$ 或 $CaCl_2$ 等无机处理剂时,则会使钻井液的 pH 值有所下降。

3) 沉淀作用

如果有过多的 Ca^{2+} 和 Mg^{2+} 侵入钻井液，将会削弱黏土的水化和分散能力，破坏钻井液的性能。此时，可先加入适量的烧碱除去 Mg^{2+}，然后用适量纯碱除去 Ca^{2+}。这种沉淀作用还可用来使某些因受到污染而失效的有机处理剂恢复其作用。例如，褐煤碱液和水解聚丙烯腈，如遇钙侵会分别生成难溶于水的腐殖酸钙和聚丙烯酸钙。此时，可以加入适量纯碱，所生成的 $CaCO_3$ 溶解度比腐殖酸钙和聚丙烯酸钙的溶解度小得多，因而可使处理剂的钙盐重新转变为钠盐。

4) 络合作用

利用某些无机处理剂的络合作用，同样可以有效地除去钻井液中的 Ca^{2+}、Mg^{2+} 等污染离子。例如，在受到钙侵的钻井液中加入足量的六偏磷酸钠，则可通过下面的络合反应除去 Ca^{2+}：

$$Ca^{2+} + (NaPO_3)_6 = [CaNa_2(PO_3)_6]^{2-} + 4Na^+$$

该反应所生成的络离子 $[CaNa_2(PO_3)_6]^{2-}$ 相当稳定，将 Ca^{2+} 束缚起来，相当于从钻井液的滤液中除掉了 Ca^{2+}。

对于用褐煤碱液等处理的钻井液，还可以利用络合反应提高其抗温性能和缓解钻井液的老化问题，通过络合能有效地抑制腐殖酸钠的热分解。

5) 与有机处理剂生成可溶性盐

单宁酸、腐殖酸等许多有机酸类处理剂在水中溶解度较小，加入适量烧碱，使之转化为可溶性盐，如单宁酸钠和腐殖酸钠，能充分发挥其效能。

6) 抑制溶解的作用

在钻遇岩盐和石膏地层时，常使用饱和盐水钻井液和石膏处理的钻井液。对于大段的岩膏层，使用饱和盐水钻井液可以增强钻井液抗污染的能力，还可以防止可溶性岩层的溶解，使井径保持规则。

二、操作技能

1. 纯碱加量对钻井液性能的影响试验

对钠化钙蒙脱石而言，纯碱的最佳加量是将层间阳离子（Ca^{2+}）全部交换出来。这时膨润土的造浆率高、滤失量小、黏度大、滤饼薄而致密、钻井液性能稳定。纯碱加量过多或过少，钻井液性能都不稳定。由于各地的膨润土含钙量存在差异，所以钠化膨润土所需的纯碱量是不同的，通过对现场某种膨润土进行钠化试验，可以判断该种钠化膨润土所需纯碱的最佳加量。

(1) 按 4% 膨润土配制膨润土浆，将膨润土浆根据试验设计分成几份，在每一份中加入不同量的纯碱，贴好标签，搅拌 1h，静置养护 24h。

(2) 测定加入不同量纯碱的膨润土浆的黏度、滤失量和切力。绘制纯碱加量和钻井液性能参数曲线，确定对于某一特定膨润土，纯碱有一最优的加量范围，加量过少，钙膨润土钠化不完全，钻井液性能不稳定；加量过多，过多的钠离子压缩扩散双电层，影响钻井液胶体稳定性。

任务3　钻井液有机处理剂的认知

(1) 掌握有机处理剂的种类和功用；
(2) 熟悉常用有机处理剂的作用和产品代号；
(3) 掌握常用有机处理剂的作用机理。

钻井液有机处理剂是使用最广泛的化学添加剂,通常可分为天然产品、天然改性产品和有机合成化合物。按其化学组分又可分为腐殖酸类、纤维素类、木质素类、单宁酸类、沥青类、淀粉类和聚合物类等。按其在钻井液中起的作用可分为降滤失剂、降黏剂、增黏剂、絮凝剂、页岩抑制剂等。

一、基础知识

1. 降滤失剂

钻井液的滤液侵入地层会引起泥页岩水化膨胀,导致井壁不稳定和各种井下复杂情况,钻遇产层时还会造成油气层损害。加入降滤失剂的目的,就是通过在井壁上形成低渗透率、坚韧、薄而致密的滤饼,尽可能降低钻井液的滤失量。降滤失剂又称降失水剂,主要分为腐殖酸类、纤维素类、丙烯酸类聚合物、树脂类和淀粉类等。由于其品种繁多,下面仅选择具有代表性的产品进行介绍。

1) 腐殖酸类

腐殖酸主要来源于褐煤,褐煤中含有20%~80%的腐殖酸。

(1) 腐殖酸的组成和结构。

腐殖酸不是单一的化合物,而是一种复杂的、相对分子质量不均一的羟基苯羧酸的混合物,腐殖酸的相对分子质量从几百到几十万。腐殖酸难溶于水,但易溶于碱溶液,溶于烧碱溶液生成的腐殖酸钠是降滤失剂的有效成分。腐殖酸钠的含量与所使用的烧碱浓度有关。如烧碱不足,腐殖酸不能全部溶解；如烧碱过量,又使腐殖酸聚结沉淀,反而使腐殖酸钠含量降低。因此,当使用褐煤碱液作降滤失剂时,必须将烧碱的浓度控制在合适的范围内。

目前,对腐殖酸的结构尚不清楚,其元素组成为碳、氢、氧、硫以及少量的磷等,一般桥键是—CH_2—、—NH—、=CH—、—O—、—S—,其结构上含有均环或杂环的五员环或六员环(称为核),腐殖酸中含有多种含氧官能团,主要官能团有羧基(—COOH)、酚羟基($\text{}$—OH)、醇羟基(R—OH)、醌基(O=$\text{}$=O 或 $\text{}$=O)、羰基(=C=O)等。

(2) 腐殖酸的主要性质。

腐殖酸与一些金属离子不但可以按一般方式生成盐,还可以通过其侧链上的含氧官能团与 Fe^{2+}、Ca^{2+}、Cu^{2+}、Cr^{2+}、Cr^{3+}、Al^{3+} 等高价金属离子生成络合物(或螯合物),即

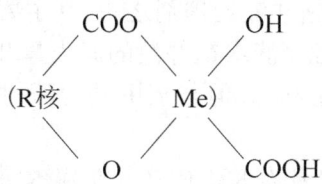

式中,R 核代表腐殖酸分子中的核,Me 为金属离子,其络合能力随着腐殖酸分子中含氧官能团的增多而增强。

由于腐殖酸分子的基本骨架是碳链和碳环结构,因此其热稳定性很强。

用褐煤碱液配制的钻井液遇到大量钙侵时,腐殖酸钠会与 Ca^{2+} 生成难溶的腐殖酸钙沉淀而失效,此时应配合纯碱除钙。但是,如果在用大量褐煤碱液处理的钻井液中加入适量的 Ca^{2+},所生成的较少量的腐殖酸钙胶状沉淀可使滤饼变得薄而韧,滤失量也相应降低;同时对钻井液中的 Ca^{2+} 浓度有一定的缓冲作用,从而使钙处理钻井液中的 Ca^{2+} 保持足够的量。因此,褐煤—石膏钻井液和褐煤—氯化钙钻井液都具有抑制黏土水化膨胀、防止泥页岩井壁坍塌的作用。

(3)常用的腐殖酸类降滤失剂。

①褐煤碱液(NaC)。

褐煤碱液又称为煤碱液,由经过加工的褐煤粉加适量烧碱和水配制而成,其中的主要有效成分为腐殖酸钠。现场常用的配方为褐煤∶烧碱∶水 = 15∶(1 ~ 3)∶(50 ~ 200)。

煤碱液是利用天然原料配制的一种低成本的降滤失剂,除了起降滤失作用外,还可兼作降黏剂,起降黏作用。

②硝基腐殖酸钠。

用浓度为 3mol/L 的稀 HNO_3 与褐煤在 40 ~ 60℃下进行氧化和硝化反应,可制得硝基腐殖酸,再用烧碱中和即可制得硝基腐殖酸钠。该反应使腐殖酸的平均相对分子质量降低,羧基增多,并将硝基引入分子中。

硝基腐殖酸钠具有良好的降滤失和降黏作用。其突出特点是:①热稳定性高,抗温可达 200℃以上;②抗盐能力比煤碱液明显增强,在含盐 20% ~ 30% 的情况下仍能有效地控制滤失量和黏度。其抗钙能力也较强,可用于配制不同 pH 值的石灰钻井液。

③铬腐殖酸。

铬腐殖酸是褐煤与 $Na_2Cr_2O_7$(或 $K_2Cr_2O_7$)反应后的生成物,在 80℃以上的温度下,分别发生氧化和螯合两步反应。氧化使腐殖酸的亲水性增强,同时 $Cr_2O_7^{2-}$ 还原成 Cr^{3+};然后再与氧化腐殖酸或腐殖酸进行螯合。铬腐殖酸也可在井下高温条件下通过在煤碱液处理的钻井液中加重铬酸钠转化而得到。

铬腐殖酸在水中有较大的溶解度,其抗盐、抗钙能力也比腐殖酸钠强,除了起降滤失作用外,还可起降黏作用。现场应用表明,由铁铬盐、铬腐殖酸和表面活性剂(如 P – 30 或 Span80 等)组成的钻井液具有很高的热稳定性和较好的防塌效果,曾在 6280m 的高温深井(井底温度为 235℃)和易塌地层中使用,效果良好。

④磺甲基褐煤(SMC)。

褐煤与甲醛、Na_2SO_3(或 $NaHSO_3$)在 pH 值为 8 ~ 11 的条件下进行磺甲基化反应,可制得磺甲基褐煤。所得产品进一步用 KCr_2O_7 进行氧化和螯合,生成的磺甲基腐殖酸铬处理效果更好。

由于引入了磺甲基水化基团,与煤碱液相比,磺甲基褐煤的降滤失效果进一步增强。磺甲基褐煤是我国用于深井的"三磺"钻井液处理剂之一,其主要特点是具有很强的热稳定性,在200~230℃的高温下仍能有效地控制淡水钻井液的滤失量和黏度。其缺点是抗盐效果较差,在200℃单独使用时,抗盐不超过3%。但与磺甲基酚醛树脂配合处理时,抗盐能力可大大提高。

在腐殖酸类处理剂中,商品代号为 K21 的产品防塌效果较好,其中含有约55%的硝基腐殖酸钾,因此腐殖酸钾也可应用于防塌钻井液体系。此外,由腐殖酸与液氮反应制得的腐殖酸酰胺可用作油包水乳化钻井液的辅助乳化剂。

(4)腐殖酸类的作用机理。

①降滤失作用机理。腐殖酸盐类是含有多种官能团的阴离子型大分子,吸附基团(如—OH、=CO、—OCH$_3$等)可以与黏土颗粒上的—O 和—OH 形成氢键吸附,吸附在黏土颗粒表面上。通过腐殖酸盐上的—COONa、—ONa、—CH$_2$SO$_3$Na 等水化基团水化,使黏土颗粒表面形成吸附水化膜,同时提高黏土颗粒的 ζ 电位,因而增大颗粒聚结的机械阻力和静电斥力,提高钻井液的聚结稳定性,使黏土颗粒保持多级分散状态,并有相对较多的细颗粒含量,所以能形成致密的滤饼。此外,黏土颗粒上的吸附水化膜具有堵孔作用,使滤饼更加致密,从而降低滤失量。

②降黏作用机理。腐殖酸分子中含有一定量的邻位酚羟基、醇羟基等基团,这些羟基能和黏土颗粒端面的 Al^{3+} 形成螯合作用吸附在黏土颗粒端表面,如

通过分子链上的水化基团水化作用,增强黏土颗粒端面处的水化膜厚度,提高 ζ 电位,削弱黏土颗粒端—端、端—面连接能力,拆散或削弱网架结构,放出自由水,使钻井液的切力和黏度均降低。

这类通过提高黏土水化能力、提高黏土 ζ 电位来保持黏土细颗粒含量的处理剂统称为分散型处理剂。

2) 纤维素类

纤维素是由许多环式葡萄糖单元构成的长链状高分子化合物,以纤维素为原料可以制得一系列钻井液降滤失剂,其中使用最多的是钠羧甲基纤维素,代号为 Na–CMC,其结构式如下:

(1) Na—CMC 的特点和性质。

由纤维素制备 Na—CMC,除了聚合度(n)明显降低之外,另一变化是将—CH$_2$COONa(钠

羧甲基)通过醚键接到纤维素的葡萄糖单元上去。通常将纤维素分子每一葡萄糖单元上的3个羟基上的氢被取代而生成醚的个数称作取代度或醚化度(d)。研究表明,决定 Na—CMC 性质和用途的因素主要是聚合度和取代度。

①聚合度。

聚合度是指组成每个 Na—CMC 分子的环式葡萄糖的链节数。由于在同一种 CMC 产品中,各分子链并不是等长的,所以实际测得的聚合度是平均聚合度,一般棉纤维的平均聚合度为 1800~2000。由于制备过程中纤维素分子发生降解,聚合度要降低至原来的 1/10~1/3,致使一般 CMC 产品的聚合度为 200~600,但仍属长链状大分子。

Na—CMC 的聚合度是决定其相对分子质量和水溶液黏度的主要因素。在相同的浓度、温度等条件下,不同聚合度的 Na—CMC 水溶液的黏度有很大差别。聚合度越高,其水溶液的黏度越大。工业上常根据其水溶液黏度大小,分为高黏 CMC(代号为 CMC—HV)、中黏 CMC(代号为 CMC—MV)、低黏 CMC(CMC—LV)三个等级。

高黏 CMC 在 25℃时,1% 水溶液的黏度为 400~500mPa·s,一般用作低固相钻井液的悬浮剂、封堵剂及增稠剂。其取代度为 0.6~0.65,聚合度大于 700。

中黏 CMC 在 25℃时,2% 水溶液的黏度为 50~270mPa·s,用于一般钻井液,既起降滤失作用,又可提高钻井液的黏度。其取代度为 0.8~0.85,聚合度为 600 左右。

低黏 CMC 在 25℃时,2% 水溶液的黏度小于 50mPa·s,主要用作加重钻井液的降滤失剂,以免引起黏度过大。其取代度为 0.8~0.9,聚合度为 500 左右。

②取代度。

取代度是决定 Na—CMC 的水溶性、抗盐和抗钙能力的主要因素。从原理上说,葡萄糖环链节上的三个羟基都可以被醚化,但第一羟基的反应活性最强。取代度一般用被醚化的羟基数表示,最大值为 3。如果两个链节上只有一个羟基被醚化了,则取代度为 0.5。取代度大于 0.5 时水溶性随取代度增加而增大,小于 0.5 时难溶于水,小于 0.3 时不溶于水。通常用作钻井液处理剂的 Na—CMC 的取代度为 0.65~0.85。取代度为 0.8~0.85 的高水溶性 Na—CMC 适用于处理高矿化度钻井液。

(2)Na—CMC 的降滤失机理。

Na—CMC 在钻井液中电离生成长链的多价阴离子,分子链中有大量的羟基和贰键存在,能与黏土表面的氧和羟基形成氢键吸附,而多个水化基团水化使黏土颗粒表面水化膜变厚,黏土颗粒 ζ 电位的绝对值升高,负电量增加,从而阻止黏土颗粒之间因碰撞而聚结成大颗粒(护胶作用),并且多个黏土细颗粒同时吸附在 Na—CMC 的一条分子链上,形成布满整个体系的混合网状结构,从而提高了黏土颗粒的聚结稳定性,有利于保持钻井液中细颗粒的含量,形成致密的滤饼,降低滤失量。

此外,具有高黏度和弹性的吸附水化层对滤饼的堵孔作用和 Na—CMC 溶液的高黏度也在一定程度上起降滤失作用。

3)其他纤维素类降滤失剂

除 Na—CMC 外,还有一些其他的纤维素类降滤失剂,如国外产品 Drispac 是一种相对分子质量较高的聚阴离子纤维素,容易分散在所有的水基钻井液中,从淡水直至饱和盐水钻井液均可使用。在低固相聚合物钻井液中,Drispac 能够显著地降低滤失量、减小滤饼厚度,并对页岩水化具有较强的抑制作用。与传统的 Na—CMC 相比,Drispac 的抗温性能和抗盐、钙性能明显提高。国内近年来也研制和生产了聚阴离子纤维素，代号 PAC，是纤维素羧甲基化后得到的改性物，大分子链上有许多 D-吡喃葡萄糖苷，在纤维素 D—葡萄糖苷环节上的羟基氢被—CH_2COONa 所取代。由于 PAC 大分子链中含有大量的亲水性基团—OH 和—CH_2COONa 基团，因此 PAC 亲水性强，能溶于不同温度的水中。和 Na—CMC 相比，其抗盐、抗钙性能和增黏、降滤失能力均有所增强。

4) 丙烯酸类聚合物

丙烯酸类聚合物是低固相聚合物钻井液的主要处理剂之一，制备这类聚合物的主要原料有丙烯腈、丙烯酰胺、丙烯酸和丙烯磺酸等。根据所引入的官能团、相对分子质量、水解度和所生成盐类的不同，可合成一系列钻井液处理剂。较常用作降滤失剂的有水解聚丙烯腈及其盐类、PAC 系列产品、丙烯酸盐 SK 系列产品和 JT-888。

(1) 水解聚丙烯腈(Na—HPAN)。

聚丙烯腈是制造腈纶(人造羊毛)的合成纤维材料。目前，用于钻井液的主要是腈纶废丝经碱水解后的产物，外观为白色粉末，密度为 $1.14 \sim 1.15 g/cm^3$，代号 HPAN。聚丙烯腈是一种由丙烯腈(CH_2=CHCN)合成的高分子聚合物，其结构式如下：

$$\text{+CH}_2\text{—CH+}_n$$
$$\quad\quad\quad |$$
$$\quad\quad\quad CN$$

式中，n 为平均聚合度，大约为 $235 \sim 3760$，一般产品的平均相对分子质量为 $(12.5 \sim 20) \times 10^4$。聚丙烯腈不溶于水，不能直接用于处理钻井液，只有经过水解生成水溶性水解聚丙烯腈，才能在钻井液中起降滤失作用。由于水解时所用的碱、温度和反应时间不同，最后所得的产物及其性能也会有所差别。

在 $95 \sim 100℃$ 温度下，聚丙烯腈在 NaOH 溶液中容易发生水解，反应式可表示如下：

$$\text{+CH}_2\text{—CH+}_n + xNaOH + yH_2O \longrightarrow \text{+CH}_2\text{—CH+}_x\text{+CH}_2\text{—CH+}_y\text{+CH}_2\text{—CH+}_z + nNH_3\uparrow$$
$$\quad |\quad\quad\quad\quad\quad\quad\quad\quad\quad\quad\quad\quad\quad |\quad\quad\quad\quad |\quad\quad\quad\quad |$$
$$\quad CN\quad\quad\quad\quad\quad\quad\quad\quad\quad\quad\quad COONa\quad COONH_2\quad CN$$
$$(n = x + y + z)$$

Na—HPAN 可看作是聚丙烯酸钠、聚丙烯酰胺和丙烯腈三元共聚物。水解反应产物中的丙烯酸钠单元和丙烯酸胺单元的总和与原材料的平均聚合度之比 $(x+y)/(x+y+z)$ 称为该水解产物的水解度。其中的腈基(—CN)和酰胺基(—$CONH_2$)为吸附基团，羧钠基(—COONa)为水化基团。在井底的高温和碱性条件下，腈基通过水解可转变为酰胺基，进一步水解则转变为羧钠基。因此，在配制水解聚丙烯腈钻井液时，可以少加一点烧碱，以便保留一部分酰胺基和腈基，使吸附基团与水化基团保持合适比例，所加入的聚丙烯腈与烧碱之比一般高时为 2.5:1，低时为 1:1。

Na—HPAN 处理钻井液的性能，主要取决于聚合度和水解程度。聚合度较高时，降滤失性能比较强，并可增加钻井液的黏度和切力；聚合度较低时，降滤失和增黏作用均相应减弱。为了保证其降滤失效果，羧钠基和酰胺基之比最好控制在 $2:1 \sim 4:1$。

由于 Na—HPAN 分子的主链为 C—C 键，还带有热稳定性很强的腈基，因此可抗 $200℃$ 以上高温。该处理剂的抗盐能力较强，抗钙能力较弱。

除 Na—HPAN 外，目前常用的同类产品还有水解聚丙烯腈钙盐(Ca—HPAN)和聚丙烯腈铵盐(NH_4—HPAN)。Ca—HPAN 具有较强的抗盐、抗钙能力，在淡水钻井液和海水钻井液中都有良好的降滤失效果。NH_4—HPAN 除了降滤失作用外，还具有抑制黏土水化分散作用，常用作页岩抑制剂。

(2) PAC 系列产品。

PAC 系列产品是具有不同取代基的乙烯基单体及其盐类的共聚物,通过在高分子链节上引入不同含量的羧基、羧钠基、羧氨基、酰胺基、腈基、磺酸基和羟基等共聚而成,主要用于聚合物钻井液体系,应用较多的是 PAC141、PAC142、和 PAC143 三种产品。由于各种官能团的协同作用,该类聚合物在各种复杂地层和不同的矿化度、温度条件下均能发挥作用。

PAC141 是丙烯酸、丙烯酰胺、丙烯酸钠和丙烯酸钙的四元共聚物。它在降滤失的同时,还兼有增黏作用,并且还能调节流型,改进钻井液的剪切稀释性能。该处理剂能抗 180℃ 的高温,抗盐可达饱和。

PAC142 是丙烯酸、丙烯酰胺、丙烯腈和丙烯磺酸钠的共聚物。其增黏幅度比 PAC141 小,主要在淡水、海水和盐水钻井液中用作降滤失剂。在淡水钻井液中,推荐加量为 0.2% ~ 0.4%;在饱和盐水钻井液中,推荐加量为 1.0% ~ 1.5%。

PAC143 是由多种乙烯基单体及其盐类共聚而成的水溶性高聚物,其相对分子质量为 $(150 \sim 200) \times 10^4$,分子链中含有羧基、羧钠基、羧钙基、酰胺基、腈基和磺酸基等多种官能团。该处理剂可用于各种矿化度的水基钻井液,并且能抑制泥页岩水化分散。在淡水钻井液中,推荐加量为 0.2% ~ 0.5%;在海水、饱和盐水钻井液中,推荐加量为 1.5% ~ 2%。

(3) SK 系列产品。

SK 系列产品是丙烯酰胺、丙烯酸、丙烯磺酸钠、羧甲基丙烯酸的共聚物,主要用作聚合物钻井液的降滤失剂。不同型号的产品在性能上有所区别。例如,SK-1 可用于无固相完井液和低固相钻井液,主要起降滤失和增黏作用;SK-2 具有较强的抗盐、抗钙能力,是一种不增黏的降滤失剂;SK-3 作为降黏剂,主要用在聚合物钻井液受无机盐污染后处理,并可改善钻井液的热稳定性,降低 HTHP 滤失量。

(4) JT-888。

JT-888 是由丙烯酸、丙烯酰胺、丙烯磺酸钠和阳离子单体共聚而成的一种新型的两性复合离子聚合物类钻井液处理剂,其分子链上含有多种稳定的吸附基和水化基团,分子主链以 —C—C— 链相连,抗盐、抗温能力强,抑制性、防塌效果好。JT-888 主要用作低固相不分散水基钻井液的不增黏降滤失剂,有较好的包被、抑制和剪切稀释性,具有抗温、抗压和抗高价金属离子的能力,适用于淡水、海水、饱和盐水钻井液体系。它是低固相聚合物钻井液、盐水和海水钻井液的理想降失水剂。

5) 树脂类

树脂类产品是以酚醛树脂为主体,经磺化或引入其他官能团而制得。其中磺甲基酚醛树脂是最常用的产品。

(1) 磺甲基酚醛树脂(SMP)。

SMP 分子结构式如下:

SMP 分子的主链由亚甲基桥和苯环组成,由于引入了大量磺酸基,热稳定性强,抗温 180 ~ 220℃。引入磺酸基的数量不同,抗无机电解质的能力会有所差别。目前,使用较多的 SMP – 1 型产品可用于矿化度小于 1×10^5 mg/L 的钻井液,而 SMP – 2 型产品可抗盐至饱和,抗钙也可达 2000mg/L,是主要用于饱和盐水钻井液的降滤失剂。此外,磺甲基酚醛树脂还能改善滤饼的润滑性,对井壁也有一定的稳定作用。其加量通常在 3% ~ 5%。

(2)磺化木质素—磺甲基酚醛树脂缩合物(SLSP)。

SLSP 是磺化木质素与磺甲基酚醛树脂的缩合物,与磺甲基酚醛树脂有相似的优良性能,热稳定性好,抗盐、抗钙能力强。由于引入了一部分磺化木质素,在降低钻井液滤失量的同时,还有良好的稀释特性。该产品的缺点是在钻井液中比较容易起泡,必要时需配合加入消泡剂。

(3)尿素改性磺甲基酚醛树脂(SPU)。

将苯酚、甲醛、尿素(碳酰胺 H_2NCONH_2)、亚硫酸盐按一定比例合成 SPU,引入了碳酰胺基(—HNCONH—),其产品有 SPU – 1 型和 SPU – 2 型,前者是抗高温处理剂,后者是抗盐处理剂。

(4)磺化褐煤树脂。

磺化褐煤树脂是褐煤中的某些官能团与酚醛树脂通过缩合反应得到的产品。在缩合反应过程中,为了提高钻井液的抗盐、抗钙和抗温能力,还使用了一些聚合物单体或无机盐进行接枝和交联。该类降滤失剂中比较典型的产品有国外常用的 Resinex 和国内常用的 SPNH。

Resinex 是自 20 世纪 70 年代后期以来国外常用的一种抗高温降滤失剂,由 50% 的磺化褐煤和 50% 的特种树脂组成。产品外观为黑色粉末,易溶于水,与其他处理剂有很好的相容性。在盐水钻井液中抗温可达 230℃,抗盐可达 1.1×10^5 mg/L。在含钙量 2000mg/L 的情况下,仍能保持钻井液性能稳定,并且在降滤失的同时,基本上不会增大钻井液的黏度,在高温下不会发生胶凝。因此,特别适于在高密度深井钻井中使用。

SPNH 是以褐煤和腈纶废丝为主要原料,通过采用接枝共聚物和磺化的方法制得的一种含有羟基、羰基、亚甲基、羧基和腈基等多种官能团的共聚物。SPNH 主要起降滤失作用,同时还具有一定的降黏作用。其抗温和抗盐、抗钙能力均与 Resinex 相似,其性能优于其他同类的磺化处理剂。

6)淀粉类

淀粉的结构与纤维素相似,也属于碳水化合物,是最早使用的钻井液降滤失剂之一。淀粉从谷物或玉米中分离出来,在 50℃ 以下不溶于水,温度超过 55℃ 时开始溶胀,直至形成半透明凝胶或胶体溶液。加碱可以使它迅速有效地溶胀。淀粉可以进行磺化、醚化、羧甲基化、接枝和交联反应,从而制得一系列改性产品。

(1)羧甲基淀粉(CMS)。

CMS 是淀粉的改性产品,在碱性条件下,由淀粉与氯乙酸发生醚化反应制得。CMS 降滤失效果好,作用速度快,在提黏方面对塑性黏度影响小,而对动切力影响大,因而有利于携带岩屑。尤其是钻盐膏层时,可使钻井液性能稳定,滤失量低,并具有防塌效果。CMS 适用于盐水钻井液,尤其在饱和盐水钻井液中效果好,价格便宜,可降低钻井液成本。

(2)羟丙基淀粉(HPS)。

在碱性条件下,淀粉与环氧乙烷或环氧丙烷发生醚化反应,制得羟乙基淀粉或羟丙基淀粉。由于引入了羟基,HPS 的水溶性、增黏能力和抗微生物作用的能力都得到了显著的改善。HPS 为非离子型高分子,对高价阳离子不敏感,抗盐、抗钙污染能力很强。在处理 Ca^{2+} 污染的钻井液时,比 CMS 效果更好。HPS 可用于配制无黏土相暂堵型钻井液,有利于保护油气层。可用在阳离子型或两性离子型聚合物钻井液中。此外,HPS 在固井、修井作业中可用于配制前置隔离液和修井液等。

(3)抗温淀粉(DFG-140)。

DFG-140 是一种白色或淡黄色的颗粒,分子链节上同时含有阳离子基团和非离子基团,不含阴离子基团。和其他淀粉类处理剂相比,DFG-140 抗温性能较好,在4%盐水钻井液中可以稳定到140℃,在饱和盐水钻井液中可以稳定到130℃;与各种水基钻井液体系和处理剂配伍性好。

淀粉及其衍生物降滤失机理与 Na—CMC 相似。淀粉在使用时,钻井液的矿化度最好大一些,并且 pH 值最好大于11.5,否则淀粉容易发酵变质。在温度较低、矿化度较高的环境下,已广泛应用淀粉作为降滤失剂。在饱和盐水钻井液中,淀粉是经常使用的一种降滤失剂。

7)2-丙烯酰胺基-2-甲基丙磺酸(AMPS)共聚物

AMPS 分子结构式如下:

$$CH_2=CH-\underset{\underset{}{\parallel}}{\overset{O}{C}}-NH-\underset{\underset{CH_3}{|}}{\overset{CH_3}{\underset{|}{C}}}-CH_2-SO_3H$$

由于 AMPS 结构式中含有强阴离子性、水溶性的磺酸基团,屏蔽的酰胺基团及不饱和双键,使其具有优良的性能。磺酸基团使其具有离子交换性和对二价阳离子很好的耐受力;酰胺基团使其具有很好的水解稳定性、抗酸、抗碱及热稳定性;而活泼的双键又使其具有加成、聚合性能。AMPS 与几种单体的二元、三元共聚物可以直接用于钻井液,将适量低相对分子质量与高相对分子质量的这类共聚物复配,可大大改善钻井液性能,可在很宽的电解质浓度范围内经受180℃高温老化的考验;在井温高达260℃的井场试验中仍具有良好的高温降失水性能。

AMPS 共聚物还可用作水泥浆降滤失剂,可在高温高盐的环境中使用,使水泥浆凝固时间短、水泥石抗压强度较高。AMPS 共聚物在油田水驱提高采收率作业中用作增黏剂使用。

2. 降黏剂

降黏剂又称为稀释剂。钻井过程中,由于温度升高、盐侵或钙侵、固相含量增加或处理剂失效等原因,钻井液黏度、剪切应力增加,造成开泵困难、钻屑难以除去或钻井过程中波动压力过大等现象,严重时会导致各种井下复杂情况。因此,在钻井液使用和维护过程中,经常需要加入降黏剂,降低体系的黏度和剪切应力,使其具有适宜的流变性。钻井液降黏剂的种类很多,包括单宁(栲胶)类、木质素类、聚合物类等。

1)单宁(栲胶)类

单宁广泛存在于植物的根、茎、叶、皮、果壳和果实中,是一大类多元酚的衍生物,属于弱有机酸。从不同植物中提取的单宁具有不同的化学组成,因此单宁的种类很多。在我国四川、湖南、广西一带盛产五倍子单宁,云南、陕西、河南盛产栲胶。栲胶是用以单宁为主要成分的植物物料提取制成的浓缩产品,外观为棕黄色到棕褐色的固体或浆状体,一般含单宁20%~60%。

由于单宁酸含有酯键,在 NaOH 溶液中易于水解。高温下水解加剧,降黏能力减弱,单宁碱液抗温100~120℃,仅用于浅井或中深井。

单宁酸在水溶液中也可以发生水解,生成双五倍子酸(或称双没食子酸)和葡萄糖。双五倍子酸进一步水解,可生成五倍子酸,即

$$5(C_{14}H_9O_9) \cdot C_6H_7O + 5H_2O \longrightarrow 5C_{14}H_{10}O_9 + C_6H_{12}O_6$$
　　五倍子单宁酸　　　　　　　　双五倍子酸　葡萄糖

这些水解的酸性产物在 NaOH 溶液中生成双五倍子酸钠和五倍子酸钠,统称为单宁酸钠或单宁碱液,是单宁在钻井液中的有效成分,代号为 NaT。单宁酸钠在高浓度的 $NaCl$、$CaCl_2$、Na_2SO_4 等无机盐溶液中会发生盐析或生成沉淀,单宁碱液的抗盐、抗钙能力较差。

为了提高单宁酸钠的使用效果,将单宁与甲醛和亚硫酸钠进行磺甲基化反应,可制得磺甲基单宁(SMT)。还可再进一步与 $Na_2Cr_2O_7$ 发生氧化与螯合反应制得磺甲基单宁的铬螯合物。这两种产品的热稳定性和降黏性能比单宁酸钠有明显提高,抗温可达 180~200℃。磺甲基单宁为棕褐色粉末或细颗粒,易溶于水,水溶液呈碱性,在钻井液中一般加 0.5%~1% 就获得较好的的稀释效果。其适用的 pH 值范围为 9~11,抗 Ca^{2+} 可达 1000g/L,而抗盐性较差,当盐含量超过 1% 时稀释效果明显下降。

单宁类降黏剂的作用机理是:单宁酸钠苯环上相邻的双酚羟基可通过配位键吸附在黏土颗粒断键边缘的 Al^{3+} 处,而剩余的 —ONa 和 —COONa 均为水化基团,它们能给黏土颗粒带来较多的负电荷和水化层,使黏土颗粒端面处的双电层斥力和水化膜厚度增加,从而拆散和削弱黏土颗粒间通过端—面和端—端连接而形成的网架结构,使黏度和切力下降。

因此,单宁类降黏剂主要是通过拆散结构起降黏作用,而对塑性黏度的影响较小。若要降低塑性黏度,主要是通过钻井液固相控制来实现。

由于降黏剂主要在黏土颗粒的端面起作用,因此与降滤失剂相比,其用量一般较少。当加大用量时,单宁碱液也有一定的降滤失作用。这是由于随着结构的拆散和黏土颗粒双电层斥力及水化作用的增强,有利于形成更为致密的滤饼。

2) 木质素类

木质素类降黏剂的典型产品是铁铬木质素磺酸盐,俗称铁铬盐,代号为 FCLS,是曾经使用最多的降黏剂。其主要缺点是使用时要求钻井液的 pH 值较高,不利于井壁稳定;有时容易引起钻井液发泡,因此常需配合使用硬脂酸铝、甘油聚醚等消泡剂。铁铬盐钻井液的滤饼摩擦系数较高,在深井中使用时往往混油或添加一些润滑剂;铁铬盐含重金属铬,在制备和使用过程中均会造成一定的环境污染,对人体健康不利,现已很少使用。目前使用的是无重金属木质素类处理剂。

3) 聚合物类

聚合物型降黏剂主要是相对分子质量较低的丙烯酰胺类或丙烯酸类聚合物,主要用于聚合物钻井液。研制和开发聚合物型降黏剂主要出自以下原因:常规的分散型降黏剂只能有效降低钻井液的动切力(即所谓的结构黏度),而不能使塑性黏度降低,导致钻井液的动塑比减小,某些分散型降黏剂还会使钻井液抑制钻屑分散的能力减弱。聚合物型降黏剂能使动切力、塑性黏度同时降低,同时还能增强钻井液抑制地层造浆能力,从而为聚合物钻井液真正实现低固相和不分散创造条件。

下面仅介绍几种比较重要的聚合物型降黏剂。

(1) X-40 系列降黏剂。

X-40 系列降黏剂产品包括 X-A40 和 X-B40 两种。X-A40 是相对分子质量较低的聚

丙烯酸钠,其分子结构如下:

$$-[CH_2-CH]_n-$$
$$\qquad\quad |$$
$$\qquad\;COONa$$

该处理剂平均相对分子质量在 5000 左右,在钻井液中加量 0.3% 时,可抗 0.2% $CaSO_4$ 和 1% NaCl,抗温可达 150℃。

X-B40 是丙烯酸钠与丙烯磺酸钠的相对分子质量较低的共聚物,其分子结构式如下:

$$-[CH_2-CH]_x-[CH_2-CH]_y-$$
$$\quad\;\; |\qquad\qquad\quad |$$
$$\;CH_2SO_3Na\qquad COONa$$

其中,丙烯磺酸钠占 5% ~ 20%。X-B40 的平均相对分子质量为 2340。由于引入了—SO_3Na,故 X-B40 的抗温和抗盐能力均优于 X-A40,但其成本比 X-A40 高。

X-40 系列降黏剂之所以具有较强的稀释作用,主要是由其线型结构、低相对分子质量及强阴离子基团所决定的。由于其相对分子质量较低,可通过氢键优先吸附在黏土颗粒上,顶替掉已吸附在黏土颗粒上的高分子聚合物,从而拆散了高聚物与黏土颗粒之间形成的"桥接网架结构";低相对分子质量的降黏剂可与高分子主体聚合物发生分子间的交联作用,阻碍了聚合物与黏土之间网架结构的形成,从而达到降低黏度和切力的目的。但若其聚合度过大,相对分子质量过高,反而会使黏度、切力增加。

(2)两性离子聚合物降黏剂(XY-27)。

XY-27 是相对分子质量约为 2000 的两性离子聚合物降黏剂,在其分子链中同时含有阳离子基团、阴离子基团和非离子基团,属于乙烯基单体多元共聚物。其主要特点是降黏的同时又可抑制页岩分散。与分散型降黏剂相比,只需很少的加量(通常为 0.1% ~ 0.3%)就能取得很好的降黏效果,同时还有一定的抑制黏土水化膨胀的能力。

XY-27 用于配制两性离子聚合物钻井液,目前国内使用广泛。同时,它在其他钻井液体系,包括分散钻井液体系中也能有效地降黏。两性离子聚合物降黏剂还兼有一定的降滤失作用,能同其他类型处理剂互相兼容,可以配合使用磺化沥青或磺化酚醛树脂类处理剂,以改善滤饼质量,提高封堵效果和抗温能力。

两性离子聚合物降黏剂的降黏机理是:在 XY-27 的分子链中引入了阳离子基团,能与黏土发生离子型吸附,线性相对分子质量较低的聚合物比高分子聚合物更快、更牢固地吸附在黏土颗粒上。同时,XY-27 的特有结构使它与高聚物之间的交联或络合机会增加,从而使其比阴离子聚合物降黏剂的降黏效果更好。

两性离子聚合物降黏剂还具有一定的抑制页岩水化作用,这是因为分子链中的有机阳离子基团吸附于黏土表面之后,一方面中和了黏土表面的部分负电荷,削弱了黏土的水化作用;另一方面这种特殊分子结构使聚合物链之间更容易发生缔合。因此,尽管其相对分子质量较低,仍能对黏土颗粒进行包被,不减弱体系抑制性。此外,分子链中大量水化基团所形成的水化膜,可阻止自由水分子与黏土表面的接触,并提高黏土颗粒的抗剪切强度。

实验表明,在含有 FA-367 的膨润土浆中,只需加入少量 XY-27,钻井液的黏度、切力就急剧下降,且滤失量降低,滤饼变得致密。随其加量增加,钻井液容纳钻屑的能力明显增强。

(3)磺化苯乙烯—马来酸酐共聚物(SSMA)。

SSMA 是由苯乙烯、马来酸酐(或称顺丁烯二酸酐)、磺化试剂、溶剂(甲苯)、引发剂和链转移剂(硫醇)通过共聚、磺化及水解后制得的。钻井液用 SSMA 相对分子质量为 1000 ~ 5000,抗温可达200℃以上,是一种性能优良的抗高温稀释剂,可在高温深井中使用,但成本较高。

除上述三种类型外,还有磷酸盐类降黏剂,腐殖酸类处理剂也可用作降黏剂使用。

3. 增黏剂

为了保证井眼清洁和安全钻进,钻井液的黏度和剪切应力必须保持在一个合适的范围。黏度过低时,一种处理方法是通过增大膨润土含量来提黏。但在聚合物钻井液中,该法会引起钻井液的固相含量增大,不利于实现低固相和提高机械钻速,对油气层保护也有不利影响。因此,经常采用添加增黏剂的方法。增黏剂均为高分子聚合物,由于其分子链很长,在分子链之间容易形成网状结构,因此能显著地提高钻井液的黏度。

增黏剂除了起增黏作用外,还往往兼作页岩抑制剂(包被剂)、降滤失剂及流型改进剂。因此,使用增黏剂有利于改善钻井液的流变性,也有利于井壁稳定。

增黏剂种类很多,为避免重复,某些常用的增黏剂将在"聚合物钻井液的配制"中结合相关内容进行介绍,本节只介绍两种增黏剂,即XC生物聚合物和羟乙基纤维素。

(1) XC生物聚合物。

XC生物聚合物又称黄原胶,是由黄原菌类作用于碳水化合物而生成的高分子链状多糖聚合物,相对分子质量高达5×10^6,易溶于水,加入很少的量(0.2%~0.3%)即可产生较高的黏度,并兼有降滤失作用。

XC生物聚合物具有优良的剪切稀释特性,能够有效地改进流型,用它处理的钻井液,高剪切速率下的极限黏度很低,有利于提高机械钻速;而在环形空间的低剪切速率下又具有较高的黏度,并有利于形成平板型层流,使钻井液携带岩屑的能力明显增强。

XC生物聚合物抗温可达120℃,在140℃下也不会完全失效;抗冻性好,可在0℃以下使用。其抗盐、抗钙能力十分突出,是一种适用于淡水、盐水及饱和盐水钻井液的高效增黏剂。

XC生物聚合物有时需要与三氯酚钠等杀菌剂配合使用,防止各种细菌使其发生酶变降解。

(2) 羟乙基纤维素(HEC)。

HEC是一种水溶性的纤维素衍生物,是由纤维素和环氧乙烷经羟乙基化制成的产品,外观为白色或浅黄色固体粉末。它无臭、无味、无毒,溶于水后形成黏稠的胶状液,主要在聚合物钻井液中起增黏作用。

由于HEC分子链上含有大量的羟基,可同时吸附多个黏土颗粒,形成胶团和网状结构,使钻井液中自由水减少,内摩擦阻力增加,黏度增大。HEC溶液的高黏性,也使钻井液中自由水黏度增加。其显著特点是在增黏的同时不增加切力,因此在钻井液切力过高造成开泵困难时常被选用。增黏程度一般与时间、温度和含盐量有关,抗温能力可达107~121℃。HEC增黏的同时具有降滤失作用,其原理与Na—CMC相同。

4. 页岩抑制剂

页岩抑制剂又称防塌剂,主要用来配制抑制型钻井液。在钻进泥页岩地层时,抑制其水化膨胀,保持井壁稳定。

1) 沥青类

沥青是原油炼化后的残留物。在钻遇页岩之前,向钻井液中加入天然沥青粉,当钻遇页岩地层时,若沥青的软化点与地层温度相匹配,在井筒内正压差作用下,沥青会发生塑性流动挤入页岩孔隙、裂缝和层面,堵封地层层理与裂隙,提高对裂缝的黏结力,在井壁处形成具有护壁作用的内滤饼、外滤饼。其中,外滤饼与地层之间有一层致密的保护膜,使外滤饼难以被冲刷掉,从而可防止水进入地层,起到稳定井壁的作用。

将沥青进行一定的加工处理后,可制成钻井液用的沥青类页岩抑制剂。其主要产品有以下几种。

(1)氧化沥青。

氧化沥青是将沥青加热并通入空气进行氧化后制得的产品。经氧化后的沥青,沥青质含量增加,胶质含量减少,在物理性质上表现为软化点上升。使用不同的原料并通过控制氧化程度可制备出软化点不同的氧化沥青产品。

氧化沥青为黑色均匀分散的粉末,难溶于水,多数产品的软化点为150～160℃,主要在水基钻井液中用作页岩抑制剂,并兼有润滑作用,一般加量为1%～2%。此外,还可分散在油基钻井液中起增黏和降滤失作用。

在软化点内,随温度升高,氧化沥青的降滤失能力和封堵缝隙能力增加,稳定井壁的效果增强。但超过软化点后,在正压差的作用下,会使软化后的沥青流入岩石裂缝深处,因而不能再起封堵作用,稳定井壁的效果变差。因此,在选用该产品时,软化点是一个重要的指标。

(2)磺化沥青(SAS)。

目前使用的磺化沥青实际上是磺化沥青的钠盐,是常规沥青用发烟 H_2SO_4 或 SO_3 进行磺化后制得的产品。沥青经过磺化,引入了水化性能很强的磺酸基,含有的水溶性物质约占70%。磺化沥青为黑褐色膏状胶体或粉剂,软化点高于80℃,密度约为 $1g/cm^3$。磺化沥青中含有磺酸基,水化作用很强,当吸附在页岩晶层断面上时可阻止页岩颗粒水化分散,同时不溶于水的部分又能起到填充孔喉和裂缝的封堵作用,并可覆盖在页岩表面,改善滤饼质量。但随着温度升高,磺化沥青的封堵能力会有所下降。磺化沥青还在钻井液中起润滑和降低 HTHP 滤失量的作用,是一种多功能的有机处理剂。

此外,为了提高封堵和抑制能力,可将沥青类产品与其他有机物进行缩合,如磺化沥青与腐殖酸钾的缩合物 KAHM(俗称高改性沥青粉)在各类水基钻井液中均有很好的防塌效果。

2)钾盐腐殖酸类

腐殖酸的钾盐、高价盐及有机硅化合物等均可用作页岩抑制剂,其产品有腐殖酸钾、硝基腐殖酸钾、磺化腐殖酸钾、有机硅腐殖酸钾、腐殖酸钾铝、腐殖酸铝和腐殖酸硅铝等。其中腐殖酸钾盐的应用更为广泛。

(1)腐殖酸钾(KHm)。

KHm 是以褐煤为原料,用 KOH 提取而制得的产品。外观为黑褐色粉末,易溶于水,水溶液的pH值为9～10,主要用作淡水钻井液的页岩抑制剂,并兼有降黏和降滤失作用;可抗温180℃,一般加量为1%～3%。

腐殖酸钾的有效成分是羧钾基(—COOK)、酚钾基(—OK)、游离的 K^+,K^+ 可以通过镶嵌或晶格固定使蒙脱石水化能力减弱,高浓度的 K^+ 有利于减弱泥页岩的渗透水化作用,从而起到抑制作用。

(2)硝基腐殖酸钾(MHP)。

MHP 是用 HNO_3 对褐煤进行处理后,再用 KOH 中和提取而制得的产品,外观为黑褐色粉末,易溶于水,水溶液的pH值为8～10,性能与腐殖酸钾相似。它与磺化酚醛树脂的缩合物是一种无荧光防塌剂,适于在探井中使用。

(3)防塌剂(K21)。

K21 是硝基腐殖酸钾、特种树脂、三羟乙基酚和磺化石蜡的复配产品,为黑色粉末,易溶于水,水溶液呈碱性。它是一种常用的页岩抑制剂,具有较强的抑制页岩水化作用,并能降黏和降低滤失量,抗温可达 180℃。

页岩抑制剂类产品还有许多。例如,各种聚合物类和聚合醇类有机处理剂,硅酸盐类、钾盐类、铵盐类和正电胶等无机处理剂都是性能优良的页岩抑制剂。

3)阳离子泥页岩抑制剂

阳离子泥页岩抑制剂又称黏土稳定剂。目前现场应用的是环氧丙基三甲基氯化铵(俗称小阳离子),国内商品名为 NW-1,有液体和干粉两个剂型,相对分子质量为152。其分子结构式如下:

$$CH_2-CH-CH_2-N^+(CH_3)_3 \cdot Cl^-$$
$$\quad\ \ \diagdown O \diagup$$

实验结果表明,小阳离子抑制剂抑制岩屑分散效果优于 KCl。其机理主要是靠静电作用吸附在岩屑表面,与岩屑层间可交换阳离子发生离子交换作用,也可使其进入岩屑晶层间。表面吸附的小阳离子的疏水基可形成疏水层,阻止水分子进入岩屑颗粒内部,层间吸附的小阳离子靠静电作用拉紧层片,这些作用可有效地抑制岩屑水化膨胀和分散;小阳离子所带的正电荷可中和岩屑所带负电荷,削弱岩屑颗粒间的静电排斥作用,从而降低岩屑的分散趋势。

用小阳离子的优越性在于吸附了小阳离子的钻屑,表面具有一定的疏水性,不易黏附在钻头、钻铤和钻杆表面,具有明显的防泥包作用;小阳离子具有一定的杀菌作用,可有效地防止某些处理剂,如淀粉类的生物降解;小阳离子不会明显影响钻井液的矿化度,具有不影响测井解释和减弱钻具在井下的电化学腐蚀等优点。

4)两性离子抑制剂

两性离子聚合物是 20 世纪 80 年代以来我国开发成功的一类新型钻井液处理剂。由于引入阳离子基团,聚合物分子在钻屑上的吸附能力增强,并可中和部分钻屑的负电荷,因而具备较强的抑制钻屑分散的能力。现场应用的 XY 系列和 FA 系列两性复合离子聚合物处理剂都具有抑制作用。

如前所述,XY 系列产品作为两性离子钻井液体系降黏剂,具有很好的抑制作用。

两性离子聚合物强包被剂 FA 系列是由丙烯酸、丙烯酰胺、丙烯磺酸钠及季铵盐接枝共聚得到的高聚物,相对分子质量在 $(100 \sim 250) \times 10^4$,主要作用是抑制钻屑分散、增加钻井液黏度和降低滤失量,是两性离子聚合物钻井液的主处理剂。FA367 是目前常用的产品。

FA 系列产品作为强包被剂,能在钻屑表面发生包被吸附,从而有效地抑制钻屑的水化分散,以利于清除无用固相,维持低固相。两性复合离子聚合物靠强包被作用提高体系抑制性,而不影响钻井液的其他性能,甚至对其他性能有所改善。FA 系列除具有良好的抑制作用外,还具有良好的增黏和降滤失作用。如果将 XY 系列与两性离子包被剂复配,抑制性更强。

5. 堵漏剂

为了处理井漏,现场还需使用各种类型的堵漏剂。堵漏剂又称为堵漏材料,通常将其分为以下三种类型：

(1)纤维状堵漏剂。常用的纤维状堵漏剂有棉纤维、木质纤维、甘蔗渣和锯末等。由于这些材料的刚度较小，因而容易被挤入发生漏失的地层孔洞中。如果有足够多的这种材料进入孔洞，就会产生很大的摩擦阻力，从而起到封堵作用。但如果裂缝太小，纤维状堵漏剂无法进入，只能在井壁上形成假滤饼。一旦重新循环钻井液，就会被冲掉，起不到堵漏作用。因此，必须根据裂缝大小选择合适尺寸的纤维状堵漏剂。

(2)薄片状堵漏剂。薄片状堵漏剂有塑料碎片、赛璐珞粉、云母片和木片等。这些材料能平铺在地层表面，从而堵塞裂缝。若其强度足以承受钻井液的压力，就能形成致密的滤饼；若其强度不足，则被挤入裂缝，在这种情况下，其封堵作用则与纤维状材料相似。

(3)颗粒状堵漏剂。颗粒状堵漏剂主要指坚果壳(即核桃壳)和具有较高强度的碳酸盐岩石颗粒。这类材料大多是通过挤入孔隙而起到堵漏作用的。

堵漏剂种类繁多。与其他类型处理剂不同的是，大多数堵漏剂不是专门生产的规范产品，而是根据就地取材的原则选用的。堵漏剂的堵漏能力一般取决于它的种类、尺寸和加量。根据试验结果，不同堵漏剂的堵漏能力等性质见表3－8。

表3－8 不同堵漏剂的性质

堵漏剂名称	形状	尺寸	密度，kg/m^3	最大堵塞缝隙，mm
坚果壳	颗粒状	5～10号筛目占50%	57	5.20
塑料碎片	颗粒状	10～100号筛目占50%	57	5.20
石灰石粉	颗粒状	10～100号筛目占50%	115	3.18
硫矿粉	颗粒状	10～100号筛目占50%	980	3.18
坚果壳	颗粒状	10～16号筛目占50%	57	3.18
多孔隙珍珠石	颗粒状	5～10号筛目占50% 10～100号筛目占50%	172	2.69
赛璐珞粉	薄片状	19mm薄片	23	2.69
锯末	纤维状	6mm大小	29	2.69
树皮	纤维状	13mm大小	29	2.69
干草	纤维状	12.5mm大小	29	2.69
棉籽皮	颗粒状	粉末	29	1.53
赛璐珞粉	薄片状	13mm大小	23	1.42
木屑	纤维状	6mm大小	23	0.91
锯末	纤维状	1.6mm大小	57	0.43

一般来讲，地层缝隙越大、漏速越大时，堵漏剂的加量应越大。纤维状和薄片状堵漏剂的加量一般不应超过5%。为了提高堵塞能力。往往将各种类型和尺寸的堵漏剂混合加入，但各种材料的比例要掌握适当。

二、操作技能

1. 水基钻井液降滤失剂评价程序

SY/T 5241—1991规定了水基钻井液降滤失剂评价土悬浮液的配制方法及在淡水、4%盐水、饱和盐水中,6种温度条件下[(24±3)℃、70℃、120℃、150℃、180℃、200℃]的评价程序及钙污染试验。该标准适用于羧甲基纤维素类、淀粉类、腐殖酸类等降滤失剂的降滤失能力评价。本文以淡水试验为例说明降滤失剂的评价程序。

(1)制备5份评价土悬浮液。在盛有350mL蒸馏水的高搅杯中,加入1.0g碳酸氢钠和35.0g评价土,用高速搅拌器搅拌5min,取下容器,刮下黏附在容器壁上的评价土,继续搅拌15min(累计搅拌时间为20min)。

(2)测定其中1份悬浮液的滤失量,应为(45±10)mL。

(3)在其余4份悬浮液中加入不同量的降滤失剂,使它们的滤失量分布在5~10mL范围内,用高速搅拌器搅拌20min,期间应中断两次以刮下黏附在容器壁上的降滤失剂。

(4)将每份悬浮液在密闭容器内室温养护16h,然后测定表观黏度和滤失量。

(5)在直角坐标系上作出悬浮液滤失量及表观黏度与降滤失剂浓度的关系曲线,画出两条光滑曲线,确定滤失量为10mL时降滤失剂的加量及对应的表观黏度。

2.水基钻井液降黏剂评价程序

SY/T 5241—1991规定了水基钻井液降黏剂在淡水、盐水、饱和盐水的加重及非加重钻井液中降黏能力的评价程序。该标准适用于木质素类、腐殖酸类、单宁类、栲胶类等水基钻井液降黏剂的降黏能力评价。本书以降黏剂在淡水基浆中的降黏能力评价为例进行说明。

(1)按350mL蒸馏水+7%膨润土+18%评价土配制5份淡水基浆,密闭室温养护24h。

(2)取其中一份老化后的基浆作为空白试样,在高速搅拌器上搅拌5min,测定600r/min、300r/min、100r/min下黏度计的读数及10s和10min时的静切力。

(3)在另外4份基浆中,加入不同的降黏剂。对于酸性处理剂,先用20%氢氧化钠溶液将基浆的pH值调至该处理剂使用的pH值最佳范围,然后以每次加入降黏剂的量不超过基浆0.5%逐次加入至要求加量。对于碱性处理剂可以一次加入所需的降黏剂,并调节该基浆的pH值至最佳范围内。

(4)基浆在高速搅拌机上搅拌20min,期间中断两次,刮下器壁上的黏附物。

(5)测定4份加入降黏剂的基浆在600r/min、300r/min、100r/min下黏度计的读数及10s和10min时的静切力。

任务4 细分散钻井液的配制

(1)会进行细分散钻井液的配制;
(2)会进行配浆用量的计算。

一、基础知识

由淡水、配浆膨润土和各种对黏土、钻屑起分散作用的处理剂(简称分散剂)配制而成的水基钻井液称为细分散钻井液。它是油气钻井中最早使用,并且使用时间相当长的一类水基钻井液。随着钻井液技术的不断发展,分散钻井液的使用范围已不如过去广泛,但由于它具有配制方法简便、处理剂用量较少、成本较低等优点,适于配制密度较大的钻井液;某些体系还具有抗温性较强等优点,因此许多地区的一些井段上仍在使用,特别是在钻开表层时,使用较广。

1. 分散剂及细分散钻井液的典型组成

国内外用于细分散钻井液的分散剂种类很多,如前面章节中介绍过的多聚磷酸盐、丹宁碱液、铁铬木质素磺酸盐、褐煤或褐煤碱液、CMC 和聚阴离子纤维素等。此外,用于调节 pH 值的 NaOH 也具有较强的分散作用。细分散钻井液的典型组成及作用见表 3-9。

表 3-9　细分散钻井液的典型组成及作用

序号	组　分	作　用
1	膨润土	提黏及滤失量控制
2	铁铬木质素磺酸盐	降低动切力、静切力及控制滤失
3	褐煤或褐煤碱液	控制滤失及降低动切力、静切力
4	烧碱	调节 pH 值
5	多聚磷酸盐	降低动切力、静切力
6	CMC,聚阴离子纤维素	控制滤失,提黏
7	重晶石	增加密度

2. 细分散钻井液的特点

细分散钻井液的主要特点是黏土在水中高度分散,由此获得钻井液所需的流变和降滤失性能。

1) 细分散钻井液的优点

(1) 配制方法简便、成本较低。

(2) 可形成较致密的滤饼,韧性好,具有较好的造壁性,API 中压滤失量和 HTHP 滤失量均相应较低。

(3) 可容纳较多的固相,因此较适于配制高密度钻井液,密度可高达 2.00g/cm³ 以上。

(4) 抗温能力较强。三磺钻井液是我国用于钻深井的分散钻井液体系,抗温可达 160~200℃。1977 年,我国陆上最深的关基井就是使用这种钻井液钻至 7175m 的。

2) 细分散钻井液的缺点

细分散钻井液与后来发展起来的各类钻井液相比,在使用、维护过程中又存在着局限性和一些难以克服的缺点。

(1) 性能不稳定,容易受到钻井过程中进入钻井液中的黏土和可溶性盐类的污染。钻遇盐膏层时,少量石膏、岩盐就会使钻井液性能发生较大的变化。

(2) 滤液的矿化度低,容易引起井壁附近的泥页岩水化、膨胀、垮塌,并使井壁的岩盐溶解,即钻井液抑制性能差,不利于防塌。

(3) 体系中固相含量高,特别是粒径小于 $1\mu m$ 的亚微米颗粒所占的比例相当高,对机械钻速有明显影响,尤其不宜在强造浆地层中使用。

(4) 滤液侵入易引起黏土膨胀,因而不能有效地保护油气层,钻遇油层时必须对性能加以调节才能达到要求。

在实际应用中,为了将分散性钻井液中亚微米颗粒所占比例减至最小程度,一方面应控制膨润土的加量,另一方面应通过固控设备的使用,尽可能降低体系的总固相含量。膨润土的含量应随钻井液密度和井温加以调整,密度和井温越高,膨润土含量应该越低。分散剂和 NaOH 的加量亦不宜过高,pH 值一般应控制在 9.5～11.0。此外,由于大多数分散剂的抗盐性不够强,故分散性钻井液中应保持较低的无机盐含量。

二、操作技能

1. 膨润土及基浆的配制

膨润土是分散钻井液中不可缺少的配浆材料,其主要作用在于提高体系的塑性黏度、静切力和动切力,以增强钻井液对钻屑的悬浮和携带能力;同时降低滤失量,形成致密滤饼,增强造壁性。

膨润土逐渐分散在淡水中致使钻井液的黏度、切力不断增加的过程称为造浆,在添加主要处理剂之前的预水化膨润土浆常称作基浆或原浆。几乎在所有室内试验中,首先都要进行基浆配制。由于蒙脱石含量和阳离子交换容量不相同,不同产地的膨润土,其造浆效果往往有很大差别。

配制基浆时,还需加入适量纯碱,以提高黏土的造浆率。纯碱的加入量依黏土中钙离子的含量而异,可通过小型试验确定,一般约为配浆土质量的 5%。加入纯碱的目的是除去黏土中的部分钙离子,将钙土转变为钠土,从而使黏土颗粒的水化作用进一步增强,分散度进一步提高。因此,在基浆中加入适量纯碱后,一般会使表观黏度增大,滤失量减小。如果随着纯碱的加入滤失量反而增大,则表明纯碱加过量了。

2. 细分散钻井液的配制

(1) 取配制好的淡水基浆(400mL),将占钻井液体积(mL)0.3% 的 Na—CMC(g)加入淡水基浆中,在低速搅拌机上搅拌 20min。

(2) 向钻井液中加入 0.5% 的 SMK 或 SMT 处理剂,高速搅拌 15min,即配制成细分散钻井液。

3. 钻井液配浆用量计算

配制钻井液的计算公式为:

$$W_\pm = \frac{V_{泥} \rho_\pm (\rho_{泥} - \rho_水)}{\rho_\pm - \rho_水} \tag{3-1}$$

$$V_水 = V_{泥} - W_\pm / \rho_\pm \tag{3-2}$$

式中　$W_\pm$——配浆用黏土质量,t;
　　　$V_{泥}$——欲配制钻井液体积,m³;
　　　$\rho_\pm$——配浆土密度,g/cm³;
　　　$\rho_{泥}$——欲配制钻井液密度,g/cm³;
　　　$\rho_水$——配浆水密度,g/cm³;
　　　$V_水$——配浆用水体积,m³。

三、拓展知识

钻井过程中,常有来自地层的各种污染物进入钻井液,使其性能发生不符合施工要求的变化,这种现象常称为钻井液受侵。有的污染物严重影响钻井液的流变和滤失性能,有的加剧钻具的损坏和腐蚀。当发生污染时,应及时进行配方调整或采用化学方法清除污染物,保证钻进正常进行。最常见的是钙侵、盐侵和盐水侵,此外还有 Mg^{2+}、H_2S 和 O_2 等造成的污染。

1. 钙侵

钻遇石膏层和含 Ca^{2+} 的盐水层、钻水泥塞、使用硬水配浆及用石灰作为钻井液添加剂等,都会使 Ca^{2+} 进入钻井液。除在钙处理钻井液和油包水乳化钻井液的水相中需要一定浓度的 Ca^{2+} 外,其他类型钻井液中 Ca^{2+} 均属污染离子。虽然 $CaSO_4$ 和 $Ca(OH)_2$ 在水中的溶解度都不高,但都能提供一定数量的 Ca^{2+}。

试验表明,几万分之一的 Ca^{2+} 就足以使钻井液失去悬浮稳定性。其主要原因是由于 Ca^{2+} 易与钠蒙脱石中的 Na^+ 发生离子交换,使其转化为钙蒙脱石,使絮凝程度增加,致使钻井液的黏度、切力和滤失量增大。

钻井液遇钙侵的有效处理方法,一是在钻达含石膏地层前转化为钙处理钻井液;二是根据滤液中 Ca^{2+} 的浓度,加入适量纯碱除去 Ca^{2+},但应注意纯碱加量不要过多,以免造成 CO_3^{2-} 污染。

如果是水泥引起的污染,由于 Ca^{2+} 和 OH^- 同时进入钻井液,致使钻井液的 pH 值偏高。这种情况下,最好用碳酸氢钠($NaHCO_3$)或 SAPP(酸式焦磷酸钠,$Na_2H_2P_2O_7$)清除 Ca^{2+}。

当加入 $NaHCO_3$ 时:
$$Ca^{2+} + OH^- + NaHCO_3 =\!=\!= CaCO_3\downarrow + Na^+ + H_2O$$

当加入 SAPP 时:
$$2Ca^{2+} + 2OH^- + Na_2H_2P_2O_7 =\!=\!= Ca_2P_2O_7\downarrow + 2Na^+ + 2H_2O$$

在以上两个反应中,既清除了 Ca^{2+},又适当地降低了 pH 值。

2. 盐侵和盐水侵

当钻遇岩盐层时,由于井壁附近岩石的溶解使钻井液中 NaCl 浓度迅速增大,从而发生盐侵;钻遇盐水层时,若钻井液的液柱压力不足以压住高压盐水层,盐水便会进入井内发生盐水侵,钻井液的流变和滤失性能将发生变化,如图 3 – 13 所示。

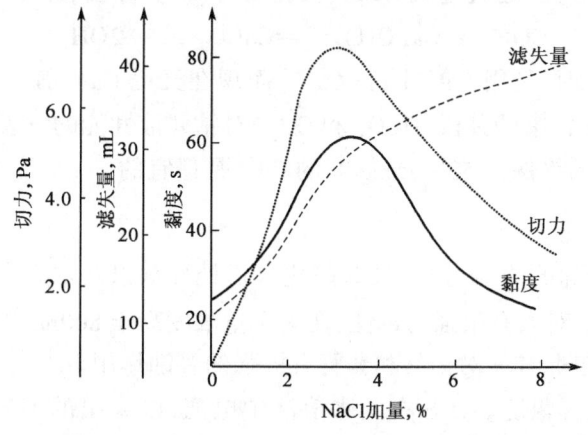

图 3 – 13 加入 NaCl 分散钻井液性能的变化

Na^+ 的侵入会增加黏土颗粒扩散双电层中阳离子的数目,压缩双电层使其厚度减小,黏土

颗粒表面的 ζ 电位下降,颗粒间的静电斥力减小,水化膜变薄,颗粒间端—面和端—端连接的趋势增强,絮凝作用将导致钻井液的黏度、切力和滤失量均逐渐上升。当 Na^+ 浓度增大到一定程度之后,压缩双电层的现象更为严重,黏土颗粒的水化膜变得更薄,致使黏土颗粒发生面—面连接,聚结作用使分散度明显降低,因而钻井液的黏度和切力在分别达到其最大值后又转为下降,滤失量则继续上升,钻井液的稳定性变差。从图 3-13 中可见,当 NaCl 浓度在 3% 左右时,分散钻井液的黏度和切力分别达到最大值。但需注意,该分数值以及最大值的大小都不是固定不变的,而是依所选用配浆土的性质和用量而异。

盐侵的另一表现是随含盐量增加,钻井液的 pH 值逐渐降低,其原因是 Na^+ 将黏土中的 H^+ 及其他酸性离子不断交换出来。

当钻井液受到盐侵或盐水侵之后,采取化学方法除去钻井液中的 Na^+ 是十分困难的。因此,常用的处理方法是及时补充抗盐性强的各种处理剂,将分散钻井液转化为盐水钻井液。例如,降滤失剂 CMC 的分子链中含有许多羧钠基(—COONa),可使被降低的 ζ 电位得到补偿。因此,CMC 的加入可有效地阻止黏土颗粒间相互聚结,有助于保持钻井液的聚结稳定性,使其在盐侵后仍然具有较小的滤失量。除 CMC 外,聚阴离子纤维素、磺化酚醛树脂和改性淀粉等也是常用的抗盐降滤失剂。海泡石和凹凸棒石等抗盐黏土是用于配制盐水钻井液以及对付盐侵、盐水侵的优质材料,但我国资源有限。

3. 二氧化碳污染

在许多钻遇的地层中含有 CO_2,当其混入钻井液后会生成 HCO_3^- 和 CO_3^{2-},即

$$CO_2 + H_2O \longrightarrow H^+ + HCO_3^- \longrightarrow 2H^+ + CO_3^{2-}$$

室内实验和现场试验均表明,钻井液的流变参数,特别是动切力受 HCO_3^- 和 CO_3^{2-} 的影响很大,尤其在高温下其影响更为突出。一般随着 HCO_3^- 浓度增加,τ_0 呈上升趋势,而随着 CO_3^{2-} 浓度增加,τ_0 则先减后增。经这两种离子污染后的钻井液性能很难用加入处理剂的方法调整,只能加入适量 $Ca(OH)_2$ 清除这两种离子,加入 $Ca(OH)_2$ 后 pH 值升高,体系中的 HCO_3^- 先转变为 CO_3^{2-},即

$$2HCO_3^- + Ca(OH)_2 \Longrightarrow 2CO_3^{2-} + 2H_2O + Ca^{2+}$$

CO_3^{2-} 和 $Ca(OH)_2$ 继续作用,通过生成 $CaCO_3$ 沉淀而将 CO_3^{2-} 除去,即

$$CO_3^{2-} + Ca(OH)_2 \Longrightarrow CaCO_3 \downarrow + 2OH^-$$

前面在处理钙污染时,是用 CO_3^{2-} 除去 Ca^{2+},而现在又用 $Ca(OH)_2$ 电离出来的 Ca^{2+} 除去 CO_3^{2-}。在容易引起 CO_2 污染的井段,HCO_3^- 和 CO_3^{2-} 对钻井液性能的危害明显大于 Ca^{2+}。经验证明,此时在钻井液中始终保持 50~75mg/L 的 Ca^{2+} 是适宜的。

4. 硫化氢污染

硫化氢(H_2S)主要来自含硫地层,某些磺化有机处理剂以及木质素磺酸盐在井底高温下也会分解产生 H_2S,H_2S 对人有很强的毒性,在其质量浓度高于 800mg/L 的环境中停留就可能因窒息而导致死亡。同时,H_2S 对钻具和套管有极强的腐蚀作用。

H_2S 腐蚀机理主要是氢脆。H_2S 在其水溶液中电离,电离出的 H^+ 会迅速吸附在金属表面,进而渗入金属晶格内,转变为原子氢。当金属内有夹杂物、晶格错位现象或其他缺陷时,原子氢便在这些易损部位聚集,组合成 H_2。由于该过程在瞬间完成,氢的体积骤然增加,于是在金属内部产生很大的应力,致使强度高或硬度大的钢材突然产生晶格变形,进而变脆产生微裂

缝,通常将这一过程称作"氢脆"。在拉应力和钢材残余应力的作用下,钢材上氢脆引起的微裂缝很容易迅速扩大,最终使钢材发生脆断破坏。

因此,要求在钻开含硫地层前 50m,将钻井液 pH 值保持在 9.5 以上,直至完井;一旦发现钻井液受到 H_2S 污染,应立即进行处理,将其清除。目前一般采取的清除方法是加入适量烧碱,使钻井液的 pH 值保持在 9.5~11,再加入碱式碳酸锌[$Zn_2(OH)_2CO_3$]等硫化氢清除剂,以避免硫化氢从钻井液中释放出来,即

$$Zn_2(OH)_2CO_3 + 2H_2S =\!=\!= 2ZnS\downarrow + 3H_2O + CO_2$$

5. 氧的污染

钻井液中氧的存在会加速钻具的腐蚀,其腐蚀形式主要为坑点腐蚀和局部腐蚀,即使是极低浓度的氧也会使钻具的疲劳寿命显著降低。

大气中的氧,通过循环过程被混入钻井液,其中一部分氧溶解在钻井液中,直至饱和状态。试验表明,氧的含量越高,腐蚀速度越快。如果钻井液中有 H_2S 或 CO_2 气体存在,氧的腐蚀速度会加剧。

清除钻井液中的氧首先应考虑采取物理脱氧的方法,即充分利用除气器等设备,并在搅拌过程中尽量控制氧的侵入量。将钻井液的 pH 值维持在 10 以上也可在一定程度上抑制氧的腐蚀,这是由于在较强的碱性介质中,氧对铁产生钝化作用,在钢材表面生成一种致密的钝化膜,因而腐蚀速率降低。然而解决钻具氧腐蚀的最有效方法还是化学清除法,即选用某种除氧剂与氧发生反应,从而降低钻井液中氧的含量。常用的除氧剂有亚硫酸钠(Na_2SO_3)、亚硫酸铵[$(NH_4)_2SO_3$]、二氧化硫(SO_2)和肼(N_2H_4)等,其中以使用亚硫酸钠最为普遍。除氧剂与氧之间的反应可分别表示为:

$$2Na_2SO_3 + O_2 =\!=\!= 2Na_2SO_4$$
$$2(NH_4)_2SO_3 + O_2 =\!=\!= 2(NH_4)_2SO_4$$
$$2SO_2 + O_2 + H_2O =\!=\!= 2H_2SO_4$$
$$N_2H_4 + O_2 =\!=\!= N_2 + 2H_2O$$

任务5 盐水钻井液的配制

学习目标

(1)会进行盐水钻井液的配制;
(2)会阐述盐水钻井液的特点及分类。

一、基础知识

在钻井过程中,经常钻遇大段岩盐层、盐膏层或盐膏与泥页岩互层。若使用细分散钻井液,则会有大量的 NaCl 和其他无机盐溶解于钻井液中,使钻井液的黏度、切力升高,滤失量剧增。同时,盐的溶解还会造成井径扩大,给继续钻进带来困难,并且严重影响固井质量。有时钻遇高压盐水层时,盐水的侵入对钻井液性能也有很大影响。为了钻进上述复杂地层,在钻井

液中同时加入工业食盐和分散剂,使水基钻井液具有更强的抗盐能力和抑制性。盐水钻井液、饱和盐水钻井液已得到不断发展和完善,成为独具特色的钻井液类型。

1. 盐水钻井液的定义及分类

凡 NaCl 含量超过 1%(质量分数,Cl^- 含量约为 5000mg/L)的钻井液统称为盐水钻井液。通常将其分为三种类型。

(1)一般盐水钻井液。含盐量自 1%(Cl^- 含量为 5000mg/L)直至饱和(Cl^- 含量为 189000mg/L)前的整个范围均属此类型。一般盐水钻井液主要应用于配浆水本身含盐量较高,钻遇淡水钻井液体系不能对付的盐水层,钻遇含盐地层或厚度不大的岩盐层以及为了抑制强水敏泥页岩地层的水化等。

(2)饱和盐水钻井液。饱和盐水钻井液是指 NaCl 含量达到饱和,即常温下浓度为 3.15×10^5 mg/L,Cl^- 含量为 1.89×10^5 mg/L 左右的钻井液,主要用于钻大段岩盐层和复杂的盐膏层,也可在钻开储层时配制成清洁盐水钻井液使用。由于其矿化度极高,抗污染能力强,对地层中黏土的水化膨胀和分散有很强的抑制作用。钻遇岩盐层时,可将盐的溶解减至最小程度,避免大肚子井段的形成,从而使井径规则。

(3)海水钻井液。海水钻井液是指用海水配制的含盐钻井液。海水钻井液与一般盐水钻井液的不同之处在于使用海水配浆。海水中除含有较高浓度的 NaCl 外,还含有一定浓度的钙盐和镁盐,其总矿化度一般为 3.3% ~ 3.7%,pH 值为 7.5 ~ 8.4,密度为 1.03g/cm^3。海水中主要盐分的含量见表 3 – 10。

表 3 – 10　海水中主要盐分的含量

名　称	NaCl	$MgCl_2$	$MgSO_4$	$CaSO_4$	KCl	其他盐类
含量(质量分数),%	78.32	9.44	6.40	3.94	1.69	0.21

2. 盐水钻井液的特点

(1)抑制性强、防塌效果好。盐水钻井液矿化度高,具有较强的抑制性,能有效地抑制泥页岩的水化膨胀,保持井壁稳定。

(2)性能稳定,抗污染能力强。盐水钻井液能有效地抑制地层造浆,流动性好,性能稳定。不仅抗盐侵的能力很强,而且能够有效地抗钙侵和抗高温,适用于钻含岩盐地层或含盐膏地层,以及在深井和超深井中使用。

(3)具有较好的油层保护效果。由于盐水钻井液滤液性质与地层原生水比较接近,故对油气层的损害较轻。

(4)劣质固相含量低,润滑性好。岩屑不易在盐水中水化分散,在地面容易被清除,有利于保持较低的固相含量。

此类钻井液的维护工艺比较复杂,对钻柱和设备的腐蚀性较大,钻井液配制成本也相对较高。

二、操作技能

1. 配制原理

盐水钻井液的配制是通过人为添加无机阳离子来抑制黏土颗粒的水化膨胀和分散,并在分散剂的协同作用下,形成抑制性粗分散钻井液的过程。在使用中要特别注意含盐量的多少来决定所选用分散剂的类型和用量。盐水钻井液的pH值一般随含盐量的增加而下降,其原因一方面是由于滤液中的Na^+与黏土矿物晶层间的H^+发生了离子交换;另一方面则是由于工业食盐中含有的$MgCl_2$杂质与滤液中的OH^-反应,生成$Mg(OH)_2$沉淀,从而消耗了OH^-。因此,在使用盐水钻井液时应注意及时补充烧碱,以便维持一定的pH值。一般情况下,盐水钻井液的pH值应保持在9.5~11.0。盐水钻井液的配方及性能见表3-11。

表3-11 盐水钻井液的配方及性能

配方		性能	
材料名称	加量,kg/m^3	项目	指标
抗盐黏土	20~30	密度,g/cm^3	1.15~1.20
膨润土	20~30	塑性黏度,$mPa \cdot s$	25~30
聚阴离子纤维素	4~6	动切力,Pa	7.2~9.5
铁铬盐	30~40	API滤失量,mL	<5
钠褐煤	15~20	HTHP滤失量,mL	15~20
高黏CMC	1~3	pH值	9.5~10.5
改性沥青	视需要而定	流性指数	0.6左右
抗高温处理剂	视需要而定		

2. 配制过程

按照钻井液高级工岗位要求,油田现场配制盐水钻井液过程如下。

1)准备工作

(1)穿戴好劳保用品。

(2)配好预备罐和储备罐。

(3)检查固控设备、搅拌器。

(4)备足钻井液处理剂,如CMC(羧甲基纤维素)、CMS(羧甲基淀粉)、NaOH、NaCl、膨润土或抗盐土等。

(5)准备钻井液常规性能测试仪及水分析测试仪。

2)操作步骤

(1)计算欲配制目标浓度的盐水钻井液所需烧碱、氯化钠、处理剂和膨润土用量。

(2)在配制罐中加入定量清水后,首先加入膨润土充分搅拌,使膨润土充分水化。

(3)在配制罐中加入烧碱、处理剂充分搅拌,然后加入所需NaCl充分搅拌。

(4)选择合适的消泡剂控制钻井液发泡。

(5)测定所配制盐水钻井液的全套性能及Cl^-含量。

3)技术要求

(1)加烧碱时,防止被烧碱灼伤。

(2)加入或补充膨润土时,一定要使膨润土充分水化,水化时间必须大于24h。

(3)一般选用80A51、抗盐降黏剂、CMC、HEC、XC、CMS等抗盐处理剂。

(4)盐水钻井液处理剂用量一般比淡水钻井液高出0.5~1倍。

三、拓展知识

1. 配方举例

在配制盐水钻井液时,最好选用抗盐黏土(海泡石、凹凸棒石等)作为配浆土。此类黏土在盐水中可以很好地分散而获得较高的黏度和切力,因而配制方法比较简单。若用膨润土配浆,则必须先在淡水中经过预水化,再加入各种处理剂,最后加盐至所需浓度。

1) 一般盐水钻井液

盐水钻井液常用的处理剂有铁铬盐、CMC、褐煤碱液和聚阴离子纤维素等。国内使用最简单的体系为铁铬盐盐水钻井液,其基本成分为1.5%~3.3%的膨润土、5%的固体食盐、5%的铁铬盐、1.5%的NaOH及一定量的重晶石。按以上配方可达到下列性能指标:密度1.20g/cm^3,漏斗黏度20~50s,滤失量3~6 mL。另一种体系为CMC—铁铬盐—表面活性剂盐水钻井液,主要用于井底温度达150℃左右的深井中。

2) 饱和盐水钻井液

此类钻井液的配制方法:在地面配好饱和盐水钻井液,钻达岩盐层前将其替入井内,然后钻穿整个岩盐层;也可采用上部地层使用淡水或一般盐水钻井液,然后提前在循环过程中进行加盐处理,使含盐量和钻井液性能逐渐达到要求,在进入岩盐层前转化为饱和盐水钻井液。

饱和盐水钻井液有多种不同的配方。国外一般使用抗盐黏土(如凹凸棒石)造浆并调整黏度和切力,用淀粉控制滤失量。但目前倾向于用各种抗盐的聚合物降滤失剂(如聚阴离子纤维素)代替淀粉,以利于实现低固相。

饱和盐水钻井液的典型配方如下:

(1) 膨润土浆 + 2%~2.5% 改性淀粉 + 1%~1.5% CMC + 盐至饱和。

(2) 饱和盐水聚磺钻井液:膨润土浆 + 2%~2.5% 改性淀粉 + 2%~2.5% 磺化酚醛树脂类产品 + 0.2%~0.4% KPAM(或 CPA、SK 等) + 1.5%~2% 磺化沥青类产品 + 1.5%~2% SMC + 0.3%~0.4% 盐抑制剂 + 0.5% 润滑剂 + 0.3%~0.5% NaOH + 盐至饱和(有时根据需要,加入适量 SMT、FCLS 及改性石棉等)。

(3) 饱和盐水两性离子聚磺钻井液:膨润土浆(膨润土含量 50~60g/L) + 0.1%~0.2% JT-888 + 1% SDX + 0.5% CMC + 0.4% NaOH + 盐至饱和 + 重晶石至所需密度。

3) 海水钻井液

海水钻井液主要是为了满足海洋钻井的需要。海水钻井液的作用原理、配制、维护方法与一般盐水钻井液基本相同,不同之处仅在于体系中 Mg^{2+} 的含量较高,因而会对钻井液性能产生较大影响。此外,一般盐水钻井液的含盐量可随时调整,比如钻穿盐层后可转化为淡水钻井液,而海水钻井液由于受施工条件的限制,其矿化度一般不作调整。

海水钻井液的配方有两种:一种是先用适量烧碱和石灰将海水中的 Ca^{2+}、Mg^{2+} 清除,然后再用于配浆,这种体系的 pH 值应保持在 11 以上,其特点是分散性相对较强,流变和滤失性能较稳定且容易控制,但抑制性较差。另一种是在体系中保留 Ca^{2+} 和 Mg^{2+},显然这种海水钻井液的 pH 值较低,由于含有多种阳离子,护胶的难度较大,所选用的护胶剂既要抗盐,又要抗钙、镁,但这种体系的抑制性和抗污染能力较强。

国外过去多使用凹凸棒石、石棉、淀粉配制和维护海水钻井液,而目前倾向于使用黄原胶和聚阴离子纤维素等聚合物。由于聚合物的包被作用,可使井壁更为稳定。通过合理地使用固控设备,机械钻速也可明显提高。我国使用的海水钻井液配方与一般盐水钻井液相似,必要时混入一定量的油品以改善滤饼的润滑性,并可在一定程度上降低滤失量。

2. 应用要点

1) 一般盐水钻井液

一般盐水钻井液常用的降黏剂有铁铬盐、单宁酸钠和磺化栲胶等,需要护胶时则选用高黏CMC、聚阴离子纤维素及其他抗盐聚合物降滤失剂和包被剂。

2) 饱和盐水钻井液

饱和盐水钻井液适用于大段含盐膏地层,在使用时,需注意以下几点:

(1) 如果岩盐层较厚,埋藏较深,在地层压力作用下岩盐层容易发生蠕变,造成缩径。

(2) 最好选用海泡石、凹凸棒石等抗盐黏土配制饱和盐水钻井液。如选用膨润土,则体系中总固相和膨润土含量均不宜过高,以防止在配制过程中出现黏度、切力过高的情况。膨润土一般应控制在$50kg/m^3$左右;若该体系由井浆转化而成,应在加盐前先将固相含量及黏度、切力降下来。

(3) 因盐的溶解度随温度上升而有所增加,故在地面配制的饱和盐水,当循环到井底就变得不饱和了。为了解决因温差而可能引起的岩盐层井径扩大问题,通常在钻井液中加入适量的重结晶抑制剂,这样在岩盐层井段的井温下使盐达到饱和。当钻井液返至地面时,就可抑制住盐的重结晶。

(4) 对饱和盐水钻井液的维护应以护胶为主,降黏为辅。由于在此类钻井液中,黏土颗粒不易形成端—端或端—面连接的网架结构,而特别容易发生面—面聚结,变成大颗粒而聚沉,因此需要大量的护胶剂维护其性能,不然在使用中常会出现黏度、切力下降和滤失量上升现象。保持性能稳定对饱和盐水钻井液来说是最关键的问题,一旦出现上述异常情况,应及时补充护胶剂。添加预水化膨润土也能起到提黏和降滤失作用,但加量不宜过大。

任务6 钙处理钻井液的配制

(1) 会进行钙处理钻井液的配制;
(2) 能够熟练阐述钙基钻井液的组成及其体系特点。

一、基础知识

在钙处理钻井液出现之前,人们发现在处理细分散钻井液钙污染的过程中,与原来的分散钻井液相比,经过处理的钙污染钻井液表现出许多优越性,如较强的抑制性和抗盐类污染能力等。于是,20世纪60年代发展为具有较好抗盐、抗钙污染能力和对泥页岩水化具有较强抑制作用的钙处理钻井液。该类钻井液主要由含 Ca^{2+} 的无机絮凝剂、降黏剂和降滤失剂组成。由于体系中的黏土颗粒处于适度絮凝的粗分散状态,因此又称之为粗分散钻井液。

1. 钙处理钻井液的组成及特点

钙处理钻井液是在淡水钻井液中加入提供 Ca^{2+} 的物质,如石灰、石膏和氯化钙等无机絮凝剂,并配合使用有机稀释剂和降滤失剂等调整其性能,形成适度絮凝而又稳定的粗分散钻井液。与细分散钻井液相比,钙处理钻井液的主要特点如下:

(1) 性能较稳定,具有较强的抗钙、盐污染和黏土污染的能力。
(2) 固相含量相对较少,容易在高密度条件下维持较低的黏度和切力,钻速较高。
(3) 能在一定程度上抑制泥页岩水化膨胀,滤失量较小,滤饼薄且韧,有利于井壁稳定。
(4) 由于钻井液中黏土细颗粒含量较少,对油气层的损害程度相对较小。

2. 钙处理钻井液的类型

1) 石灰钻井液

以石灰作为钙源的钻井液称为石灰钻井液。石灰是一种难溶的强电解质,它在水中的溶解度主要受温度和溶液 pH 值的影响。石灰在水中溶解时放热,因此随温度升高,石灰的溶解度减小,溶液中 Ca^{2+} 浓度也相应减小,溶解时发生以下反应:

$$Ca(OH)_2 \rightleftharpoons Ca^{2+} + 2OH^-$$

随 pH 值增大,石灰在钻井液中 Ca^{2+} 浓度降低。一般情况下,石灰钻井液的 pH 值应保持在 11~12,使 Ca^{2+} 含量保持在 120~200g/L,其储备碱度保持在 3000~6000mg/L 较为合适。若 pH 值过低,Ca^{2+} 含量增大,黏度与切力将超过允许范围;若 pH 值过高,Ca^{2+} 含量很少,将失去钙处理的意义。

2) 石膏钻井液

以石膏作为钙源的钻井液称为石膏钻井液。石膏的溶解度比石灰大,Ca^{2+} 含量更高,絮凝程度必然增大,相应地所需稀释剂和降滤失剂的加量也应有所增加,才能使性能达到设计要求。石膏钻井液具有更强的抗盐污染和抗石膏污染的能力。与石灰相比,石膏的溶解度受 pH 值的影响较小,pH 值可维持在 9.5~10.5,滤液中 Ca^{2+} 含量为 600~1200mg/L。由于 Ca^{2+} 含量较高,因而更有利于抑制黏土的水化膨胀和分散,即防塌效果明显优于石灰钻井液。石膏钻井液具有比石灰钻井液更高的抗温能力,其发生固化的临界温度在 175℃ 左右,明显高于石灰钻井液。有资料报道,它可以在某些 5000m 以上的井段使用。

3) 氯化钙钻井液

在这类钙处理钻井液中,使用 $CaCl_2$ 作为絮凝剂,选用铁铬盐和 CMC 等作稀释剂和降滤失剂,并用石灰调节 pH 值,使 pH 值保持在 9~10。美国和俄罗斯都使用过这种高钙钻井液钻易卡钻、易坍塌的泥页岩地层,其滤液中 Ca^{2+} 浓度一般在 1000~3500mg/L。我国成功地将褐煤碱液应用于该类钻井液中,形成了具有特色的褐煤—$CaCl_2$ 钻井液体系。

由于体系中 Ca^{2+} 含量很高,因此与前两类钙处理钻井液相比,它具有更强的稳定井壁和抑制泥页岩坍塌及造浆的能力。由于钻井液中固相颗粒絮凝程度较大、分散度较低,因而流动性好,固控过程中钻屑比较容易清除,有利于维持较低的密度,为提高机械钻速及保护油气层提供良好的条件。由于 Ca^{2+} 含量高,严重影响了黏土悬浮体的稳定性,黏度和切力容易上升,滤失量也容易增大,从而增加了维护处理的难度。

褐煤—$CaCl_2$ 钻井液体系在组成上有一个突出的特点,即褐煤粉的加量很大。褐煤中含有的腐殖酸与体系中的 Ca^{2+} 发生反应,生成难溶的腐殖酸钙(可用符号 $CaHm_2$ 表示)胶状沉淀。这种胶状沉淀一方面使泥饼变得薄而致密,滤失量降低,其作用与膨润土相似;另一方面,它起着 Ca^{2+} 储备库的作用,使滤液中时 Ca^{2+} 浓度不至于过大,即

$$CaHm_2 \rightleftharpoons Ca^{2+} + 2Hm^-$$

在钻进过程中,当滤液中 Ca^{2+} 消耗以后,电离平衡会自动向右移动,使 Ca^{2+} 及时得到补充,从而保证钻井液的抑制能力和流变性能保持稳定。

4) 钾石灰钻井液

钾石灰钻井液是在石灰钻井液基础上发展起来的一种更有利于防塌的钙处理钻井液。由于石灰钻井液存在一些缺点,如高温下容易发生固化、pH 值较高以及强分散剂的使用不利于提高钻井液的抑制性等,将钾离子引入石灰钻井液中,并将配方进行改进,形成了钾石灰防塌钻井液体系。该类钻井液在组成上的改进包括两方面:一是用改性淀粉取代原来石灰钻井液中使用的强分散剂铁铬盐,从而使钻井液中黏土和钻屑的分散程度减弱,改性淀粉在井壁上的吸附有利于增强防塌效果,同时由于 pH 值和石灰含量均有所降低,因而克服了石灰钻井液的高温固化问题;二是用 KOH 控制钻井液的碱度,而不再使用 NaOH,其优点是引入 K^+,同时相应地减少了体系中 Na^+ 的含量,提高了钻井液的抑制性。

二、操作技能

1. 钙处理钻井液的配制原理

Ca^{2+} 改变黏土分散度的作用机理有两个,一是通过 $Na^+ - Ca^{2+}$ 交换,将钠土转变为钙土,钙土水化能力弱,分散度低,故转化后体系分散度明显下降;二是 Ca^{2+} 本身是一种无机絮凝剂,会压缩黏土颗粒表面的扩散双电层,使水化膜变薄,ζ 电位下降,从而引起黏土晶片面—面和端—面的聚结,造成黏土颗粒分散度下降。因此,钙处理钻井液在加 Ca^{2+} 的同时,还必须加入 NaT、CMC 等分散剂。由于这类分散剂的分子中含有大量的水化基团,当吸附在黏土颗粒表面后,会引起水化膜增厚,ζ 电位增大,从而阻止黏土晶片之间的聚结。

钙处理钻井液的配制原理,就是通过调节 Ca^{2+} 和分散剂的相对含量,使钻井液处于适度絮凝的粗分散状态,从而使其性能保持相对稳定,并达到满足钻井工艺要求的目的。图 3-14 描述了细分散钻井液、受到钙侵的分散钻井液和钙处理钻井液在分散状态上的区别及其内在联系。图 3-14(a) 表示一般分散钻井液的细分散状态;图 3-14(b) 表示受钙侵后的絮凝状态;图 3-14(c) 和图 3-14(d) 均表示钙处理钻井液适度絮凝的粗分散状态。

从图中不难看出,使钻井液处于适度絮凝的粗分散状态有两条途径:一是在分散钻井液中同时加入适量的钙盐(或石灰)和分散剂,使图 3-14(a) 变为图 3-14(d);二是在受钙侵后处于絮凝状态的钻井液中及时加入分散剂,使图 3-14(b) 变为图 3-14(c)。适度絮凝和分散程度可以在图 3-14(c) 和图 3-14(d) 之间的相互转化,加入分散剂可使颗粒变细,絮凝程度降低;加钙盐则使颗粒变粗,聚凝程度提高。

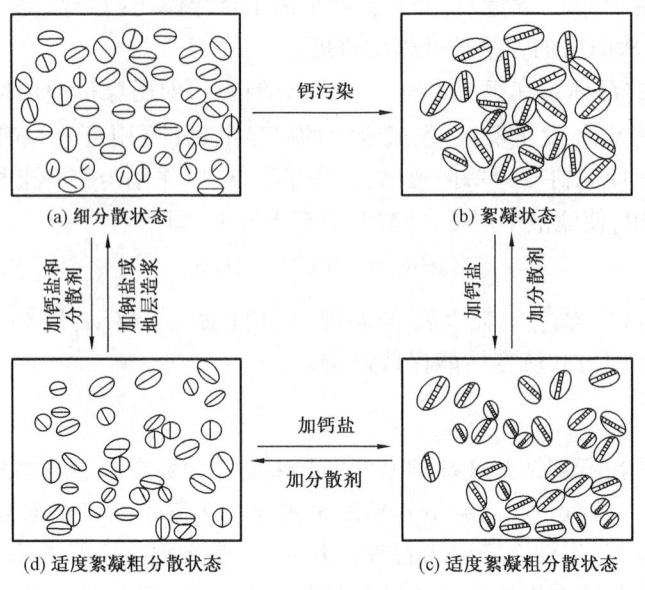

图 3-14 钻井液不同分散状态示意图

2. 钙处理钻井液的配制

(1) 取配制好的淡水基浆 400mL,将占钻井液体积(mL)0.3% 的 Na-CMC(g)加入淡水基浆中,在低速搅拌机上搅拌 20min;

(2) 向钻井液中加入 0.5% 的 SMK 或 SMT 处理剂,高速搅拌 15min,即配制成细分散钻井液体系。

(3) 取 400mL 细分散钻井液,然后再按钻井液体积(mL)的 0.3% 加入 $Ca(OH)_2$,在低速搅拌机上搅拌 15min,即配制成钙处理钻井液体系。

三、拓展知识

1. 石灰钻井液的推荐配方与性能

石灰钻井液推荐配方和性能指标见表 3-12。按照石灰用量及 pH 值的不同,常将石灰钻井液分为高石灰钻井液和低石灰钻井液。当遇到有盐、钙污染或在造浆地层钻进时,经常用高石灰钻井液;高石灰钻井液在高温下会发生固化,钻井液急剧变稠,失去流动性,因此在深井的深部井段钻进时,宜使用低石灰钻井液。国外使用这种钻井液曾钻至井深 4850m。

表 3-12 石灰钻井液的推荐配方及性能

配方		性能	
材料名称	加量,kg/m³	项目	指标
膨润土	80~150	密度,g/cm³	1.15~1.20
纯碱	4~7.5	漏斗黏度,s	25~30
磺化栲胶	4~12	静切力,Pa	0~1.0 或 1.0~4.0
铁铬盐	6~9	API 滤失量,mL	5~10
石灰	5~15	HTHP 滤失量,mL	<20

续表

配方		性能	
材料名称	加量,kg/m³	项目	指标
CMC 或淀粉	5~9	滤饼厚度,mm	0.5~1.0
NaOH	3~8	pH 值	11~12
过量石灰	10~15	含砂量,%	<1.0

2. 石膏钻井液的推荐配方与性能

石膏钻井液的推荐配方及性能指标见表3-13。

表3-13 石膏钻井液的推荐配方及性能

配方		性能	
材料名称	加量,kg/m³	项目	指标
膨润土	80~130	密度,g/cm³	1.15~1.20
纯碱	4~6.5	漏斗黏度,s	25~30
磺化栲胶	视需要而定	静切力,Pa	0~1.0 或 1.0~5.0
铁铬盐	12~18	API 滤失量,mL	5~8
石膏	12~20	HTHP 滤失量,mL	<20
CMC	3~4	滤饼厚度,mm	0.5~1.0
NaOH	2~4.5	pH 值	9~10.5
重晶石	视需要而定	含砂量,%	0.5~1.0

除以铁铬盐为主要分散剂的石膏钻井液外,我国还成功地研制出一种由褐煤、烧碱、单宁、纯碱和水组成的混合剂作为分散剂的石膏钻井液。此钻井液的性能稳定,在四川地区推广应用后,取得了较好的防塌效果。

3. 褐煤—氯化钙钻井液的典型配方及性能

我国四川地区常用的褐煤—氯化钙钻井液典型配方及性能指标见表3-14。

表3-14 褐煤—氯化钙钻井液的典型配方及性能

配方		性能	
材料名称	加量,kg/m³	项目	指标
膨润土	80~130	密度,g/cm³	1.15~1.20
纯碱	3~5	漏斗黏度,s	18~24
褐煤碱液	500 左右	静切力,Pa	0~1.0 或 1.0~4.0
$CaCl_2$	5~10	API 滤失量,mL	5~8
CMC	3~6	滤饼厚度,mm	0.5~1.0
重晶石	视需要而定	pH 值	9~10.5

4. 钾石灰井液

(1)基本组成:KOH(或 K_2CO_3)、石灰、聚合物、SMP-1、磺化沥青等。

(2)特点:利用钾、钙离子抑制泥页岩水化膨胀,磺化沥青和磺化酚醛树脂封堵层理裂缝。

(3)典型配方:膨润土浆 + 1%FCLS + 0.8%石灰 +1%K_2CO_3 +0.1%MA-871 +1.5%磺化沥青 +1.5%SMP-1 +1%HUC +2%超细碳酸钙 +20%KOH(将pH值调至10.5)。其中,HUC是主要成分为腐殖酸树脂的水基钻井液抗高温降滤失剂。

(4)适用范围:层理裂隙发育的中深井段泥页岩层。

任务7　聚合物钻井液的配制

(1)掌握聚合物钻井液的概念和特点;
(2)掌握聚合物钻井液的类型;
(3)会进行聚合物钻井液的配制。

一、基础知识

聚合物钻井液是20世纪70年代初发展起来的一种钻井液体系。广义地讲,凡是使用线型水溶性聚合物作为处理剂的钻井液体系都可称为聚合物钻井液。但通常是将聚合物作为主处理剂或主要用聚合物调控性能的钻井液体系称为聚合物钻井液。

1.聚合物钻井液的发展概况

钻井液的固相含量是影响钻井速度的一个主要因素,尤其是低密度固体的含量对钻速影响更大,聚合物钻井液最初是为提高钻井效率开发研究的。1958年首次应用了聚合物絮凝剂聚丙烯酰胺,实现了清水钻井,大大提高了钻速,但存在携带钻屑能力差、滤失量大、影响井壁稳定等缺点,不能广泛使用,只能用于地层特别稳定的浅层井段。1960年,发现部分水解聚丙烯酰胺和醋酸乙烯酯—马来酸酐共聚物具有选择性絮凝作用,对钻屑的分散具有良好的抑制能力,其处理过的钻井液体系中亚微米颗粒含量明显低于其他类型的水基钻井液,形成了不分散低固相聚合物钻井液体系,在提高钻井速度和降低钻井成本等方面效果显著。不分散低固相聚合物钻井液技术被列为20世纪70年代初钻井工艺最有影响的新进展之一。70年代后期发展了聚合物与无机盐(主要是氯化钾)配合的钻井液体系,对水敏性地层的防塌效果显著。

聚合物处理剂的发展也很快,除带阴离子基团的处理剂外,又研发出阳离子聚合物和两性离子聚合物处理剂,使聚合物钻井液体系不断发展。根据聚合物处理剂的离子特性,可将聚合物钻井液分为阴离子聚合物钻井液、阳离子聚合物钻井液和两性离子聚合物钻井液。

2.聚合物钻井液的特点

室内实验和现场应用表明,与其他水基钻井液相比,聚合物钻井液具有如下特点:

(1)固相含量低,具有良好的流变性,钻井速度高。聚合物处理剂选择性絮凝和抑制岩屑分散作用,使聚合物钻井液固相含量低,亚微米颗粒比例小。

（2）具有较好的流变性、较高的动切力、较低的塑性黏度；在高剪切作用下，桥联作用被破坏，黏度和切力降低，所以聚合物钻井液具有较高的剪切稀释作用；具有较低的 n 值和良好的触变性。

（3）钻井速度高，聚合物钻井液悬浮和携带岩屑的效果好，可有效地减少钻屑的重复破碎，使钻头进尺明显提高。

（4）稳定井壁能力较强，井径比较规则。聚合物可有效地抑制岩石的水化分散作用，合理地控制钻井液的流型，减少对井壁的冲刷。在易坍塌地层，通过适当提高钻井液的密度和固相含量，可取得良好的防塌效果。

（5）对油气层的损害小，有利于发现和保护产层。聚合物钻井液的密度低，可实现近平衡压力钻井；固相含量少，可减轻固相的侵入，因而减小了损害程度。

（6）可防止井漏发生。对于不十分严重的渗透性地层，采用聚合物钻井液可使漏失程度减轻甚至完全停止。聚合物钻井液的固相含量比其他类型钻井液的固相含量低，在不使用加重材料的情况下，钻井液的液柱压力小，从而降低了产生漏失的压力。当遇到较大的裂缝时，可向钻井液中加入水解度较高（50%~70%）的 PHP 来提高钻井液黏度，并适当提高钻井液的 pH 值，可使漏失停止。这种堵漏措施不影响钻进，因而常形象地称为"随钻堵漏"。当遇到严重漏层时，可同时将泥砂混杂的粗钻井液与聚合物强絮凝剂溶液混合挤入漏层，利用聚合物的强絮凝作用使粗钻井液完全絮凝，被分离出的清水很快漏走，絮凝物则可留下来堵塞漏层。这种方法称为聚合物絮凝堵漏。

（7）钻井成本低。由于聚合物钻井液的处理剂用量较少，钻井速度高，缩短了完井周期，因此可大幅度降低钻井总成本。

以上所述的聚合物钻井液的特点，只是相对于其他常规钻井液而言的。聚合物钻井液的性能也不是尽善尽美的，在现场应用中也遇到一些问题，还需要进一步研究解决。最早应用的阴离子聚合物钻井液在现场易出现的问题是：当钻速太快时，无用固相不能及时清除，难以维持低固相，在强造浆井段尤其如此；对一些强分散地层，有时抑制能力也显得不足，此时钻井液的流变性变得难以控制，如剪切应力太高，导致钻屑更不容易清除，产生恶性循环，不得不加入分散剂降低钻井液结构强度，以改善流动性，这将以部分损害聚合物钻井液的优良性能为代价。后来发展起来的两性复合离子聚合物钻井液和阳离子聚合物钻井液在抑制性和流型调节方面得到了进一步改善。

3. 聚合物处理剂的主要作用机理

1）桥联与包被作用

聚合物在钻井液中颗粒上的吸附是其发挥作用的前提。当一个高分子同时吸附在几个颗粒上，而一个颗粒又可同时吸附几个高分子时，就会形成网架结构，聚合物的这种作用称为桥联作用。当高分子链吸附在一个颗粒上，并将其覆盖包裹时，称为包被作用。桥联和包被是聚合物在钻井液中的两种不同的吸附状态。实际体系中，这两种吸附状态不可能严格分开，一般会同时存在，只是以其中一种状态为主而已。吸附状态不同，产生的作用也不同，如桥联作用易导致絮凝和增黏等，而包被作用对抑制钻屑分散有利。

2）絮凝作用

当聚合物在钻井液中主要发生桥联吸附时，会将一些细颗粒聚结在一起形成粒子团，这种作用称为絮凝作用，相应的聚合物称为絮凝剂。形成的絮凝块易于靠重力沉降或固控设备清除，有利于维持钻井液的低固相。所以，絮凝作用是钻井液实现低固相和不分散的关键。

根据絮凝效果和对钻井液性能的影响，絮凝剂又可分为两类：一是全絮凝剂，能同时絮凝钻屑、劣质土和蒙脱石，如非离子型聚合物 PAM（聚丙烯酰胺）；二是选择性絮凝剂，只絮凝钻屑和劣质土，不絮凝蒙脱石，如离子型聚合物 PHPA（部分水解聚丙烯酰胺）、VAMA（顺丁烯二酸酐—醋酸乙烯酯共聚物）。当絮凝剂能提高钻井液黏度时，称为增效型选择性絮凝剂，而对黏度影响不大时称为非增效型选择性絮凝剂。

选择性絮凝的机理是：钻屑和劣质土颗粒的负电性较弱，蒙脱石的负电性较强，选择性絮凝剂也带负电，由于静电作用易在负电性弱的钻屑和劣质土上吸附，通过桥联作用将颗粒絮凝成团块而易于清除；而在负电性较强的蒙脱石颗粒上吸附量较少，同时由于蒙脱石颗粒间的静电排斥作用较大而不能形成密实团块，桥联作用所形成的空间网架结构还能提高蒙脱石的稳定性。图 3-15 为完全絮凝和选择性絮凝示意图。

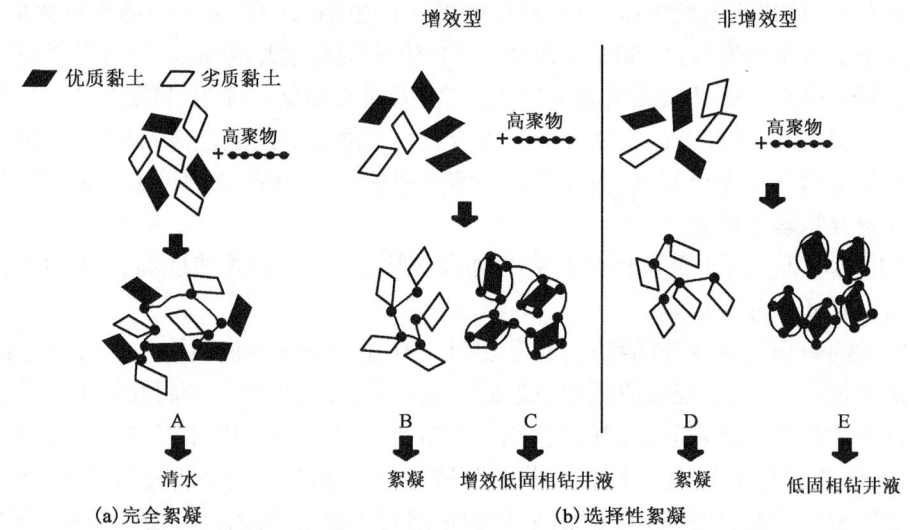

图 3-15　完全絮凝和选择性絮凝示意图
A—高聚物将全部颗粒连接在一起并絮凝；B—劣质黏土连接在一起并絮凝；
C—优质黏土连接在一起而不絮凝；D—劣质黏土连接在一起并絮凝；
E—高聚物将每个优质黏土颗粒连接起来而不絮凝

3）增黏作用

增黏剂多用于低固相和无固相水基钻井液，以提高悬浮力和携带力。增黏作用的机理有两个：一是游离（未被吸附）聚合物分子能增加水相的黏度，二是聚合物的桥联作用形成的网架结构能增强钻井液的结构黏度。常用的增黏剂有相对分子质量较高的 PHPA 和高黏度型羧甲基纤维素（CMC）等。

4）降滤失作用

钻井液滤失量的大小主要决定于滤饼的质量（渗透率）和滤液的黏度，降滤失作用主要是通过降低滤饼的渗透率来实现的。聚合物降滤失剂的作用机理主要有以下几个方面。

（1）保持钻井液中粒子合理的粒度分布，使滤饼致密。聚合物降滤失剂通过桥联作用与黏土颗粒形成稳定的空间网架结构，对体系中存在的一定数量的细颗粒起保护作用，在井壁上可形成致密的滤饼,从而降低滤失量。有时为了使体系中固体颗粒具有合理的粒度分布,可加入超细的惰性物质(如 $CaCO_3$)来改善滤饼质量。另外,网架结构可包裹大量自由水,使其不能自由流动,有利于降低滤失量。

(2)提高黏土颗粒的水化程度。聚合物降滤失剂分子中都带有水化能力很强的离子基团,可增厚黏土颗粒表面的水化膜,在滤饼中这些极化水的黏度很高,能有效地阻止水的渗透。

(3)聚合物降滤失剂的分子大小在胶体颗粒的范围内,本身可对滤饼起堵孔作用,使滤饼致密。

(4)聚合物降滤失剂可提高滤液黏度,从而降低滤失量。

5)抑制与防塌作用

聚合物在钻屑表面的包被吸附是阻止钻屑分散的主要原因,包被能力越强,对钻屑分散的抑制作用也越强。

聚合物具有良好的防塌作用,其原因有以下两个方面:一是长链聚合物在泥页岩井壁表面发生多点吸附,封堵微裂缝,可阻止泥页岩剥落;二是聚合物浓度较高时,在泥页岩井壁上形成较为致密的吸附膜,可阻止或减缓水进入泥页岩,对泥页岩的水化膨胀有一定的抑制作用。

6)降黏作用

聚合物钻井液的结构主要由黏土颗粒与黏土颗粒、黏土颗粒与聚合物和聚合物与聚合物之间的相互作用组成,降黏剂就是通过拆散这些结构中的部分结构而起降黏作用的。降黏作用的机理主要有以下两个方面:

(1)降黏剂可吸附在黏土颗粒带正电荷的边缘上,使其转变成带负电荷,同时形成厚的水化层,从而拆散黏土颗粒间以端—面、端—端连接而形成的结构,放出包裹着的自由水,降低体系的黏度。同时,降黏剂的吸附还可提高黏土颗粒的 ζ 电位,增强颗粒间的静电排斥作用,从而削弱其相互作用。

(2)近期研究发现,当相对分子质量较低的聚合物降黏剂(如 SSMA、VAMA 等)与钻井液的主体聚合物(如 PHPA)形成氢键络合物时,因与黏土争夺吸附基团,可有效地拆散黏土与聚合物间的结构,同时能使聚合物形态收缩,减弱聚合物分子间的相互作用,从而具有明显的降黏作用。

综上所述,聚合物处理剂的作用机理与其他相对分子质量较低的处理剂的作用机理有共同之处,但也有很大的区别。通过对作用机理的深入研究,一方面可为今后新型处理剂的研制提供理论依据,另一方面对聚合物处理剂在现场的合理使用起重要的指导作用。

4. 阴离子聚合物钻井液

1)不分散低固相聚合物钻井液

不分散低固相聚合物钻井液具有密度低、压差小、钻速快、亚微米颗粒含量低(亚微米含量低于 10%,分散钻井液中亚微米颗粒含量高于 70%)、触变性好、剪切稀释性强的特点。此外,用高分子聚合物作处理剂时,具有较强的包被作用,对易塌的泥页岩具有保护和抑制作用,可以提高井眼的稳定性。不分散低固相钻井液体系密度低,可实现近平衡钻井,且黏土含量低,有利于维持产层渗透率,对油气层起保护作用。

所谓"不分散"具有两方面的含义:一是指组成钻井液的黏土颗粒尽量维持在 $1\sim30\mu m$;二是进入这种钻井液体系的钻屑不容易分散变细。所谓"低固相"是指低密度固相(主要指黏土矿物类)的体积分数在钻井工程允许的范围内维持到最低。不分散低固相聚合物钻井液要求达到的性能指标如下：

(1)固相含量(主要指低密度的黏土和钻屑,不包括重晶石)应维持在4%(体积分数)或更小,大约相当于密度小于1.06g/cm³。

(2)钻屑与膨润土的比例不超过2:1。实践证明,虽然钻井液中的固相越少越好,但如果完全不要膨润土,则不能建立钻井液所必需的各项性能,特别是不能保证净化井眼所必需的流变性能,以及保护井壁和减轻储层污染所必需的造壁性能。所以,应含有一定量的膨润土,其加入量在保证建立上述各项钻井液所必需的性能前提下越低越好,一般认为不能少于1%,控制在1.3%~1.5%比较合适。

(3)动切力(Pa)与塑性黏度(mPa·s)之比控制在0.36~0.48,n值控制在0.4~0.7,满足低返速携岩要求,保证钻井液在环形空间实现平板型层流。

(4)非加重钻井液的动切力应维持在1.5~3Pa。动切力是钻井液携带钻屑的关键参数,为保证良好的携带能力,必须满足动切力的要求。对加重钻井液应注意保证重晶石的悬浮。

(5)滤失量控制应视具体情况而定。在稳定井壁的前提下,可适当放宽,以利于提高钻速;在易坍塌地层,应当从严;进入储层后,为减轻污染也应控制得低些。

(6)在整个钻井过程中应尽量不用分散剂。

比较理想的不分散低固相聚合物钻井液的典型性能参数见表3-15。

表3-15　不分散低固相聚合物钻井液的典型性能参数

密度 g/cm³	固相含量 g/L	膨润土含量 g/L	岩屑:膨润土	动切力 Pa	塑性黏度 mPa·s	动塑比 Pa/(mPa·s)
1.03	57.0	28.5	1:1	1.5	3	0.5
1.04	77.0	34.2	1.3:1	2.0	4	0.5
1.05	96.9	39.5	1.4:1	2.0	6	0.4
1.07	116.9	42.8	1.7:1	2.5	8	0.4
1.08	136.8	45.8	2:1	3.0	10	0.3

2)无固相聚合物钻井液

无固相聚合物钻井液又称清水钻井液,使用无固相聚合物钻井液可达到最高的钻速。

无固相聚合物钻井液基本组成是清水加聚丙烯酰胺、生物聚合物或多元乙烯基共聚物类絮凝剂、无机盐等。要实现无固相清水钻进,必须使用高效絮凝剂使钻屑始终保持不分散状态,在地面循环系统中发生絮凝而全部清除;要有提黏措施,能够按工程上的要求,实现平板型层流并能顺利地携带岩屑;要有一定的防塌措施,以保证井壁的稳定。生物聚合物和聚丙烯酰胺及其衍生物是配制无固相聚合物钻井液较理想的处理剂。

使用聚丙烯酰胺及其衍生物作为无固相聚合物钻井液处理剂,要求其相对分子质量应大于100万,最好超过300万,水解度应小于40%。非水解聚丙烯酰胺的优点是一旦絮凝就不容易再度分散;缺点是用量较大,提黏与防塌效果均较差。水解度在30%左右的PHP提黏与防塌效果均比非水解聚丙烯酰胺好,缺点是絮凝物的结构比较松散,对浓度敏感,浓度变大絮凝效果变差,尤其是遇到含蒙脱石较多的水敏性地层时,絮凝效果更差。为了克服水解产物的缺点,常在钻井液中加入适量无机离子,如钙盐、钾盐、铵盐和铝盐等。这些无机盐有助于黏土絮凝分散,同时可提高防塌能力。

3) 聚合物盐水钻井液

聚合物盐水钻井液体系包括饱和、非饱和及海水聚合物盐水钻井液,主要用在含盐膏的地层及海上钻井。

4) 聚合物加重钻井液

聚合物加重钻井液体系不能保证低固相所要求的性能指标,其维护要点是使用选择性絮凝剂包被钻屑,抑制分散,通过加强固控尽可能地清除钻屑。

适当稀释钻井液,便于清除钻屑,保持钻井液体积,应切忌加水过量,以免造成重晶石悬浮困难;根据钻速快慢,按需要补充选择性絮凝剂,调节加量使钻井液覆盖振动筛的 1/2~3/4;维持劣质土与膨润土之比在 3∶1 以下。

聚合物加重钻井液可以通过井浆转化或配制满足密度要求的新浆来实现。一般要求待加重钻井液的钻屑含量不超过 4%(体积分数),劣质土与膨润土之比接近 1∶1。

如果井浆性能符合要求,没有受到钻屑严重污染时,可按每 1816kg 重晶石配合加入 0.91kg 双功能聚合物或选择性聚合物的比例向井浆中加入重晶石,直到密度符合要求;再以 0.29kg/m³ 为单位,逐渐加入聚丙烯酸钠,调节动切力、静切力和滤失量,直到性能符合要求。

如果井浆的钻屑含量和劣质土与膨润土之比不符合要求,又不能经济地处理到满足要求,要重新配制不分散加重钻井液。首先要彻底清洗钻井液罐,按计算的初始体积重新加水,用纯碱或烧碱处理配浆水以除去其中的钙离子、镁离子;然后按每 227kg 膨润土配合加入 0.91kg 双功能聚合物的比例,加入膨润土和聚合物,直至膨润土加量达到要求;再按每 1816kg 重晶石配合加入 0.91kg 双功能聚合物或选择性聚合物的比例,加入重晶石和聚合物,直至达到所要求的密度;在加重过程中,加入 0.29~0.57kg/m³ 聚丙烯酸钠(一般在钻井液密度达到要求后再补加聚丙烯酸钠),直至将钻井液性能调节到适宜范围。

5. 阳离子聚合物钻井液

阳离子聚合物钻井液是 20 世纪 80 年代以来发展起来的一种聚合物钻井液体系。这种体系是以大阳离子作包被絮凝剂,小阳离子作泥页岩抑制剂,并配合降滤失剂、增黏剂、降黏剂、封堵剂和润滑剂等处理剂配制而成。

由于阳离子聚合物分子带有大量正电荷,在黏土或岩石上的吸附作用比阴离子聚合物强,阳离子聚合物还能中和黏土或岩石表面的负电荷,其絮凝能力和抑制岩石分散能力比阴离子聚合物强,可更好地实现低固相和保持井壁稳定;阳离子聚合物钻井液具有优良的流变性,性能比较稳定,维护间隔时间较长;在防止起下钻遇阻、遇卡及防泥包等方面具有较好效果;具有较好的抗高温、抗盐和抗钙、镁等高价金属阳离子污染的能力;具有较好的抗膨润土和钻屑污染的能力;与氯化钾—聚合物钻井液相比,它不会影响电测资料的解释。

6. 两性离子聚合物钻井液

以两性离子聚合物为主处理剂配制的钻井液称为两性离子聚合物钻井液,由于引入阳离子基团,聚合物分子在钻屑上的吸附能力增强,同时可中和部分钻屑的负电荷,因而具有较强的抑制钻屑分散的能力。在现场使用上,特别是对地层造浆比较严重的井段,可更好地达到聚合物钻井液不分散低固相的效果。

近年来,两性离子聚合物处理剂已在无固相盐水体系、低固相不分散体系、低密度混油体系、暂堵型完井液和高密度(高达 2.32g/cm³)盐水钻井液等体系中应用,均取得了良好的效果。目前,现场应用的两性离子聚合物处理剂主要有两种:一是降黏剂,商品名为 XY 系列;二是絮凝剂,也称强包被剂,商品名为 FA 系列。两性离子聚合物处理剂靠强包被作用提高抑制性,而不影响钻井液的其他性能,甚至会有所改善。

室内实验和现场应用均表明,两性离子聚合物钻井液具有以下特点:

(1)抑制性强,剪切稀释特性好,能防止地层造浆,抗岩屑污染能力较强,为实现不分散低固相创造了条件。

(2)用这种体系钻出的岩屑成形,棱角分明,内部是干的,易于清除,有利于充分发挥固控设备的效率。

(3)FA367 和 XY-27 与现有其他处理剂相容性好,可以配制成低、中、高不同密度的钻井液,用于浅、中、深不同井段。在高密度盐水钻井液中应用具有独特的效果。

(4)XY-27 加量少、降黏效果好、见效快、钻井液性能稳定的周期长,基本上解决了在造浆地层大冲大放的问题,减轻了工人的劳动强度,并可节约钻井成本,提高经济效益。但是,这种体系在使用中还存在着以下问题有待于解决:

①钻屑容量限尚不够大。当钻屑含量超过 20% 时,钻井液性能就明显变坏,因此对固控的要求仍很高。

②抗盐能力有限。由于受聚合物特性的限制,若矿化度超过 100000mg/L,钻井液性能就开始恶化。虽然现场已有用于饱和盐水钻井液的实例,但从性能和成本上考虑,并不十分理想。

二、操作技能

1. 不分散低固相聚合物钻井液现场配制

(1)清洗钻井液罐,配新浆应彻底清除罐底沉砂,向罐内加入足够量的水。

(2)用纯碱除去配浆水中的 Ca^{2+}。

(3)按以下配方配制基浆:17~23kg/m³ 的优质膨润土或用量相当的预水化膨润土浆,加 0.02kg/m³ 高分子聚合物作为絮凝包被剂,加入防塌降滤失剂(沥青制品或 CMC 等)。

(4)必要时,加入 0.3~1.5kg/m³ 的纯碱,使膨润土充分水化。

(5)测定新配制的基浆性能,并调整到表 3-16 所列的指标范围。

表 3-16　不分散低固相聚合物钻井液基浆性能

项　目	漏斗黏度 s	塑性黏度 mPa·s	动切力 Pa	静切力(初/终) Pa	API 滤失量 mL
指标	30~40	4~7	4	1~2/1~3	15~20

2. 阳离子聚合物钻井液现场配制

以南海北部湾地区阳离子聚合物海水钻井液体系为例说明。鉴于海上钻井主要采用海水配浆的情况,处理剂的选择应具有较强的抗盐、抗钙能力。经过室内的配方实验,选定了表 3-17 的阳离子聚合物海水钻井液配方。

表 3-17 阳离子聚合物海水钻井液配方

材　料	加量,kg/m³	材　料	加量,kg/m³	材　料	加量,kg/m³
优质膨润土	30~50	FCLS	1.5~2	大阳离子	2
烧碱	3~4.5	CMC-HV	2~4	小阳离子	2
纯碱	1~2	腐殖酸树脂	4~10	润滑剂	4~5
石灰	0.5~1	改性沥青	4~10	柴油	0~85

注:定向井中才添加柴油。

阳离子聚合物海水钻井液新浆配制方法如下:

(1)首先将膨润土预水化。在 1m³ 配浆淡水中,加入烧碱 1.5kg、纯碱 1.5kg、优质膨润土 75~85kg,经搅拌(不少于 6h)使膨润土充分水化分散。若配浆黏度过高,要加适量 FCLS(一般为 1.5%~3%),改善其流变性能。

(2)在钻井液池中注入配浆用海水,并按 1m³ 海水中加入烧碱 1.5kg、纯碱 1.5kg 预处理,按膨润土浆与经预处理的海水等体积充分混合均匀。

(3)将所需的石灰、FCLS、CMC-HV、小阳离子及大阳离子按先后顺序依次加入,并搅拌均匀,即可用作开钻时的钻井液。

(4)当用于钻坍塌层或深井时,则应在上述钻井液中再补加所需的 SPNH 及 FT-1。

(5)当用于钻定向井时,还需补加润滑剂及适量柴油。

(6)必要时可加重晶石提高钻井液的密度。

如果需将井浆(聚合物海水钻井液)直接转化成阳离子聚合物海水钻井液,可先将所需添加的阳离子聚合物海水钻井液,一次配成所需量储于罐内。再在井浆正常循环时缓慢均匀加入新配的阳离子聚合物海水钻井液,以防止混合时发生局部絮凝而影响流变性能。

三、拓展知识

1. 不分散低固相聚合物钻井液现场应用

1) 不分散低固相聚合物钻井液基本配方

我国许多油田都应用不分散低固相聚合物钻井液体系,其基本配方如下:膨润土为 30~80kg/m³,纯碱为 1.2~3.2kg/m³,NaOH 或 KOH 为 0.5~1.5kg/m³,降滤失剂(CMC 或 Ca-HPAN 或 PAC142 等)为 2~8kg/m³,增黏剂(HPH 或 PAC141 或 K-PAM 等)为 0.5~3kg/m³,降黏剂、固体降滤失剂(包括细碳酸钙或沥青制品等)、无机盐类(包括 KCl 或 NaCl)视需要而定。

不分散低固相聚合物钻井液的性能见表 3-18。

表 3-18 不分散低固相聚合物钻井液的性能

项　目	密度 g/cm³	漏斗黏度 s	API 滤失量 mL	滤饼厚度 mm	静切力(初/终) Pa	表观黏度 mPa·s
指标	<1.06	20~50	5~10	0.5~1.5	0.5~2/0.5~4	10~40
项　目	塑性黏度 mPa·s	动切力 Pa	含砂量 %	pH 值	n 值	动塑比
指标	3~10	1.5~3	0.1~0.5	7~10	0.4~0.8	0.3~0.5

2) 不分散低固相聚合物钻井液应用要点

(1) 为了维持钻井液体积和降低钻井液黏度以便于分离固相,要有控制地往体系中加水。钻进过程中要不断补充聚合物,以补充沉除钻屑时消耗的聚合物;维持 pH 值在 7~9。

(2) 为了维持低固相,在化学絮凝的同时,应连续使用除砂器、除泥器,适当使用离心机。每 5 根立柱掏一次振动筛下面的沉砂池,经常掏洗钻井液罐以清除沉砂,掏洗的次数根据钻速而定。

(3) 如果要求提高黏度,可使用膨润土和双功能聚合物,并通过小型试验确定其加量。

(4) 为了降低动切力、静切力和滤失量,可使用聚丙烯酸钠。应通过小型试验确定其加量或按 $0.3kg/m^3$ 的增量逐次加入,必要时加水稀释,直至性能达到要求。

(5) 如果要用不分散聚合物钻井液钻水泥塞,在开钻前先用 $1.4kg/m^3$ 的碳酸氢钠进行预处理;如果钻遇石膏层,应加入碳酸钠以沉除 Ca^{2+},但应注意防止处理过量。

(6) 如果钻遇高膨润土(高 MBT)地层,使用选择性絮凝剂比使用双功能聚合物的效果好。选择性絮凝剂不会使膨润土或高 MBT 地层黏土增效,因而不至于使黏度过高。

(7) 如果有少量盐水侵入,或者当钻遇膏盐层时,只要盐浓度不超过 10000mg/L,不分散聚合物钻井液可以继续使用。若超过此浓度,为了维持所要求的钻井液性能,需要加入预水化膨润土。在极端条件下,应转化为盐水钻井液。

不分散低固相聚合物钻井液适用于钻进层理裂隙不发育的易膨胀、强分散地层或不易膨胀、强分散、软的砂岩与泥岩互层,已下技术套管的低压储层等。

2. 聚合物盐水钻井液现场应用

1) 配方举例

(1) 海水 PF-PLUS 聚合物钻井液。

基本配方:预水化膨润土 $20~30kg/m^3$ + NaOH $1.5~3kg/m^3$ + Na_2CO_3 $1~2kg/m^3$ + PAC-HV(高黏聚阴离子纤维素)$3~5kg/m^3$ + PF-FLO(淀粉类降滤失剂)$5~10kg/m^3$ + XC 生物聚合物 $1~2kg/m^3$ + PF-PLUS(水基阳离子聚合物)$3~5kg/m^3$ + KCl $30~50kg/m^3$。该体系适用于中下部井段、地层水敏性强及井下复杂井作业。

(2) 聚合醇生物聚合物饱和盐水钻井液。

基本配方:2%~4% 钠膨润土 + 0.2%~0.3% NaOH + 1%~2% 改性淀粉 + 0.3%~0.4% CMC-HV + 3%~5% 抗盐土 + 30%~35% NaCl + 0.1%~0.2% XC 生物聚合物 + 2%~3% 聚合醇。该体系可用于盐膏层发育、断层多、地层变化复杂,地下能量低,油层压力系数低的特殊油田的大斜度井段、侧钻井段及水平井段钻井。

2) 现场应用要点

黏土在盐水中不易分散,该体系最主要问题是滤失量较大,通常采用抗盐黏土或预水化膨润土,钻井前将膨润土粉预先用淡水充分分散,并加入足够的纯碱使钙土转化成钠土。然后加入聚合物处理剂(如水解聚丙烯腈、聚丙烯酸盐及 CMC 钠盐等)使钻井液性能保持稳定。再加入盐水时,滤失量的升幅会得到适当控制。在钻穿石膏层或其他盐层时,预先向钻井液中加入碳酸氢钠或纯碱来抵抗阳离子的聚沉作用。对滤失量要求高的井,也可以考虑加入适当的有机分散剂协助降低滤失量。

采用耐盐的降滤失剂。目前耐盐较好的降滤失剂有聚丙烯酸钙、磺化酚醛树脂、醋酸乙烯和丙烯酸酯的共聚物及 CMC 钠盐等。

对海水进行预处理所用的药剂种类及用量都要根据水型及含盐量而定。一般含 Mg^{2+} 多的水用 NaOH 处理，含 Ca^{2+} 多的水用 Na_2CO_3 处理。

3. 阳离子聚合物钻井液现场应用

1) 基本配方

大庆油田进行的硅基阳离子水基钻井液水平井钻井实验，其基本配方为：5% 膨润土 + 0.05% 碳酸钠 + 0.5% ~ 1.0% 阳离子聚合物 + 0.2% ~ 0.5% 含硅基抑制剂 + 1.5% ~ 2.5% 润滑剂 + 8% ~ 12% 矿物油 + 0.2% ~ 0.5% 稀释剂 + 1.5% ~ 2.0% 降滤失剂 + 0.2% ~ 0.5% 表面活性剂 + 1.0% ~ 2.0% 油层保护剂 + 0.1% ~ 0.2% 流型调节剂 + 重晶石粉。

室内实验不同井深钻井液的流变性能见表 3 – 19。

表 3 – 19　不同井深钻井液的流变性能

井深 m	密度 g/cm³	黏度 s	失水量 mL	剪切应力（初/终） Pa	动切力 Pa	塑性黏度 mPa·s
836	1.30	40	5.2	2.5/4.0	8	15
1156	1.36	52	2.2	4.5/6.0	13.5	26
1390	1.32	66	1.4	5.0/7.0	16	33
1550	1.35	64	1.0	5.0/7.0	16	34
1780	1.35	63	1.0	6.0/8.0	17	36
1893	1.35	62	1.0	5.5/7.5	16	35
2030	1.35	63	1.0	5.5/7.0	18	37

2) 现场应用要点

(1) 保持钻井液中大、小阳离子处理剂浓度。为了有效地抑制页岩水化分散，防止地层垮塌，钻井液中应保持大、小阳离子处理剂的质量分数不低于 0.2%，并随钻井过程中的消耗及时补充。当钻井液中固相含量偏高时，加入小阳离子会引起黏度增加，应先加少量降黏剂，以改善钻井液的流变性能。当同时添加大、小阳离子处理剂时，应在第一循环周加入一种阳离子处理剂进行处理，下一循环周加入另一种阳离子处理剂进行处理，以避免发生絮凝结块现象。粉状处理剂最好预先配成溶液再使用。

(2) 正常钻进时，为了保证钻井液性能均匀稳定，应预先配好一池处理剂溶液和预水化膨润土浆。当钻井液因地层造浆而影响黏度时，可添加处理剂溶液，以补充钻井液中处理剂的消耗，同时又起到降低固相含量的作用。当地层不造浆、钻井液中膨润土含量不足时，应同时补充预水化膨润土浆，以保证钻井液中有足够浓度的胶体颗粒，改善滤饼质量和提高洗井能力。

(3) 现场应配备良好的固控设备，振动筛应尽可能使用细目筛布，除砂器和除泥器应正常工作，加重钻井液应配备清洁器。良好的固相控制是用好阳离子聚合物钻井液的必要条件，也是减少钻井液材料消耗、降低钻井液成本的最好办法。

4.两性离子聚合物钻井液现场应用

1)基本配方

基本配方1:4%膨润土浆+0.1%~0.3%FA-367+0.05%~0.2%XY-27+1%~3%磺化沥青类产品。

基本配方2:6%预水化膨润土浆+0.3%FA-367+0.4%XY-27+0.3%JT-41。

两性离子聚合物钻井液性能见表3-20。

表3-20 两性离子聚合物钻井液性能

密度 g/cm³	pH值	API滤失量 mL	HTHP滤失量 mL	漏斗黏度 s	表观黏度 mPa·s	塑性黏度 mPa·s	动切力 Pa	动塑比	卡森黏度 mPa·s
1.04	9	10	20	47	23	16	7	0.44	9.9

2)现场应用要点

两性离子聚合物钻井液在使用和维护方面应特别注意以下两点:一是FA-367的质量分数应达到0.3%以上,以防止井塌;二是应尽力控制滤失量在8mL以下,滤饼要坚韧致密,在此前提下调节其他性能。此外,以下经验也值得借鉴:

(1)应以维护为主,处理为辅,坚持用胶液等维护,避免大处理。

(2)以性能正常为原则,调节FA-367和XY-27的比例。加重钻井液可以不加FA-367。

(3)非加重钻井液的胶液比例为:H_2O∶FA-367∶XY-27=100∶1∶0.5。遇强造浆地层,XY-27的量应加倍。

(4)加重钻井液的胶液比例为:H_2O∶XY-27∶SK-1(或PACl41)=100∶2.5∶2.5。密度超过2.0g/cm³时,处理剂用量应加倍。

(5)最大限度地用好固控设备是本体系优化钻井的关键环节。

(6)pH值应控制在8~8.5。当pH值大于9后,XY-27的降黏效果会下降。

任务8 抗高温深井水基钻井液的配制

学习目标

(1)了解高温对深井水基钻井液性能的影响;
(2)掌握抗高温深井水基钻井液处理剂的作用原理;
(3)熟悉常用抗高温深井水基钻井液体系。

一、基础知识

石油是不可再生的优质资源。随着石油工业的发展和对石油需求的不断增长,油气勘探开发的难度必然越来越大,其中一个重要的表现就是井越钻越深。按国际上钻井行业比较一致的划分标准,井深在4572m(15000ft)以上的井称为深井,6096m(20000ft)以上的井称为超深井。井越深,技术难度越大,国际上通常将钻探深度及深井钻速作为衡量钻井技术水平的重要

标志。

我国第一口深井是1966年钻成的大庆松基6井,完钻井深4718m;第一口超过6000m的井是1976年钻成的女基井,完钻井深6011m;第一口井深超过7000m的井是1977年钻成的关基井,完钻井深7175m;目前我国最深的井是塔深1井,于2006年7月钻成,完钻井深8408m。

由于井深增加,井底处于高温和高压条件下,钻进井段长而且有大段裸眼,还要钻穿许多复杂地层,作业条件比一般井要苛刻得多,对钻井液的性能也提出了更高的要求。在高温条件下,钻井液中的各种组分均会发生降解、发酵、增稠及失效等变化,从而使钻井液的性能发生剧变,并且不易调整和控制,严重时会导致钻井作业无法正常进行;而伴随着高的地层压力,钻井液必须具有很高的密度(常在2.08g/cm^{3}以上),从而造成钻井液中固相含量很高,发生压差卡钻、井漏、井喷等井下复杂情况的可能性增大,欲保持钻井液良好的流变性和较低的滤失量也更加困难。钻井实践表明,钻井液的性能对于确保深井和超深井的安全、快速钻井起着十分关键的作用。常用的深井钻井液有水基和油基钻井液两大类,目前国内主要使用水基钻井液钻深井和超深井。

1. 高温对深井水基钻井液性能的影响

7000m以上的深井,井温可达200℃以上,压力可达150~200MPa。由于水的可压缩性相对较小,故压力对水基钻井液的密度及其他性能,如流变性、滤失造壁性等均无明显的影响。但是,温度的影响却十分显著,深井水基钻井液的主要问题是抗高温。

1)高温对钻井液中黏土的影响

(1)高温分散。

高温使黏土颗粒的热运动加剧,增强了水分子渗入黏土晶层内部的能力,高温使黏土表面的阳离子扩散能力增强,ζ电位升高。在高温作用下,钻井液中黏土颗粒的进一步分散,对钻井液的流变性有很大的影响。虽然钻井液液相黏度随温度升高而降低,但高温分散作用使钻井液中黏土颗粒浓度增加,从而造成钻井液的黏度和切力升高。通常,高温下钻井液的黏度高于常温下钻井液的黏度,如果升温后再逐渐降低温度,黏度随温度降低的幅度比温度升高时黏度增加的幅度小,说明高温分散作用是一种不可逆的变化。黏土含量越高,高温分散作用越强,这种不可逆变化越明显。

影响高温分散的因素主要包括黏土的种类,在常温下越容易水化的黏土,高温分散作用也越强;温度越高,作用时间越长,高温分散也就越显著;由于OH$^-$的存在有利于黏土的水化,因此,高温分散作用随pH值升高而增强;Ca^{2+}、Mg^{2+}、Al^{3+}、Cr^{3+}、Fe^{3+}等高价无机阳离子的存在,不利于黏土水化,对黏土高温分散具有抑制作用。

(2)高温胶凝。

高温分散引起的钻井液高温增稠与钻井液中黏土含量密切相关。当黏土含量大到某一数值时,钻井液在高温下会丧失流动性而形成凝胶,丧失其热稳定性,性能受到破坏。在现场常表现为井口钻井液性能不稳定,黏度和切力上升很快,处理频繁,且处理剂用量大。因此,预防钻井液高温胶凝是深井钻井液的一项关键技术。目前有两项措施可有效预防高温胶凝的发生:一是使用抗高温处理剂抑制高温分散,二是将钻井液中的黏土(特别是膨润土)含量控制在其容量限以下。实验表明,只有当黏土含量超过了容量限,才有可能发生高温胶凝,低于此容量限时,钻井液只发生高温增稠。因此,对于高温深井水基钻井液,在使用中必须将黏土的实际含量严格控制在其容量限以内。

2）高温对钻井液处理剂的影响

井下高温除对钻井液中的黏土造成影响外，还会使某些处理剂降解或交联，影响钻井液性能。

(1) 高温降解。

高聚物受高温作用而导致其主链断裂或官能团与主链连接键断裂，前一种情况会降低处理剂的相对分子质量，失去高聚物的特性；后一种情况则会降低处理剂的亲水性，使其抗污染能力和效能减弱。

任何高聚物在高温下均会发生降解，影响高温降解的主要因素是处理剂的分子结构。如果处理剂分子中含有易被氧化的键，则容易发生高温降解。例如，在高温下含醚键的化合物就比以碳—碳、碳—硫和碳—氮连接的化合物更容易降解。此外，高温降解还与钻井液的 pH 值以及剪切作用等因素有关，高 pH 值往往会促进降解的发生，强烈的剪切作用也会加剧分子链的断裂。

高温降解是导致处理剂失效的一个主要原因。通常是用处理剂在水溶液中发生明显降解时的温度来表示其抗温能力。一些常用钻井液处理剂的抗温能力见表 3 – 21。降解温度与 pH 值、矿化度、剪切作用、含氧量以及细菌的种类与含量等多种外界条件有关，表中数据是相对的、有条件的，各文献、资料中所列数据也不尽相同。

表 3 – 21　一些常用钻井液处理剂的抗温能力

处理剂名称	抗温能力，℃	处理剂名称	抗温能力，℃
单宁酸钠	130	栲胶碱液	80 ~ 100
铁铬盐	130 ~ 180	CMC	140 ~ 180
腐殖酸衍生物	180 ~ 200	磺甲基单宁	180 ~ 200
磺甲基褐煤	200 ~ 220	磺甲基酚醛树脂	200
水解聚丙烯腈	200 ~ 230	淀粉及其衍生物	115 ~ 130

处理剂的抗温能力与其处理的钻井液的抗温能力是紧密相关而又不相同的两个概念。处理剂抗温能力是就单剂而言，而钻井液一般是由配浆土、多种处理剂、钻屑和水组成的复杂体系，其抗温能力是指该体系失去热稳定性时的最低温度。显然除与各种处理剂的抗温能力有关外，钻井液的抗温能力还取决于各种组分之间的相互作用。

高温降解会给钻井液性能造成很大影响。稀释剂降解会使钻井液增稠、胶凝甚至固化，增稠剂降解会使钻井液减稠，降滤失剂降解会使钻井液滤失量增大。因此，处理剂热降解对钻井液性能的影响涉及所有方面。

(2) 高温交联。

在高温作用下，处理剂分子中存在的各种不饱和键和活性基团会使分子之间发生反应，彼此相互连接，从而使相对分子质量增大。例如，腐殖酸及其衍生物、栲胶类和合成材料类等处理剂的分子中含有可供发生交联反应的官能团和活性基团，改性及合成产品中还往往残存着一些交联剂（如甲醛等），在高温作用下都会导致高温交联。

高温交联可以看作是高温降解的相反作用，适当交联，适度增大处理剂的相对分子质量，可抵消高温降解的破坏作用，甚至可能使处理剂进一步改性增效。比如，在高温下磺化褐煤与磺化酚醛树脂复配使用时，其降滤失效果要比单独使用时的效果好得多，表明交联作用有利于改善钻井液性能。但是,如果交联过度,形成体形网状结构,则会导致处理剂水溶性变差,甚至失去水溶性而使处理剂完全失效。这种情况下,必然破坏钻井液的性能,严重时整个体系变成凝胶,丧失流动性。

3) 高温对处理剂与黏土相互作用的影响

(1) 高温解吸附作用。

在高温条件下,处理剂在黏土表面的吸附作用会明显减弱,其原因主要是分子热运动加剧。高温解吸附会直接影响处理剂的护胶能力,从而使黏土颗粒更加分散,严重影响钻井液的热稳定性和其他各种性能,常常表现出高温滤失量剧增,流变性失去控制。

处理剂在黏土表面的吸附与解吸附是一个可逆过程。一旦温度降低,处理剂又会被黏土颗粒吸附,钻井液性能也会相应地得以恢复。

(2) 高温去水化作用。

在高温条件下,黏土颗粒表面和处理剂分子中亲水基团的水化能力会有所降低,使水化膜变薄,从而导致处理剂的护胶能力减弱。去水化作用的强弱程度除与温度有关外,还取决于亲水基团的类型。凡通过极性键或氢键水化的基团,高温去水化作用一般较强;而由离子基水化形成的水化膜,高温去水化作用相对较弱。

高温去水化使处理剂的护胶能力减弱,常导致滤失量增大,严重时会促使高温胶凝和高温固化等现象的发生。

4) 高温引起的钻井液性能变化

高温所引起的钻井液性能变化可归纳为不可逆的性能变化和可逆的性能变化。

(1) 不可逆的性能变化。

由黏土颗粒高温分散和处理剂高温降解、高温交联而引起的高温增稠、高温胶凝、高温固化、高温减稠以及滤失量上升、滤饼增厚等均属于不可逆的性能变化。

一般来讲,高温增稠是高温分散所导致的结果,其程度与黏土性质和含量有密切的关系;如果黏土含量超过容量限,在高温分散和高温去水化作用下,相距很近的片状黏土颗粒会彼此连接起来,形成布满整个容积的连续网架结构,即形成凝胶;在发生高温胶凝的同时,如果在黏土颗粒相结合的部位生成水化硅酸钙,则会进一步固结成型,发生高温固化,如高 pH 值的石灰钻井液发生固化的最低温度为 130℃。

当钻井液中黏土的土质较差而含量又较低时,会出现高温减稠现象。此时,尽管仍有黏土高温分散等导致钻井液增稠的因素,但高温所引起的钻井液滤液黏度降低以及固相颗粒热运动加剧使颗粒间内摩擦作用减弱,也会造成钻井液表观黏度降低。

在高温下某种钻井液的性能究竟会出现什么变化,主要取决于黏土类型及其含量、高价金属离子类型及其浓度、pH 值、处理剂抗温能力,以及温度的高低与作用时间等。搞好固相控制,尽可能降低固相含量,防止膨润土超量使用,对于维持深井水基钻井液性能十分重要。

(2) 可逆的性能变化。

由高温解吸附、高温去水化以及正常的高温降黏作用而引起的钻井液滤失量增大、黏度降低等均属于可逆的性能变化。

一般来讲,不可逆的性能变化关系到钻井液的热稳定性;可逆的性能变化则反映钻井液从井口到井底,然后再返回到井口这个循环过程中的性能变化。对于抗高温深井水基钻井液,必须同时考虑这两个方面的问题。研究钻井液不可逆的性能变化,需要模拟井下温度,用滚子加热炉对钻井液进行滚动老化,然后冷却至室温,评价高温后的性能;研究钻井液可逆的性能变化,则需要使用专门仪器测定其在高温高压下的流变性和滤失量,评价其高温条件下的性能。

2. 抗高温深井水基钻井液处理剂作用原理

1) 对处理剂的一般要求

根据高温对钻井液处理剂性能的影响,可归纳出对抗高温深井水基钻井液处理剂的一般要求是:

(1) 高温稳定性好,在高温条件下不易降解。
(2) 对黏土颗粒有较强的吸附能力,受温度影响小。
(3) 有较强的水化基团,使处理剂在高温下有良好的亲水特性。
(4) 能有效地抑制黏土的高温分散作用。
(5) 在有效加量范围内,抗高温降滤失剂不得使钻井液严重增稠。
(6) 在pH值较低(7~10)时也能充分发挥其效力,有利于控制高温分散,防止高温胶凝和高温固化现象的发生。

2) 处理剂的分子结构特征

(1) 为了提高热稳定性,处理剂分子主链的连接键,以及主链与亲水基团的连接键应为C—C、C—N和C—S等键,应尽量避免分子中有易氧化的醚键和易水解的酯键。

(2) 为了使处理剂在高温下对黏土表面有较强的吸附能力,常在处理剂分子中引入Cr^{3+}、Fe^{3+}等高价金属阳离子,使之与有机处理剂形成络合物,如铬—腐殖酸钠和铁铬盐等。其目的是用这些高价金属阳离子作为吸附基,它们在带负电荷的黏土表面上可发生牢固而受温度影响较小的静电吸附。与此同时,高价金属阳离子的引入对抑制黏土颗粒的高温分散也会起相当大的作用。

(3) 为了尽量减轻高温去水化作用,处理剂分子中的主要水化基团应选用亲水性强的离子基,如磺酸基($—SO_3^-$)、磺甲基($—CH_2SO_3^-$)和羧基($—COO^-$)等,以保证处理剂吸附在黏土颗粒表面后能形成较厚的水化膜,使钻井液具有较强的热稳定性。这就是在单宁、褐煤和酚醛树脂分子上引入磺甲基的原因。并且,处理剂的取代度、磺化度应与温度和钻井液的矿化度相适应。

(4) 为了使处理剂在较低pH值情况下也能充分发挥其效力,要求其亲水基团的亲水性尽量不受pH值的影响。相比之下,带有磺酸基的处理剂可以较好地满足这一要求。

二、操作技能

1. 抗高温深井水基钻井液的转化

上部地层所使用的聚合物钻井液通常在技术套管中转化成聚磺钻井液(抗高温深井水基钻井液的一种)。转化过程是先将聚合物和磺化类处理剂分别配制成溶液,然后按配方要求与一定数量的井浆混合;或者先用清水稀释井浆,使其中膨润土含量达到规定的范围,然后再加入适量的聚合物和磺化类处理剂。如果不是在技术套管内而是在裸眼内转化,则最好按配方将各种处理剂配成混合液,在钻进过程中逐渐加入井浆中,直至性能达到要求。

2. 抗高温深井水基钻井液的处理与维护

对井浆进行维护时,通常使用与配方等浓度的各种处理剂的混合液。若发现井浆性能发生变化,可适当调整混合液中各种处理剂的配制比例。

适当的膨润土含量是聚磺钻井液保持良好性能的关键,必须严格控制。若滤饼质量变差,HTHP 滤失量增大,应及时增加 SMP-1、SMC 和磺化沥青的加量。若流变性能不符合要求,可调整不同相对分子质量的聚合物所占的比例和膨润土的含量。若抑制性差,可适当增大高分子聚合物包被剂的加量或加入适量 KCl。

聚磺钻井液所使用的主要处理剂可大致地分成两类:一类是抑制剂类,包括各种聚合物处理剂以及 KCl、$K_2Cr_2O_7$ 等无机盐,它主要是起抑制地层造浆的作用,从而有利于地层的稳定;另一类包括各种磺化类、褐煤类处理剂以及纤维素、淀粉类处理剂等分散剂,主要作用是降滤失和改善流变性,从而有利于钻井液性能的稳定。

三、拓展知识

1. 常用的处理剂

1)抗高温降黏剂

抗高温降黏剂与一般降黏剂的不同之处主要表现在:它不仅能有效地拆散钻井液中黏土片层以端—面和端—端连接而形成的网架结构,而且能通过高价阳离子的络合作用,有效地抑制黏土的高温分散。目前国内生产的抗高温降黏剂除铁铬木质素磺酸盐(FCLS)外,还主要有:

(1)磺甲基单宁(SMT),简称磺化单宁,是磺甲基单宁酸钠与铬离子的络合物。外观为棕褐色粉末,吸水性强,其水溶液呈碱性。适于在各种水基钻井液中作降黏剂,在盐水和饱和盐水钻井液中仍能保持一定的降黏能力,抗钙可达 1000mg/L,抗温可达 180~200℃。其加量一般在 1% 以下,使用的 pH 值范围为 9~11。

(2)磺甲基栲胶(SMK),简称磺化栲胶,为棕褐色粉末或细颗粒,易溶于水,水溶液里碱性。不含重金属离子,无毒,无污染,抗温可达 180℃。其降黏性能与 SMT 相似,可任选一种使用。

2)抗高温降滤失剂

(1)磺甲基褐煤,简称磺化褐煤,又称为磺甲基腐殖酸,是磺甲基腐殖酸与铬酸盐交联后生成的络合物。为黑褐色粉末或颗粒,易溶于水,水溶液的 pH 值在 10 左右。干剂产品中铬含量(以 $Na_2Cr_2O_7 \cdot 2H_2O$ 计)为 5%~8%。它既是抗高温降黏剂,同时又是抗高温降滤失剂。具有一定的抗盐、抗钙能力,抗温可达 200~220℃。一般用量为 3%~5%。

(2)磺甲基酚醛树脂,简称磺化酚醛树脂,分 1 型产品(SMP-1)和 2 型产品(SMP-2)。由于其分子结构主要由苯环、亚甲基和 C—S 键等组成,因此热稳定性很强;又由于含有强亲水基——磺甲基($—CH_2SO_3^-$),且磺化度高,故亲水性很强,且受高温的影响较小。实验表明,在 200~220℃ 甚至更高温度下,不会发生明显降解。并且抗盐析能力强,SMP-1 可溶于 Cl^- 含量为 $(10~12) \times 10^4 mg/L$ 或 Ca^{2+}、Mg^{2+} 总含量 2000mg/L 的盐水中;SMP-2 可溶于饱和盐水,在饱和盐水钻井液中抗温可达200℃。

SMP-1必须与SMC、FCLS或褐煤碱液配合使用,才能有效地降低钻井液的滤失量,其中与SMC复配使用的效果尤为明显,这一方面是由于与SMC复配后,SMP-1在黏土表面的吸附量可增加5~6倍,从而使黏土颗粒表面的ζ电位明显增大,水化膜明显增厚,最终导致处理剂护胶能力增强,滤饼质量得以改善,滤饼渗透率和滤失量下降(表3-22);另一方面,是由于在高温和碱性条件下,SMP-1和SMC易发生交联反应,若交联适度,则会增强降滤失的效果。室内实验和现场试验均证实,两种处理剂的配比以1:1较为合适,一般加量均为3%~5%。

表3-22 SMP-1与SMC复配对钻井液滤失量和滤饼渗透率的影响

钻井液配方	API滤失量,mL	渗透率,$10^{-6}\mu m^2$
$\rho=1.06g/cm^3$ 基浆+3%SMP-1	11.6	1.39
$\rho=1.06g/cm^3$ 基浆+3%SMP-1+3%SMC	5.6	0.99
$\rho=1.06g/cm^3$ 基浆+3%SMP-1+15%NaCl	22.6	3.42
$\rho=1.06g/cm^3$ 基浆+3%SMP-1+3%SMC+15%NaCl	6.8	1.24

与SMP-2相比,SMP-1的应用更为广泛。SMP-1几乎可与所有处理剂相配伍,并几乎适用于目前国内任何一种钻井液体系。通过SMP-1和SMC复配,可将各种分散钻井液、钙处理钻井液、盐水钻井液和聚合物钻井液等十分方便地转变为抗温、抗盐的深井钻井液体系。SMP-2主要用于抗180~200℃的饱和盐水钻井液和Cl^-含量大于$11\times10^4mg/l$的高矿化度盐水钻井液。

国内常用的抗高温降滤失剂还有磺化木质素磺甲基酚醛树脂(SLSP)、水解聚丙烯腈(HPAN)、酚醛树脂与腐殖酸的缩合物(SPNH)以及丙烯酸与丙烯酰胺的共聚物(PAC141、PAC142、PAC143等)。

为了适应深井钻井技术的发展,国外也十分重视抗高温处理剂的研制工作。如美国早期研制的SSMA(磺化苯乙烯马来酸酐共聚物)是一种相对分子质量为1000~5000,抗温可达230℃的稀释剂;Resinex是一种磺化褐煤树脂,一种可抗温220℃的降滤失剂;近年来,德国研制的COP-1和COP-2(乙烯基磺酸盐共聚物)不仅抗温可达260℃,而且抗盐、钙能力极强,受到广泛关注。这些处理剂在分子组成上有一个共同点,即在碳链上都含有磺酸根($—SO_3^-$),可见这是研制抗高温处理剂所必需的一个官能团。

2. 常用抗高温深井水基钻井液体系及其应用

深井水基钻井液体系必须具有抗高温的能力,在进行配方设计时,要优选能够抗高温的处理剂,高温条件下对黏土的水化分散具有较强的抑制能力,具有良好的润滑性和高温流变性。在高温条件下保证钻井液具有很好的流动性和携带、悬浮岩屑的能力至关重要。对于深井加重钻井液,尤其应加强固控,并控制膨润土含量以避免高温增稠。当钻井液密度在$2.08g/cm^3$以上时,膨润土含量更应严格控制。必要时可通过加入生物聚合物等改进流型,提高携岩能力以及加入抗高温的稀释剂控制静切力。当固相含量很高时,防止卡钻尤为重要,要加入抗高温的液体或固体润滑剂,以及混油等措施来降低摩阻。

1)磺化钻井液

磺化钻井液是以SMC、SMP-1、SMT和SMK等处理剂中的一种或多种为基础配制而成的钻井液。由于以上磺化处理剂均为分散剂,因此磺化钻井液是典型的分散钻井液体系。其主要特点是热稳定性好,在高温高压下可保持良好的流变性和较低的滤失量,抗盐能力强,滤饼致密且可压缩性好,并具有良好的防塌、防卡性能。

(1)SMC 钻井液。

SMC 钻井液体系主要利用 SMC 既是抗温稀释剂,又是抗温降滤失剂的特点,通过室内实验确定其适宜加量之后,用膨润土直接配制或用井浆转化为抗高温深井水基钻井液。一般需加入适量的表面活性剂以进一步提高其热稳定性。该类体系可抗 180~220℃ 的高温,但抗盐、抗钙的能力较弱,仅适用于深井淡水钻井液。

其典型配方为:4%~7%膨润土+3%~7%SMC+0.3%~1%表面活性剂,并加入烧碱将 pH 值控制在 9~10,必要时混入 5%~10% 原油或柴油以增强其润滑性。

在用膨润土配浆时,必须充分预水化,否则配出钻井液的黏度、切力过低。但需注意膨润土切勿过量,若一旦出现膨润土过度分散或含量过高时,可加入适量 CaO 降低其分散度,然后再加入 SMC 调整钻井液性能。在现场维护方面,可以使用与井浆浓度相同的 SMC 胶液(一般 5%~7%)控制井浆黏度,并保持膨润土含量在 100~130g/L。若因膨润土含量过低造成黏度达不到要求,则可补充预水化膨润土浆,并相应加入适量 SMC。四川女基井曾使用该类钻井液顺利钻至 6011m。

(2)三磺钻井液。

三磺钻井液体系所用的主处理剂为 SMP-1(或 SMP-2)、SMC 和 SMT(或 SMK)。其中 SMP-1 与 SMC 复配,使钻井液的 HTHP 滤失量得到有效的控制;SMT 或 SMK 用于调整高温下的流变性能,从而大大地提高了钻井液的防塌、防卡、抗温以及抗盐、钙侵的能力。试验表明,该类钻井液抗盐可至饱和,抗 Ca^{2+} 可达 4000mg/L,钻井液密度可提至 2.25g/cm³;若加入适量 $Na_2Cr_2O_7$,抗温可达 200~220℃。

该体系中膨润土的允许含量视钻井液密度而定(表 3-23),所选用处理剂的品种和加量则与钻井液含盐量有关。三磺钻井液的推荐配方及性能见表 3-24。

表 3-23 三磺钻井液的密度与膨润土允许含量的关系

钻井液密度,g/cm³	<1.4	1.6	1.8	2.0	2.2
膨润土的允许含量,g/L	45~80	47~70	40~60	35~50	30~40

表 3-24 三磺钻井液的推荐配方及性能

基本配方		可达到的性能	
材料名称	加量,kg/m³	项目	指标
膨润土	80~150	密度,g/cm³	1.15~2.00
纯碱	5~8	漏斗黏度,s	30~50
磺化褐煤	30~50	API 滤失量,mL	≤5
磺化栲胶	5~15	HTHP 滤失量,mL	约 15
磺化酚醛树脂	30~50	滤饼厚度,mm	0.5~1
SLSP	40~60	塑性黏度,mPa·s	10~15
红矾钾(或钠)	2~4	动切力,Pa	3~8

续表

基本配方		可达到的性能	
材料名称	加量,kg/m³	项目	指标
CMC-LV	10~15	静切力(初/终),Pa	0~5/2~15
Span-80	3~15	pH值	≥10
润滑剂	5~15	含砂量,%	0.5~1
烧碱	约3		
重晶石	视需要而定		
各类无机盐	视需要而定		

配制三磺钻井液时,可先配成预水化膨润土浆,再加入各种处理剂,亦可直接用井浆转化。维护时,通常加入按所需浓度比配成的处理剂混合液。若黏度、切力过高,可加入低浓度混合液或SMT(或SMK);若滤失量过高,可同时补充SMC和SMP-1。四川关基井最后使用此类钻井液钻至7175m。当钻井液密度增至2.16~2.25g/cm³时,钻井液在高温下性能稳定,HTHP滤失量为12.8~13.6mL,滤饼摩擦系数为0.16~0.19。

三磺钻井液的研制成功,是我国在深井钻井液技术上的一大进步,其主要标志是有效地降低了HTHP滤失量,改善了滤饼质量,减少了深井常出现的坍塌、卡钻等井下复杂情况,很大程度上提高了深井钻探的成功率。

2) 聚磺钻井液

聚磺钻井液是将聚合物钻井液和磺化钻井液结合在一起而形成的一类抗高温钻井液体系。尽管聚合物钻井液在提高钻速、抑制地层造浆和提高井壁稳定性等方面确有十分突出的优点,但总的来看,其热稳定性和所形成滤饼的质量还不适应在井温较高的深井中使用,特别是对硬脆性页岩地层,常常需加入一些磺化类处理剂来改善滤饼质量,以降低钻井液的HTHP滤失量。聚磺钻井液既保留了聚合物钻井液的优点,又对其在高温高压下的滤饼质量和流变性进行了改进,从而有利于深井钻速的提高和井壁的稳定。该类钻井液的抗温能力可达200~250℃,抗盐可至饱和。从20世纪80年代起,这种体系已广泛应用于各油田深井钻井作业中。

聚磺钻井液的配方和性能应根据井温、所要求的矿化度和所钻地层的特点,在室内试验的基础上加以确定。一般情况下膨润土含量为40~80g/L,随井温升高和含盐量、钻井液密度增加,其含量应有所降低。

聚磺钻井液所使用的主要处理剂可大致分成两类:一类是抑制剂类,包括各种聚合物处理剂及KCl等无机盐,其作用主要是抑制地层造浆,从而有利于地层的稳定;另一类是分散剂,包括各种磺化类、褐煤类处理剂以及纤维素、淀粉类处理剂等,其作用主要是降滤失和改善流变性,从而有利于钻井液性能的稳定。

相对分子质量较高的聚丙烯酸盐,如80A51、FA367、PAC141和KPAM等,通常在体系中用作包被剂,其加量应随钻井液含盐量增加而增大,随地层温度升高而减少,一般加量为0.1%~1.0%。

相对分子质量中等的聚合物处理剂,如水解聚丙烯腈的盐类,常在体系中起降滤失和适当增黏的作用,其一般加量为0.3%~1.0%。

相对分子质量较低的聚合物,如XY-27等,在体系中主要起降黏、降剪切应力的作用,其一般加量为 0.1%~0.5%。

磺化酚醛树脂类产品,如 SMP-1、SPNH 和 SLSP 等,常与 SMC 复配用于改善滤饼质量和降低钻井液的 HTHP 滤失量。前者加量一般为 1%~3%,后者为 0~2%。此外,常用 1%~3% 的磺化沥青封堵泥页岩的层理裂隙,增强井壁稳定性和进一步改善滤饼质量。必要时还须加入 0.1%~0.3% 的 $Na_2Cr_2O_7$ 或 $K_2Cr_2O_7$,以提高钻井液的热稳定性。

聚磺钻井液大多由上部地层所使用的聚合物钻井液在井内转化而成。转化最好在技术套管中进行,可以先将聚合物和磺化类处理剂分别配制成溶液,然后按配方要求与一定数量的井浆混合;或者先用清水将井浆稀释,使其中膨润土含量达到一个适宜范围,然后再加入适量的磺化类处理剂和聚合物。如果在裸眼中进行转化,则最好按配方将各种处理剂配成混合液,在钻进过程中逐渐加入井浆内,直至性能达到要求。

适宜的膨润土含量是聚磺钻井液保持良好性能的关键,必须严加控制。如果滤饼质量变差,HTHP 滤失量增大,应及时增大 SMP-1、SMC 和磺化沥青的加量;若流变性能不符合要求,可调整不同相对分子质量聚合物所占的比例以及膨润土的含量;若抑制性较差,可适当增大高分子聚合物包被剂的加量或加入适量 KCl。

在深井的不同井段,由于井温和地层特点各异,两类处理剂的使用情况应有所区别。上部地层应以增强抑制性和提高钻速为主,而下部地层应以抗高温降滤失为主。目前,我国钻井液技术人员在聚磺钻井液的现场应用方面已积累了丰富的经验。他们通常将以上两类钻井液处理剂分别称为"聚"类和"磺"类,提出了深井上部地层以聚合物体系为主("多聚少磺"或"只聚不磺")、下部地层以磺化体系为主("多磺少聚"或"只磺不聚")的实施原则,其分界点大致在井深 2500~3000m。依据这一原则,聚磺钻井液已在我国许多油田得到普遍的推广应用。

国内外高温超深井钻井液使用情况见表 3-25。

表 3-25　国内外高温超深井钻井液使用情况

序号	钻井液类型	应用地区或公司	井底条件	应用情况
1	水基三磺钻井液	四川,关基井	7175m,185℃	性能稳定,在井底静置半月后性能基本不变
2	水基聚磺钻井液	塔中,中 4 井	7220m,170℃	性能稳定,顺利钻达完钻井深
3	水基聚磺钻井液	塔里木,塔参 1 井	7200m	性能稳定,顺利钻达完钻井深
4	Pyrodrill 水基聚合物体系	南海莺琼地区,崖城 21-1-3 井	4688m,206℃	性能稳定,满足钻井作业要求
5	DURATHEM 水基钻井液体系	美国(Magcobar 公司)	6462m,243℃	钻遇高压 CO_2,τ_0、μ_p 增加,用 37g/L 石膏处理后顺利完井
6	抗污染聚磺体系	美国佛罗里达近海	6422m,204℃	性能稳定,顺利钻达完钻井深
7	水基海泡石体系	加利福尼亚南部	238℃	具有很好的热稳定性

续表

序号	钻井液类型	应用地区或公司	井底条件	应用情况
8	水基聚合物体系	Cooper–Eromanga 盆地（Baroid 公司）	210℃	性能稳定,顺利钻达完钻井深
9	水基高温钻井液 G-500S 体系	日本,三岛井	6330m,225℃	性能稳定,顺利钻达完钻井深
10	油基钻井液	松辽盆地,葡深1井	5500m,219℃	性能稳定,顺利钻达完钻井深
11	油基钻井液	南海莺琼地区,LD22-1-7井	4568m,207℃	抗高温能力强,性能稳定,顺利钻达完钻井深
12	合成基钻井液	南海莺琼地区,YC21-1-4井	5250m,210℃	抗高温能力强,性能稳定,顺利钻达完钻井深

任务9 油基与合成基钻井液的配制

学习目标

(1)掌握油包水乳化钻井液的组成;
(2)掌握油基钻井液的配制;
(3)了解合成基钻井液的组成及类型。

一、基础知识

油基钻井液是指以油作为连续相,以亲油胶体或水作为分散相形成的钻井液体系。早在20世纪20年代,人们就曾使用原油作为钻井液以避免和减少钻井中各种复杂情况的发生。但在实践中发现使用原油有以下缺点:切力小,难以悬浮重晶石,滤失量大,原油中的易挥发组分容易引起火灾等。于是后来逐渐发展了以柴油为连续相的两种油基钻井液——全油基钻井液和油包水乳化钻井液。在全油基钻井液中,水是无用的组分,其含量不应超过7%;而在油包水乳化钻井液中,水作为必要组分均匀地分散在柴油中,其含量一般为10%~60%。

与水基钻井液相比较,油基钻井液具有抗高温、抗盐钙侵、有利于井壁稳定、润滑性好和对油气层损害较小等多种优点,目前已成为钻高难度的高温深井、大斜度定向井、水平井和各种复杂地层的重要钻井液,并且还可广泛地用作解卡液、射孔完井液、修井液和取心液等。但是,油基钻井液的配制成本比水基钻井液高得多,使用时往往会对井场附近的生态环境造成严重影响,而且与使用水基钻井液相比其机械钻速一般较低,以上缺点大大地限制了油基钻井液的推广应用。为了提高钻速,从70年代中期开始,较广泛地使用了低胶质油包水乳化钻井液。为保护生态环境,适应海洋钻探的需要,从80年代初开始,又逐步推广使用了以矿物油作为基油的低毒油包水乳化钻井液。

由于目前全油基钻井液已经很少使用,因此通常所说的油基钻井液主要指以柴油或低毒矿物油(白油)作为连续相的油包水乳化钻井液。油基钻井液的发展阶段见表3-26。

表3-26 油基钻井液的发展阶段

类型	组分	开始使用的时间	特点
原油作为钻井液	原油	1920年前后	有利于防塌、防卡和保护油气层,但流变性不易控制,易着火,使用范围仅限于100℃以内的浅井
全油基钻井液	柴油、沥青、乳化剂及少量水(<7%)	1939年	具有油基钻井液的各种优点,可抗200~250℃高温,但配制成本较高,较易着火,钻速较低
油包水乳化钻井液	柴油、乳化剂、润湿剂、亲油胶体、乳化水(10%~60%)	1950年前后	通过水相活度控制有利于井壁稳定,与全油基钻井液相比不易着火,配制成本有所降低,抗温可达200~230℃
低胶质油包水乳化钻井液	柴油、乳化剂、润湿剂、少量亲油胶体、乳化水(15%左右)	1975年	可明显提高钻速,降低钻井总成本,但由于放宽滤失量,对某些松散易塌地层不适合,对储层的损害较大
低毒油包水乳化钻井液	矿物油、乳化剂、润湿剂、亲油胶体、乳化水(10%~60%)	1980年	具有油基钻井液的各种优点,同时可有效地防止对环境的污染,特别适用于海洋钻井

为了适应保护海洋生态环境的需要,自20世纪90年代初以来,一种性能与油基钻井液相似的非水基钻井液——合成基钻井液在海洋钻探作业中获得应用。它的毒性低,钻出的岩屑一般可直接排放入海,但配浆成本高于油基钻井液。

1. 油包水乳化钻井液

油包水乳化钻井液由以下几部分组成。

1)基油

在油包水乳化钻井液中用作连续相的油称为基油,目前普遍使用的基油为柴油(我国常使用0号柴油)和各种低毒矿物油。为确保安全,基油闪点和燃点应分别在82℃和93℃以上。

由于柴油中所含的芳烃对钻井设备的橡胶部件有较强的腐蚀作用,因此芳烃含量不宜过高,一般要求柴油的苯胺点在60℃以上。苯胺点是指等体积的油和苯胺相互溶解时的最低温度。苯胺点越高,表明油中烷烃含量越高,芳烃含量越低。为了便于对流变性的控制和调整,其黏度不宜过高。

2)水相

淡水、盐水及海水均可用作油包水乳化钻井液的水相。通常使用含一定量 $CaCl_2$ 或 $NaCl$ 的盐水,其主要目的在于控制水相的活度,以防止或减弱泥页岩地层的水化膨胀,保证井壁稳定。

油包水乳化钻井液的水相含量通常用油水比来表示。一般情况下,水相含量为15%~40%,最高可达60%,但不低于10%。

在一定的水相含量范围内,随着水所占比例的增加,油包水乳化钻井液的黏度、切力逐渐增大。因此,人们常用它作为调控油包水乳化钻井液流变参数的一种方法,同时增大水相含量可减少基油用量,降低配制成本。但是,随着水相含量增大,维持油包水乳化钻井液乳化稳定性的难度也随之增加,必须添加更多的乳化剂才能使其保持稳定。对于高密度油包水乳化钻井液,水相含量应尽可能小些。在实际钻井过程中,一部分地层水会不可避免地进入钻井液,即油水比呈自然下降趋势,为了保持钻井液性能稳定,必要时应适当补充基油。

3) 乳化剂

为了形成稳定的油包水乳化钻井液,必须正确地选择和使用乳化剂。一般认为乳化剂的作用机理是:(1)在油水界面形成具有一定强度的吸附膜;(2)降低油水界面张力;(3)增加外相黏度。以上三方面均可阻止分散相液滴聚并变大,从而使乳状液保持稳定。其中,又以吸附膜的强度最为重要,被认为是乳状液能否保持稳定的决定性因素。

常用的乳化剂有高级脂肪酸的二价金属皂,如硬脂酸钙、烷基磺酸钙、烷基苯磺酸钙、斯盘-80(Span-80)、环烷酸钙、石油磺酸铁、油酸、环烷酸酰胺和腐殖酸酰胺等。国外在该类钻井液中使用的乳化剂多用代号表示,如 Oilfaze、Vertoil、EZ-Mul、DFL 和 Invermul 等。

值得注意的是,在以上乳化剂中,属于阴离子表面活性剂的都是有机酸的多价金属盐(钙盐、镁盐和铁盐等,以钙盐居多),而不选择单价的钠盐或钾盐。现以硬脂酸皂为例说明这一问题。

硬脂酸皂是指硬脂酸与碱反应生成的盐,例如:

$$C_{17}H_{35}-\overset{O}{\underset{OH}{C}} + NaOH \longrightarrow C_{17}H_{35}-\overset{O}{\underset{ONa}{C}} + H_2O$$

由于皂分子具有两亲结构,即烃链是亲油的,而离子型基团—COO^-是亲水的,因此当皂类存在于油水混合物中时,其分子会在油水界面自动浓集并定向排列,将其亲水端伸入水中,亲油端伸入油中,从而导致油水界面张力显著降低,有利于乳状液的形成。

图 3-16 是皂类稳定乳状液示意图,从图中可以看出,一元金属皂的分子中只有一个烃链,这类分子在油水界面上的定向排列趋向于形成一个凹形油面,因而有利于形成水包油型乳状液(视频 11);而二元金属皂的分子中含有两个烃链,它们在界面上的排列趋向于形成一个凸形油面,有利于形成油包水型乳状液(视频 12)。这种由乳化剂分子的空间构型决定乳状液类型的原理在胶体化学中被称作定向楔型理论,其含义是,将乳化剂分子比喻成两头大小不同的楔子,如果要求它们排列紧密和稳定,那么截面小的一头总是指向分散相,截面大的一头则留在分散介质中。

视频11 水包油型乳状液的形成

视频12 油包水型乳状液的形成

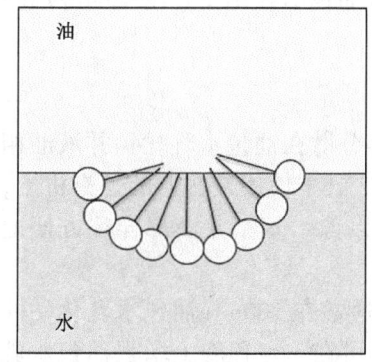
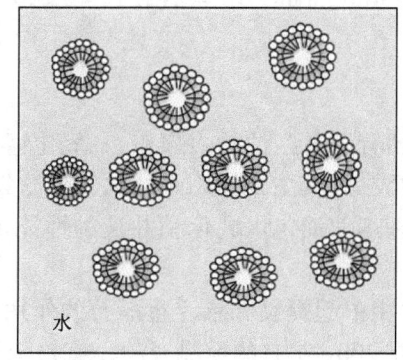

(a) 一元金属皂对水包油型乳状液的稳定作用

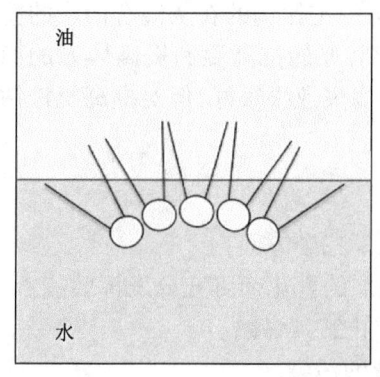
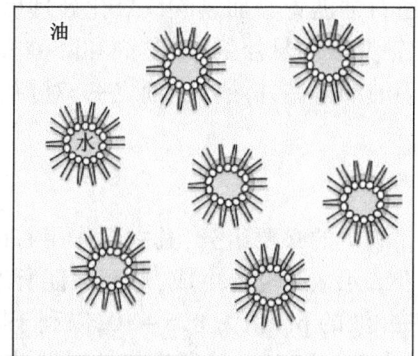

(b) 二元金属皂对油包水型乳状液的稳定作用

(c) 一元金属皂和二元金属皂示意图

图 3-16 皂类稳定乳状液示意图

绝大多数用于油包水乳化钻井液的乳化剂是油溶性的表面活性剂,它们的 HLB 值(亲水亲油平衡值)一般应为 3.5~6。但为了形成密堆复合膜,增强乳化效果,有时也使用 HLB 值大于 7 的表面活性剂作为辅助乳化剂。乳化剂的有效性常常与基油的化学组成、水相的 pH 值和含有的电解质等因素有关,某些乳化剂在高温下还容易发生降解。因此,对于某种油包水乳化钻井液体系,究竟选择何种乳化剂最为合适,需通过室内实验来确定。

4) 润湿剂

大多数天然矿物是亲水的。当重晶石粉和钻屑等亲水的固体颗粒进入油包水型钻井液时,它们趋向于与水聚集,引起高黏度和沉降,从而破坏乳状液的稳定性。

为了避免以上情况的发生,有必要在油相中添加润湿剂,使重晶石和钻屑颗粒表面由亲水变为亲油,从而保证它们能很好地悬浮在油相中。

润湿剂也是具有两亲结构的表面活性剂,分子中亲水的一端与固体表面有很强的亲和力。当这些分子聚集在油和固体的界面并将亲油端指向油相时,原来亲水的固体表面便转变为亲油,这一过程常被称作润湿反转(视频 13)。

虽然用作乳化剂的表面活性剂也能够在一定程度上起润湿剂的作用,但其效果有限。较好的润湿剂有季铵盐(如十二烷基三甲基溴化铵)、卵磷脂和石油磺酸盐等。国外常用的润湿剂有 DV-33、DWA 和

视频 13　润湿反转

EZ-Mul 等,其中 DWA 和 EZ-Mul 可同时兼作乳化剂。一般要求油包水乳化钻井液中润湿剂的 HLB 值为 7~9。

5) 亲油胶体

习惯上将有机土、氧化沥青以及亲油的褐煤粉、二氧化锰等分散在油包水乳化钻井液油相中的固体处理剂统称为亲油胶体,其主要作用是增黏和降滤失。其中使用最普遍的是有机土,其次是氧化沥青,这两种处理剂使油包水乳化钻井液的性能可以像水基钻井液那样很方便地随时进行必要的调整。

有机土很容易分散在油相中起提黏和悬浮重晶石的作用,通常在 100mL 油包水乳化钻井液中加入 3g 有机土便可悬浮 200g 左右的重晶石粉。有机土还可在一定程度上增强油包水乳化钻井液的稳定性,起固体乳化剂的作用。

氧化沥青是一种将普通石油沥青经加热吹气氧化处理后与一定比例的石灰混合而成的粉剂产品,常用作油包水乳化钻井液的悬浮剂、增黏剂和降滤失剂,亦能抗高温和提高体系的稳定性。氧化沥青是最早使用的油基钻井液处理剂之一,对控制滤失效果很好,但对提高机械钻速不利。

6) 石灰

石灰是油包水乳化钻井液中的必要组分,其主要作用有以下三个方面:

(1) 提供的 Ca^{2+} 有利于二元金属皂的生成,从而保证所添加的乳化剂可充分发挥效能。

(2) 维持油包水乳化钻井液的 pH 值为 8.5~10,以利于防止钻具腐蚀。

(3) 可有效地防止地层中 CO_2 和 H_2S 等酸性气体对钻井液的污染。

在油包水乳化钻井液中,未溶 $Ca(OH)_2$ 的含量一般应保持在 0.43~0.72kg/m³;或者将钻井液的甲基橙碱度控制在 0.5~1.0mL,当遇到 CO_2 或 H_2S 污染时应提至 2.0mL。

7) 加重材料

重晶石粉在水基和油基钻井液中,都是最重要的加重材料。对于油基钻井液,加重前应注意调整好各项性能,油水比不宜过低,并适当地多加入一些润湿剂和乳化剂,使重晶石加入后,能够较好地分散和悬浮在钻井液中。

对于密度小于 1.68g/cm³ 的油基钻井液,可用碳酸钙作为加重材料。虽然其密度只有 2.7g/cm³,但其优点是比重晶石更容易被油所润湿,而且具有酸溶性,可兼作保护油气层的暂堵剂。

2. 低毒油包水乳化钻井液

自 20 世纪 80 年代初以来,一类被称作矿物油钻井液的新型钻井液在许多国家的石油工业中得到广泛应用。虽然从配浆原理和性能上看,矿物油钻井液与常规油包水乳化钻井液(简称柴油钻井液)并无本质上的区别,但由于前者在组成上使用以脂肪烃或脂环烃为主要成分的精制油(俗称矿物油或白油)代替通常使用的柴油,作为油包水乳化钻井液的连续相,因而大大减轻了钻屑对环境,特别是对海洋生物所造成的危害。从这个意义上讲,矿物油钻井液又被称为低毒油包水乳化钻井液。

目前,柴油钻井液已发展成为钻深井、大斜度定向井、水平井和各种复杂地层不可缺少的重要手段。但是,作为基油的柴油中芳烃含量一般高达 30%~50%,其中多核芳烃常占 20% 以上。如果将油包水乳化钻井液用于海洋钻井,这些芳烃尤其多核芳烃组分对海洋生物会有很高的毒性。随着人类对环保问题的日益重视和环保条例的不断完善,目前柴油钻井液的应用已受到很大限制。与此相反,由于各种矿物油中的芳烃含量低,其中多核芳烃不超过5%,因而对海洋生物的毒性要小得多。在许多地区,使用矿物油钻井液钻出的岩屑一般不需经过专门处理便可达到所规定的排放标准。在钻井液稳定性和其他性能方面,实践已证明矿物油钻井液不次于甚至优于柴油钻井液。与柴油相比,矿物油还具有不伤害皮肤、不损坏橡胶部件以及无难闻气味等优点。正因为如此,自1980年矿物油钻井液被首次用作钻井液以来,已迅速在美国墨西哥湾、英国北海和我国南海等许多海上油田得到推广应用。矿物油钻井液的出现及其工艺技术的发展,无疑为油基钻井液开辟了更广阔的应用前景。

(1)基油。并非所有经过精制的矿物油均可作为低毒油包水乳化钻井液的连续相。除了芳烃含量必须首先考虑外,油的黏度、闪点、倾点和密度等也是被考虑的因素。目前,最广泛地用作此类钻井液基油的矿物油有 Exxon 公司生产的 Mentor26、Mentor28 和 Escaidll0 矿物油;Conoco 公司生产的 LVT 矿物油和 BP 公司生产的 BP8313 矿物油等。各种基油的物理性质见表 3-27。

表 3-27 各种基油的物理性质

性 质	Mentor26	Mentor28	Escaidll0	LVT	BP8313	2号柴油
外观	无色液体	无色液体	无色液体	无色液体	无色液体	棕黄色液体
密度,kg/m^3	838	845	790	800	785	840
闪点,℃	93	120	79	71	72	82
苯胺点,℃	71	79	76	66	78	59
倾点,℃	26	15	54	73	40	45
终沸点,℃	306	321	242	262	255	329
芳烃含量(质量分数),%	16.4	19.0	0.9	10~13	2.0	30~50
黏度(40℃),mPa·s	2.7	4.2	1.6	1.8	1.7	2.7
LC50 值,mg/L	>10^6	>10^6	>10^6	>10^6	>10^6	8×10^4

注:LC50 值是某毒性物质使受试生物死亡一半所需的浓度,API 认可的钻井液生物毒性测定用糠虾生物试验法。

(2)添加剂。低毒油包水乳化钻井液中常用的乳化剂和润湿剂有脂肪酸酰胺、妥尔油脂肪酸、钙的磺酸盐和改性咪唑啉等,这些物质对海洋生物的毒性都比较低。此外,有机土仍作为增黏剂和悬浮剂。石灰在钻井液中与乳化剂作用生成钙皂,有助于提高乳化性能。过量的石灰起控制钻井液碱度的作用,并用作 H_2S 和 CO_2 等酸性气体的清除剂。必要时,也使用氧化沥青和有机褐煤等作为高温稳定剂,以控制高温高压下的流变性和滤失性能。

3. 合成基钻井液

合成基钻井液是20世纪90年代国外研制成功的一类新型钻井液,由人工合成的有机物为连续相,盐水为分散相,加上乳化剂、降滤失剂、流型改进剂等组成。研制合成基钻井液的主导思想是将柴油或矿物油换成可以生物降解又无毒性的改性植物油类。所以,合成基钻井液既有油基钻井液的优点,同时又不会对环境造成危害,可以在海上直接排放和生物降解。已开发并在现场应用见到效果的合成基有酯基、醚基、聚α-烯烃、线性α-烯烃和内烯烃、线性石蜡五类。合成基钻井液适用于海洋钻井、水平井及大位移井、特殊敏感井段及储集层。

二、操作技能

1. 油包水乳化钻井液的配制

视频14　油包水乳化钻井液的现场配制

大多数情况下,油包水乳化钻井液是在现场配制。为了能够形成稳定的油包水乳状液,在配制时必须按照一定的步骤和顺序将各种组分混合在一起(视频14)。实验表明,所采取的配制方法是否正确,直接影响钻井液的性能和质量。美国 M-I 钻井液公司推荐的配浆程序如下:

(1)洗净并准备好两个混合罐。

(2)用泵将配浆用基油打入 1 号罐内,按预先计算的量加入所需的主乳化剂、辅助乳化剂和润湿剂,然后充分搅拌 2h,直至所有油溶性组分全部溶解。

(3)按所需的水量将水加入 2 号罐内,并让其溶解所需 $CaCl_2$ 量的 70%。

(4)在钻井液枪等专门设备搅拌下,将 $CaCl_2$ 盐水缓慢加入油相。最好是在 3.45MPa 以上的泵压下,通过 1.27cm 的钻井液枪喷嘴进行搅拌,盐水和基油混合后应充分搅拌并循环 2h。若泵压达不到 3.45MPa,则应选用更小喷嘴,并降低加水速度。

(5)在继续搅拌下加入适量的亲油胶体和石灰。当乳状液形成后,应全面测定其性能,如流变参数、pH 值、破乳电压和 HTHP 滤失量等。

(6)如性能合乎要求,可加入重晶石以达到所要求的钻井液密度。加重晶石的速度要适当(以每小时加入 200~300 袋为宜),加完后再循环 2h。如重晶石被水润湿,会使钻井液中出现粒状固体,这时应减缓加入速度,并适当增加润湿剂的用量。

(7)当体系达到所需的密度后,加入剩余的粉状 $CaCl_2$,最后再进行充分搅拌。

2. 油包水乳化钻井液的性能

1)密度

(1)温度和压力对密度的影响。油包水乳化钻井液作为一种多相流体,既具有热膨胀性,又具有可压缩性,因此其密度是温度和压力的函数。实验表明,在一般情况下随着井深的增加,钻井液密度趋于减小。对于井温不高的浅井,在计算井底静液压力时,忽略温度和压力对钻井液密度的影响,不会产生较大的误差;对于深井则不然,井越深,井底静液柱压力的实际值要比常温常压下明显减小,其误差会给井控带来严重问题。

(2)密度的调整方法。通常使用的油包水乳化钻井液的密度范围为 $0.84 \sim 2.64 g/cm^3$。最常用的加重材料是重晶石和碳酸钙。重晶石能将油包水乳化钻井液的密度提至 $2.64 g/cm^3$,而碳酸钙只能提至 $1.68 g/cm^3$。不使用加重材料,采取调整油水比和改变水相密度的方法也能在一定程度上控制油包水乳化钻井液的密度。无机盐是用来增加水相密度的主要物质,其中最常用的盐为 $CaCl_2$ 和 $NaCl$。为了对付低压地层,有时需要降低油包水乳化钻井液的密度。这种情况可采取如下措施:

①用基油稀释以提高油水比。这种方法可使钻井液中固相所占体积分数减少,黏度和切力降低。

②用固控设备清除部分加重材料。

③加入塑料微球。这种充氮塑料微球由酚醛树脂和脲醛树脂制成,其直径为 50~

300μm,密度为 0.1~0.25g/cm³。加入钻井液之后,还会使黏度和剪切应力增加,滤失量降低。

2) 流变性

(1) 油包水乳化钻井液中各组分对流变性的影响。实验表明,随着有机土、重晶石、含水量和乳化剂的逐渐增加,钻井液的表观黏度依次增大。

(2) 温度和压力对油包水乳化钻井液流变性的影响。与水基钻井液相比较,油包水乳化钻井液的一个重要特点是其流变性受压力影响较大,在高温高压下仍能保持较高的黏度。在实际钻井过程中,井内钻井液的温度和压力同时随井深增加而增加,一方面温度升高使油包水乳化钻井液表观黏度降低;另一方面压力升高使其表观黏度增加。当钻至深部地层时,温度对表观黏度的影响超过了压力的影响。

(3) 流变性的调整。

①提黏、提切可以适当减小油水比,同时补充乳化剂;增加有机土或氧化沥青等亲油胶体的用量。

②降黏、提切则应适当增大油水比,用好固控设备,尽量清除钻屑。

3) 滤失量

滤失量低并且滤液中主要是油而不是水,是油包水乳化钻井液在性能方面的一个重要特点,也是其适于钻强水敏性易坍塌复杂地层以及能够有效保护油气层的主要原因。通常情况下只要具有良好的乳化稳定性,油包水乳化钻井液的 API 滤失量可调整至接近于 0,HTHP 滤失量也不超过 10mL。低滤失主要是由于钻井液中的亲油胶体物质在井壁上的吸附和沉积可形成致密的滤饼,分散在油中的乳化水滴也有利于堵孔,水相的高含盐量(含 $CaCl_2$ 和或 NaCl)可有效地防止油包水乳化钻井液中水分向井壁岩石运移等。

如果油包水乳化钻井液的乳化稳定性受到破坏,不仅滤失量会显著增加,还会发现滤液中油水并存,此时应及时补充足量的乳化剂和润湿剂以增强乳化稳定性,适当补充有机褐煤、氧化沥青等降滤失剂。在井底温度超过 200℃ 的深井、超深井中,控制滤失量除适当增加氧化沥青的用量外,还应配合使用高温降滤失剂。

对于为提高钻速而采用的低胶质油包水乳化钻井液,滤失量可适当放宽。所谓低胶质,就是在保证钻井液具有良好的乳化和悬浮稳定性的前提下,将其中亲油胶体颗粒(指粒径小于 1μm 的亚微米颗粒)的含量降至最低限度。虽然由此而引起油包水乳化钻井液的滤失量,特别是 HTHP 滤失量明显增加,但机械钻井速度显著提高,接近甚至超过在相同钻井条件下使用水基钻井液的钻速,从而使钻井总成本大幅度降低。这种油包水乳化钻井液通常只添加适量有机土以提高携岩和悬浮重晶石能力,一般不添加氧化沥青、有机褐煤等降滤失剂。

4) 乳化稳定性

衡量乳状液稳定性的定量指标主要是破乳电压,测量油包水乳化钻井液破乳电压的实验称为电稳定性(ES)实验,使乳状液破乳所需的最低电压称为破乳电压,其值越高则钻井液越稳定。按一般要求,油包水乳化钻井液的破乳电压不得低于 400V。实际上,许多性能良好的钻井液,其破乳电压都在 2000V 以上。

乳状液稳定性变差通常是由于钻井液中出现亲水物质而引起的,其原因主要是:(1) 钻遇水层时大量地层水侵入,使钻井液中水量大幅度增加;(2) 当大量亲水钻屑进入钻井液后,乳化剂和润湿剂在钻屑表面的吸附导致其过量消耗而未能及时加以补充所致。如果钻井液缺少光泽,流动时漩涡减少,钻屑趋向于相互聚结并容易黏附在振动筛筛网上,以及用钻井液杯取样后固相下沉速度过快,均表明有亲水固体存在。一旦出现上述情况,应及时补充乳化剂和润湿剂,并注意调整好油水比,使原有的乳化稳定性尽快恢复。

5) 固相含量

由于大多数固相是亲水的,含量过高,既影响钻井液的乳化稳定性及其他性能,又影响机械钻速,使钻井成本增加。用于油包水乳化钻井液的主要固控设备是细目振动筛,应尽可能使用 200 目筛网。单独使用旋流器和离心机会使大量价格昂贵的液流废弃。对于加重油包水乳化钻井液,可使用钻井液清洁器。油包水乳化钻井液属于强抑制性钻井液,钻屑的分散程度较低。因此,只要乳化稳定性保持良好,用振动筛清除钻屑的效果会优于一般的水基钻井液。只有当固相含量指标在使用细目振动筛和钻井液清洁器后也难以达到时,才考虑用稀释法降低固相含量。

三、拓展知识

1. 油包水乳化钻井液推荐配方及性能参数

国内外各钻井液公司都根据本地区的具体情况及存在的实际问题,在大量实验的基础上,研制出各种配方的油包水乳化钻井液。我国各油田使用该类钻井液主要是为深井复杂地层,如高温地层、厚的岩膏及泥盐混合层段而研制的。

我国《钻井手册(甲方)》中所推荐的油包水乳化钻井液的基本配方及性能参数见表 3-28,各油田使用的油包水乳化钻井液典型配方及性能见表 3-29。

表 3-28 油包水乳化钻井液的基本配方及其性能参数

配 方		性 能	
材料名称	加量,kg/m³	项目	指标
有机土	20~30	密度,g/cm³	0.90~2.00
主乳化剂:环烷酸钙	20 左右	漏斗黏度,s	30~100
油酸	20 左右	表观黏度,mPa·s	20~120
石油磺酸铁	100 左右	塑性黏度,mPa·s	15~100
环烷酸酰胺	40 左右	动切力,Pa	2~24
辅乳化剂:Span-80	20~70	静切力(初/终),Pa	0.5~2/0.8~5
ABS	20 左右	破乳电压,V	500~1000
烷基苯磺酸钙	70 左右	API 滤失量,mL	0~5
石灰	50~100	HTHP 滤失量,mL	4~10
$CaCl_2$	70~150	pH 值	10~11.5
油水比	(85~70):(15~30)	含砂量,%	<0.5
氧化沥青	视需要而定	滤饼摩阻系数	<0.15
加重剂	视需要而定	水滴细度(35mL),%	95 以上

表 3−29　油包水乳化钻井液典型配方及性能

序号	典型配方	性能
1	70%柴油+10%石油磺酸铁+7%SP−80+3%腐殖酸酰胺+3%有机土+3%氧化沥青+9%氧化钙+30%盐水(15%CaCl$_2$+16%NaCl+5%KCl)+加重剂	密度2.00~2.18g/cm^3,塑性黏度80~100mPa·s,动切力2.5~4Pa,API滤失量0.2mL,HTHP滤失量(149℃,6.8MPa,30min)4~6mL,破乳电压500~600V,抗温150℃
2	85%柴油+8%烷基苯磺酸钙+2%环烷酸钙+3%有机土+10%氧化钙+15%盐水(20%CaCl$_2$+15%NaCl+5%KCl)	密度1.60g/cm^3,塑性黏度60.5mPa·s,动切力17.5Pa,API滤失量3~5mL,破乳电压900V
3	70%柴油+12%环烷酸铁+15%氧化沥青+4%有机土+0.6%碳酸钠+10%氧化钙+30%盐水+重晶石(取心用)	密度1.08g/cm^3,漏斗黏度90s,动切力8.5Pa,API滤失量0mL,破乳电压500~1000V
4	83%柴油+3%SP-80+2%ABS+0.2%硬脂酸钙+2%腐殖酸酰胺+7%氧化钙+17%盐水+重晶石(取心用)	密度1.15g/cm^3,塑性黏度38mPa·s,动切力9.5Pa,API滤失量2mL,破乳电压740V
5	75%柴油+3%SP-80+2%环烷酸酰胺+2%油酸+5%磺化沥青+1%OT+1%NaOH(50%浓度)+3%有机土+8%氧化钙+25%盐水(50%CaCl$_2$)(水平井用)	密度1.12~1.34g/cm^3,漏斗黏度48~99s,塑性黏度37mPa·s,动切力8~22Pa,API滤失量0mL,HTHP滤失量1~3.2mL,破乳电压420~2000V

2. 低毒油包水乳化钻井液典型配方及现场应用

1) 典型配方

美国 Exxon 公司的低毒油包水乳化钻井液($\rho = 1.92$g/cm^3)的典型组成及其性能见表 3−30。由表中数据可以看出,基油的黏度对钻井液的塑性黏度、动切力及凝胶强度有较大影响。

表 3−30　Exxon 公司低毒油包水乳化钻井液的典型组成及性能

	钻井液类型	Mentor28 低毒油包水乳化钻井液	Mentor26 低毒油包水乳化钻井液	Escaid110 低毒油包水乳化钻井液
组成	油/水	90/10	90/10	90/10
	主乳化剂,g/L	10.0	10.0	10.0
	辅乳化剂,g/L	24.2	24.2	24.2
	润湿剂,g/L	6.28	6.28	6.28
	30%CaCl$_2$溶液,L	11.1	11.1	11.1
	石灰,g/L	28.5	28.5	28.5
	有机土,g/L	20.0	20.0	20.0
	重晶石,g/L	1266.7	1266.7	1266.7
	滤失控制剂,g/L	28.5	28.5	28.5

续表

钻井液类型		Mentor28 低毒油包水乳化钻井液	Mentor26 低毒油包水乳化钻井液	Escaid110 低毒油包水乳化钻井液
性能	密度, g/cm³	1.92	1.92	1.92
	塑性黏度, mPa·s	77	52	40
	动切力, Pa	12.9	10.5	7.2
	静切力(初/终), Pa	10.1/14.4	7.7/11.5	4.8/8.6
	电稳定性, V	2000	1370	1070
	HTHP 滤失量, mL	3.7	4.1	4.4

2) 现场应用

随着人类对环保要求的越来越高,低毒油包水乳化钻井液已在国内外海洋油气钻探作业中得到广泛的推广应用,并可能在陆上钻井中逐渐取代柴油钻井液。大量的现场应用表明,低毒油包水乳化钻井液可广泛应用于以下情况:

(1) 易出问题的页岩中钻进及易发生压差卡钻的地层中钻进,水基钻井液难以对付的含各种污染物的地层中钻进。

(2) 在井底温度过高致使水基钻井液难以对付的地层中钻进,低毒油包水乳化钻井液抗温可达280℃。

(3) 钻大斜度定向井和水平井。

(4) 钻敏感的生产层,因为与其他类型钻井液相比,低毒油包水乳化钻井液对储层的伤害小。

此外,低毒油包水乳化钻井液还可以用作解卡液、取心液、射孔液和封隔液。

3) 现场维护和处理

(1) 按规定测定低毒性油包水乳化钻井液流变参数、滤失量、油水体积比、破乳电压、抗温稳定性和水相化学活度等性能。根据测出的性能和设计值之间的偏差,进行室内实验,确定处理方案。

(2) 在钻井过程中使固控设备正常运转,清除钻屑和低密度固体,回收重晶石。

(3) 通过加入 $CaCl_2$ 盐水,调节油包水乳化钻井液的油水比。

(4) 通过调控水相中的 $CaCl_2$ 浓度,调节油包水乳化钻井液的活度。

思 考 题

1. 黏土矿物的两种基本构造单元是什么?

2. 常见的黏土矿物有哪些?它们各有什么样的单元晶层构造特征?

3. 什么是黏土的阳离子交换容量?其大小与水化性能有何关系?与钻井液性能、井壁稳定有何关系?

4. 蒙脱石为什么可以用作配浆黏土?

5. 伊利石和蒙脱石具有相同的单元晶层构造特征,且伊利石平均负电荷比蒙脱石高,但伊利石不能用作钻井液配浆土,为什么?

6. 高岭石为什么不能用作钻井液配浆土?

7. 什么是电动电位?其大小与黏土胶体稳定性有何关系?黏土胶体的电动电位受哪些因素影响?

8. 假设某一黏土颗粒带11个负电荷,画出钠土和钙土的扩散双电层,并用扩散双电层解释基浆配制过程中加入 Na^+ 的原因。

9. 钻井液处理剂按功能分为哪些类?

10. 对加重剂有哪些要求?常用加重剂有哪些?

11. 举例分析无机处理剂的作用机理。

12. 常用的降滤失剂有哪些?以腐殖酸盐和 Na—CMC 为例分析其降滤失机理。

13. 常用的降黏剂有哪些?以单宁类降黏剂为例分析其作用机理。

14. 分析细分散钻井液体系的优缺点,并说明其主要用于什么样的地层钻井。

15. 细分散钻井液的受侵类型有哪些?受侵后钻井液的性能如何变化?如何处理钻井液的受侵?

16. 盐水钻井液的概念是什么?盐水钻井液有哪些类型?

17. 盐水钻井液的特点是什么?

18. 钙处理钻井液的概念是什么?其主要组成包括哪些?钙处理钻井液有哪些特点?

19. 钙处理钻井液包括哪些类型?

20. 聚合物钻井液的类型包括哪些?列举每种类型聚合物钻井液体系的代表性钻井液配方。

21. 以不分散低固相聚合物钻井液为例,简述其配制过程。

22. 深井和超深井对钻井液处理剂有何要求?

23. 常用的抗高温处理剂有哪些?可用于钻进深井和超深井的钻井液体系有哪些?各体系的特点是什么?

24. 油基钻井液的概念是什么?与水基钻井液相比,油基钻井液有哪些特点?

25. 油包水乳化钻井液的概念是什么?其基本组成包括哪些?简述各组成部分的作用。

26. 简述油包水乳化钻井液中乳化剂的作用机理。

27. 油包水乳化钻井液的配制和性能调节与水基钻井液有何区别?

28. 合成基钻井液的概念是什么?说明其与油包水乳化钻井液的主要区别。

项目四　钻井液固相控制

钻井液固相控制(简称固控)是指钻井液在保存适量有用固相的前提下,尽可能地清除无用固相。固控是实现优化钻井的重要手段,正确、有效地进行固控可以降低钻井扭矩和摩阻,减小环空压力波动,减小压差卡钻的可能性,提高钻井速度,延长钻头寿命,减轻设备磨损,改善下套管条件,增强井壁稳定性,保护油气层,以及降低钻井液费用。钻井液固控是现场钻井液维护和管理工作中最重要的环节之一。

任务1　振动筛的使用和维护

(1)熟悉振动筛的结构;
(2)掌握振动筛的工作原理;
(3)掌握振动筛的使用和维护;
(4)能够说明钻井液进行固相控制的必要性。

一、基础知识

1. 振动筛的结构

振动筛的结构如图4-1所示。

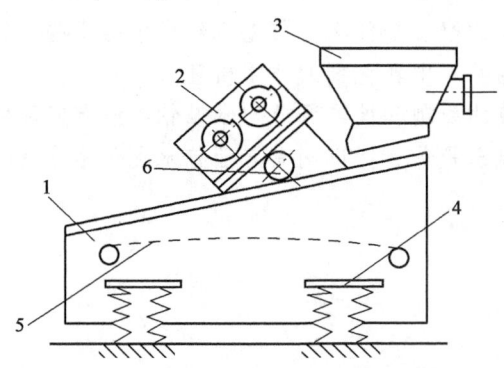

图4-1　振动筛的结构示意图
1—筛箱;2—激振器;3—渡槽;4—减振器;5—筛网;6—横梁

2. 振动筛的工作原理

振动筛是一种过滤性的机械分离设备。筛箱在一定的振击力下产生高频振动,从井口返出的钻井液流经振动着的筛网表面时,通过机械振动将粒径大于网孔的固体和颗粒间的黏附作用将部分粒径小于网孔的固体筛离出来,固相从筛网尾部排出;含有粒径小于网孔固相的钻井液透过筛网流入循环系统,从而完成对较粗固相颗粒的分离作用(视频15)。

振动筛具有最先、最快分离钻井液固相的特点,担负着清除大量钻屑的任务。如果振动筛发生故障,其他固控设备(除砂器、除泥器、离心机等)都会因超载而不能正常连续地工作。因此,振动筛是钻井液固控的关键设备。

视频15 现场振动筛工作情况

3. 振动筛的选用和组合

振动筛能够清除固相颗粒的大小,依赖于网孔的尺寸及形状。现场资料表明,使用12目(目指每英寸长度上的网孔数)粗筛网最多只能清除钻井液中10%的固相。为了使更多、更细的钻屑得以清除,应使用80~120目的细筛网。然而,这又会产生以下新的问题:细筛网的网孔面积小于常规筛网,从而减小了处理量;所用的细钢丝强度较低,因而使用寿命较常规筛网短;当高黏度钻井液通过细筛网时,网孔易被堵塞,甚至完全糊住,即出现所谓"桥糊"现象。

为了提高筛网的寿命和抗堵塞能力,现场还经常使用将两层或三层筛网重叠在一起的叠层筛网,其中下层的粗筛网起支撑作用,上层细筛网起筛分作用。此外,还有层与层之间有一定空间距离的双层或多层筛网,一般上层用粗筛网,下层用细筛网,上层粗筛网清除粗固相,可减轻下层细筛网的负担,以便更有效地清除较细固相。其缺点是下层筛网的清洗、维护保养和更换较困难。由于筛网越细,越易被堵,因此细网振动筛的振幅高于常规振动筛。通过高振幅的强力振动,可以减轻堵塞程度和避免"桥糊"现象的发生。目前油田现场新研发了波浪形筛网(彩图1),这种筛网能有效地增加与钻井液的接触面积,避免筛网的"马蹄铁"效应,从而增大筛网对钻井液的处理量。

彩图1 振动筛筛网

在选用振动筛时,除根据固相粒度分布选择合适的筛网外,还应考虑的另一重要因素是筛网的处理能力。振动筛的处理能力应能适应钻井过程中的最大排量。影响振动筛处理能力的因素,除其自身的运动参数之外,还有钻井液类型、密度、黏度、固相粒度分布与含量以及网孔尺寸等。筛网越细,钻井液黏度越高,则处理量越小。一般情况下,黏度每增加10%,处理量降低2%左右。为了满足大排量的要求,有时需要2或3台振动筛并联使用。

二、操作技能

1. 振动筛常用筛布的选择

振动筛常用筛布目数为12目、16目、20目、40目、60目、80目等,现场使用最多的为200目。钻井时必须使用振动筛,筛布的目数可以根据钻井需求合理选用,并且筛布要绷紧,及时更换,采用转筒式装置时应及时转动。

2. 振动筛筛箱倾角的调节

(1)从调节盘上卸掉红色的保险销(要把两侧的保险销都卸掉),用一侧的手轮调节筛箱角度,将另一侧也调至相同角度。

(2)当调到所要的筛箱角度时,重新插好保险销,必须确保两侧保险销的孔位置相同。

(3)通常钻井条件下,振动筛筛箱倾角应在上下2°之间,以便使液池末端正好接近第二张筛网的末端。

(4)当从井底返回的钻井液中固相较多、含有黏土或流量较大时,调大向上的倾角,可增大钻井液振动处理量,使固相更干燥,但也加快了筛网的磨损。

(5)通常当液池末端恰好接近第二张筛网末端时,钻屑已被充分脱干。

3. 振动筛筛网的清洗

(1)如果振动筛筛网是装在筛子上,可用废布或布手套以圆形运动来擦拭筛面;如果筛网已经卸下来了,可用高压空气或高压水从下面吹洗。

(2)盐水钻井液有时会导致在筛网的金属丝上出现钙沉积,随着金属丝上钙层厚度的增加,网孔将会堵塞,这样常常导致跑浆。通常用蒸汽来清洗沉积的钙质。

(3)覆盖在筛网丝上的钻井液中的其他添加剂或化学药品可用酸性溶剂来稀释,把水和酸性溶剂以5:1的比例混合好来清洗筛网。需注意的是酸性溶剂对皮肤和眼睛有害,如果溅到皮肤、眼睛或衣服上应立即用水冲洗。

4. 振动筛筛箱振幅的调节

振动筛振幅已经预置,使其在大多数工况下输送固相能力最大、筛网寿命最长。但为了适应特殊工作的需要,还可调节筛箱的振幅。增大振幅有利于固相输送和增大钻井液处理量,但会影响筛网和电动机轴承的寿命。减小振幅则正相反。

改变振幅应按以下步骤进行:

(1)关闭电源,并在电源上做出切断标识;

(2)卸掉电动机上的四个护罩;

(3)旋转电动机轴上每副平衡块中最外面的一个,来改变电动机产生的激振力;

(4)松开平衡块上的锁紧螺栓,以松开外面的平衡块;

(5)将四副平衡块都放在最大激振力相同百分比的位置;

(6)重新装上电动机平衡块护罩,接上电动机电源。

三、问题探究

1. 振动筛常见的故障及维护方法

振动筛常见故障及维护方法见表4-1。

表4-1 振动筛常见故障及维护方法

常见故障	维护方法
振动筛过热	(1)检查密封圈是否漏油,加润滑剂;(2)通风或用高温润滑剂
润滑剂漏失	使用高温润滑剂
轴承中有砂	清洗轴及轴承,重新润滑
轴承有噪声	更换轴承
振动不稳	检查皮带是否损坏、松动或在一条直线上,检查平衡装置,然后加以解决

2. 在钻井过程进行固相含量控制的原因

1) 钻井液固相含量对钻速的影响

(1) 钻速随固相含量的升高而下降。假设清水时钻速为 100%，若固相含量升至 7%，钻速下降为 50%，即降为清水时钻速的一半。大量统计资料表明，固相含量在 7% 以内，每降低 1%，钻速至少可以提高 10%。

(2) 在不同的固相含量范围内，钻速随固相含量的降低而升高的幅度不同。钻井液固相含量在 7%（约相当于密度为 $1.08g/cm^3$）以下时，固相含量降低钻速提高得很快；而超过 7% 时，降低固相含量对提高钻速的效果不明显。

(3) 钻井液中粒径小于 $1\mu m$ 的胶体颗粒对钻速的影响最大。实验得出，粒径小于 $1\mu m$ 的胶体颗粒对钻速的影响比粒径大于 $1\mu m$ 的粗颗粒对钻速的影响大 12 倍。所以，钻井液中粒径小于 $1\mu m$ 的胶体颗粒越多，钻速下降幅度越大。

2) 钻井液中固相含量高的危害

(1) 使钻井液密度升高，降低机械钻速，缩短钻头使用寿命。

(2) 滤饼增厚，且质地松散，摩擦系数高，导致起下钻遇阻遇卡，易引起黏附卡钻；另外，滤失量增大，可造成井壁膨胀、缩径、剥落、坍塌等；再者，滤饼渗透性大，滤失量大，可降低油层渗透率和原油生产能力；固相含量高，滤饼厚，还可能影响固井质量。

(3) 含砂量高，严重磨损钻头、钻具和机械设备，使钻井不能顺利进行。

(4) 钻井液性能不稳定，黏度、剪切应力升高，流动性不好，易发生黏土侵和化学污染。

(5) 砂样混杂，电测不顺利，测井资料不准确。

(6) 处理频繁，使钻井液成本升高。

所以必须及时清除钻井液中的岩屑、砂粒和劣质黏土等无用固相，使钻井液中膨润土和重晶石等有用固相含量维持在所要求的范围内，并从钻井液中分离膨润土和重晶石。

3. 固相控制的方法

进行钻井液固相控制的方法主要有机械法、稀释法和化学絮凝法。

(1) 机械法：合理采用振动筛、除砂器、除泥器、清洁器和离心机等机械设备将钻井液中的固相按照密度和颗粒大小不同而分开，并根据需要取舍，以达到控制固相的目的。这种方法处理时间短，效果好，而且成本较低。

(2) 稀释法：利用清水或者其他较稀的流体直接稀释循环系统中的钻井液，也可在钻井液池容量超过限度时用清水或性能符合要求的新浆替换出一定体积的高固相含量的钻井液，使总的固相含量降低。稀释法操作虽然简便、见效快，但在加水的同时必须补充足够的处理剂，如果是加重钻井液还需要补充大量的重晶石等加重材料，因而使钻井液成本显著增加。为了尽可能减低成本，一般遵循以下原则：稀释后的钻井液总体积不宜过大；部分旧浆的排放应在加水稀释前进行，不要边稀释边排放；一次性多量稀释比多次少量稀释的费用要少。

(3) 化学絮凝法：在钻井液中加入适量的絮凝剂（如部分水解聚丙烯酰胺），使某些细小的固体颗粒通过絮凝作用聚结成较大颗粒，然后用机械方法排除或在沉砂池中沉除。这种方法是机械法的补充，两者相辅相成。

4. 振动筛跑浆问题

振动筛使用过程中出现跑浆现象主要与钻井液中固相含量高、钻井液黏度高、钻屑分散等被筛分物料的因素有关;与振动筛的振动力小、筛网目数高、筛网面积小的自身条件有关;与现场安装时振动筛的进液口方向和位置也有很大关系,可以从以下几点逐步进行分析:

(1)筛网目数选用不合理,振动筛不能在浅井段采用较细的筛网。钻井初期应该使用筛孔较大的筛网,伴随着钻井深度的逐渐增加,筛网也应该逐渐采用更细的筛网。

(2)地层和钻井液情况影响处理量。由于钻井液中添加的药物未能充分溶解,糊在筛网上,此时会发生严重的跑浆现象,应当等药物充分溶解后再使用,或者采用较大孔的筛网。还有一种情况,当钻到松散的含砂岩层或流砂层时,砂粒容易卡在筛网孔中,造成筛堵现象。因此要试验几种不同目数的筛网来减少筛堵现象。

(3)检查电动机的转向是否正确。首先卸下激振器护罩,检查两个电动机的偏心块旋向是否均向外侧旋转,如果转向错误,请调换电控箱进线电源中的任意两根相线。错误方式一:两个电动机朝内侧旋转,虽然也能向外排除钻屑,但是速度慢;错误方式二:两个电动机同向旋转,振动力很小,基本不排砂也不处理钻井液。

(4)处理量小。检查振动筛振幅,一般出厂时振幅都为90%,如果跑浆,可以将内外侧偏心块角度对齐,则振动力为100%。这个时候处理量仅增加15%左右。

(5)检查液流分布在筛框上是否合理。钩边筛网结构的振动筛,两侧筛面比中间低,钻井液容易流向两侧而跑失,应当确保钻井液从中间进入筛框。此时,可以采用两个方案。一是调整前弹簧座,适当升高筛箱前部的角度;二是调整延伸槽的翻转板位置,控制液流分布情况。

(6)检查筛网质量。筛网一般为上部的筛分层和下部的受力层,这两层之间要紧密结合,如果筛网的受力层紧绷时,筛分层没有拉紧,工作时钻屑的抛掷力大大减少,钻井液的处理量小,并且不能顺利筛分和排除钻屑。

四、拓展知识

振动筛安装使用时的注意事项

(1)振动筛安装必须底座四角垫实,进液端高于排液端,保证筛子平稳振动。

(2)接电源前,首先将四个弹簧座上面固定筛箱的螺栓卸掉,妥善保管,下次再用。

(3)使用前,要检查固定电动机的每条螺栓是否松动,用公斤扳手按标准紧固。使用2~4h,要停机检查紧固。

(4)电源线要连接准确,保证电动机正转。使用时电动机转向必须与护罩上箭头方向一致,否则不除砂。按规定时间正确保养电动机。

(5)安装筛网时,必须标准、准确。

(6)不用振动筛时,应及时用清水清洗筛网,清洗干净镶嵌在筛孔中的砂粒。

(7)搬动安装过程中,严禁脚踏、砸压筛网,不得在筛网上放杂物。吊装运输前,必须用压板四点固定筛箱,保证筛箱牢固。

(8)安装筛布时,要平稳紧固,延长筛布的使用寿命和筛子的除砂效果。

(9)使用时,皮带张紧适度,以不打滑和不产生剧烈跳动为宜。停机时,应随时检查皮带的张紧程度,并随时调整。

(10)拆卸电动机和皮带轮应严格按照操作规程操作,否则会损坏配件。

(11)导流槽内的砂子应经常清理,否则会影响导流槽内开关的使用。

(12)使用前,调整两边升降器高度使之必须相同,否则筛箱振动不平稳,损坏筛子。

(13)冬天不使用振动筛时要保证筛箱不冻,使用前要先对筛箱预热后再使用。

(14)冬天在起钻停止使用振动筛前,要把导流槽内的钻井液全部排掉,防止堵冻振动筛进液口。

任务 2　旋流器的使用和维护

(1)熟悉旋流器的结构;
(2)掌握旋流器的工作原理;
(3)掌握旋流器的使用与调节;
(4)掌握泵排量和循环周的计算。

一、基础知识

1. 旋流器的结构

用于钻井液固相控制的旋流器是一种带有圆柱部分的立式锥形容器,其结构如图 4-2 所示。锥体上部的圆柱部分为进浆室,其内径即旋流器的规格尺寸,侧部有一切向进浆口;顶部中心有一涡流导管,构成溢流口;壳体下部呈圆锥形,锥角 15°~20°;底部的开口称为底流口,其口径大小可调节。

2. 旋流器工作原理

旋流器是由上部筒体和下部锥体两大部分组成的非运动型分离设备,其分离原理是离心沉降。当钻井液由砂泵以一定压力和流速经进浆管沿切线方向进入旋流器液腔后,钻井液便以很快的速度沿筒壁旋转,产生强烈的三维椭圆强旋转剪切湍流运动,由于粗颗粒与细颗粒之间存在粒度差(或密度差),其受到的离心力、向心浮力、液体拽力等大小不同,在离心力和重力的作用下,粗颗粒克服水力阻力向器壁运动,并在自身重力的共同作用下,沿器壁螺旋向下运动,细而小的颗粒及大部分浆则因所受离心力小,未等靠近器壁即随钻井液做回转运动。在后续钻井液的推动下,颗粒粒径由中心向器壁越来越大,形成分层排列。根据伯努利方程,随着钻井液从旋流器的柱体部分流向锥体部分,流动断面越来越小,在底流口内外压差的作用下,空气通过底流口被吸入,在空气流的作用下,含有大量细小颗粒的内层钻井液改变方向,转而向上运动,形成内旋流,自溢流管排出,成为溢流进入钻井液罐;而粗大颗粒则继续沿器壁螺旋向下运动,形成外旋流,最终由底流口排出,成为沉砂,从而达到钻井液固液分离的目的和效果,如图 4-3 所示。

3. 旋流器的使用与调节

目前用于钻井液固控的旋流器多为平衡式旋流器。如果这种旋流器的底流口尺寸调节适当,那么在给旋流器输入纯液体时,液体将全部从溢流口排出;当输入含有可分离固相的液体时,固体将会从底流口排出。需要说明的是,对于可分离粒径范围的某尺寸颗粒,特别是较细的颗粒,并不可能 100% 从底流口排出。

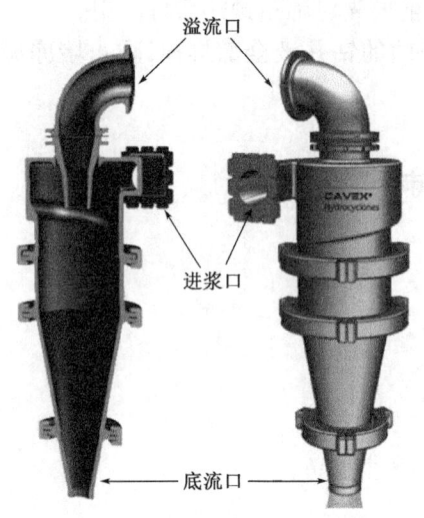
图4-2　旋流器的结构示意图

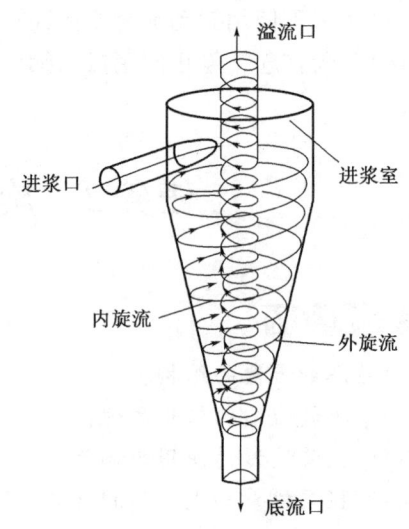
图4-3　旋流器工作原理

如果将底流口调节到比平衡点的开口小,则在平衡点与实际的底流口之间会出现一个干的锥形砂层。当较细颗粒穿过砂层时会失去其表面的液膜,并造成底流口堵塞。这种不合理的调节通常称为"干底",由"干底"引起的故障称为"干堵"。

如果底流口的开度大于平衡点所对应的内径,那么将有一部分液体从底流口排出,这种调节称为"湿堵"。在实际操作中,理想的平衡点很难调节和保持。在仅有"干堵"和"湿堵"两种选择的情况下,还是宁选后者。只要液流损失不严重,就可视为正常情况。

旋流器理想工作时,底流口有两股流体相对流过。其中一股是空气的吸入,另一股则是含固相的稠浆呈伞状雾状排出,在底流口用手指可以感受到有空气吸入(视频16)。只有这种工作状态,才能充分发挥旋流器的效力。空气被吸入的原因是由于向上的旋流束的高速运动使旋流区内形成一个低压区,被吸的空气和向上的旋流束一起从溢流口流出。

当钻井液中固相含量过大,从而造成被分离的固相量超过旋流器的最大许可排量时,则底流呈绳状(或称串状)排出,此时底流口无空气吸入,因而很容易发生堵塞。在这种不正常的工作状态下,许多处于旋流器清除范围之内的固相颗粒,会折回溢流管并返回钻井液体系(视频17)。

视频16　旋流器正常工作状态—伞状雾状排出

视频17　旋流器异常工作状态—串状排出

由于伞状底流里较细颗粒的含量比绳状底流高,而较细颗粒具有较高的比表面,因此绳状底流里单位质量固体的含液量比伞状底流小,即其底流密度比伞状底流大。但是,这并不意味着以绳状排出时的分离效率更高。相反,由于此时溢流里含有较多的细颗粒,这会使返回循环系统中去的钻井液具有较高的密度和黏度,因此认为底流密度越大越好的观点是不正确的。

一般情况下,绳状底流可以通过调节底流口的大小来克服,但当固相颗粒输入严重超载时,旋流器出现绳状底流是不可避免的,此时只能通过改进振动筛的使用或增加旋流器数目等措施来加以防止。

旋流器底流呈柱状排出,是另一种非正常工作状态,俗称跑浆现象(视频18),造成这种工作状态的原因有钻井液在旋流器内转速不够、进液压力不足、砂泵工作不正常、电压不足、进液管堵塞等。

视频18　旋流器异常工作状态—柱状排出

4. 旋流器的分离能力

旋流器的分离能力与旋流器的尺寸有关,直径越小,分离的颗粒也越小。表4-2列出了各种尺寸的旋流器可分离的固相颗粒直径范围。

表4-2　各种尺寸的旋流器可分离的固相颗粒直径范围

旋流器直径,mm	50	75	100	150	200
可分离的固相颗粒直径,μm	4~10	7~30	10~40	15~52	32~64

但需注意,处于可分离直径范围的某一尺寸的颗粒,特别是较细的颗粒,并不可能100%从底流口排出。为了定量表示旋流器分离固相的能力,有必要引入分离点这个概念,即如果某一尺寸的颗粒在流经旋流器之后有50%从底流口被清除,其余50%从溢流口排出后又回到钻井液循环系统,那么该尺寸就称为这种旋流器的50%分离点,简称分离点(Cut Point)。显然,旋流器的分离点越低,表明其分离固相的效果越好。表4-3列出了几种规格的旋流器在正常情况下的分离点,从表中可以看出,小尺寸的旋流器具有更好的分离效果,然而它处理钻井液的量比大尺寸旋流器要小。

表4-3　几种规格的旋流器在正常情况下的分离点

旋流器直径,mm	300	150	100	75
分离点,μm	65~70	30~34	16~18	11~13

现场使用情况表明,某一尺寸的旋流器,其分离点并不是一个常数,而是随着钻井液的黏度、固相含量以及输入压力等因素的变化而变化。一般来讲,钻井液的黏度和固相含量越低,输入压力越高,则分离点越低,分离效果越好。

5. 旋流器的类型

旋流器按其直径不同,可分为除砂器、除泥器和微型旋流器三种类型(视频19)。

(1)除砂器。通常将直径为150~300mm的旋流器称为除砂器。在输入压力为0.2MPa时,各种型号的除砂器处理钻井液的能力为20~12m^3/h。处于正常工作状态时,它能够清除大约95%大于74μm的钻屑和大约50%大于30μm的钻屑。为了提高使用效果,在选择型号时,除砂器的许可处理量应该是钻井时最大排量的1.25倍。

视频19　旋流器分类

(2)除泥器。通常将直径为100~150mm的旋流器称为除泥器。在输入压力为0.2MPa时,其处理能力不应低于10~15m^3/h。正常工作状态下的除泥器可清除约95%直径大于40μm的钻屑和约50%直径大于15μm的钻屑。除泥器的许可处理量应为钻井时最大排量的1.25~1.5倍。

(3)微型旋流器。通常将直径为50mm的旋流器称为微型旋流

—143—

器。在输入压力为 0.2MPa 时,其处理能力不应低于 5m³/h,分离粒度范围为 7~25μm。主要用于处理某些非加重钻井液,以清除超细颗粒。

除砂器和除泥器的工作程序基本一样,钻井液从锥体一侧的进液口切入,在锥体液腔内旋转,岩屑沿锥体内壁从底流口排出,处理后钻井液由柱体上方的溢流口排出。

6. 泵排量计算

因为除砂器、除泥器数量的确定依据是钻井液处理量,而钻井液处理量要依泵排量计算,所以有必要计算泵的排量。

泵排量的计算公式为：

$$Q = nK \tag{4-1}$$

式中　Q——钻井泵排量,L/s；

　　　n——冲速,冲/min；

　　　K——排量系数。

7. 循环周计算

循环周的计算公式为：

$$T = \frac{V}{60Q} \tag{4-2}$$

其中

$$V = V_{井} + V_{地} - V_{柱}$$

式中　T——钻井液循环一周需要的时间,min；

　　　V——总体积,L；

　　　Q——泵排量,L/s；

　　　$V_{地}$——地面循环钻井液体积,L；

　　　$V_{井}$——井眼容积,L；

　　　$V_{柱}$——钻柱体积,L。

二、操作技能

1. 旋流器操作步骤

(1) 用合适的泵向旋流器中注入清水。

(2) 把低流尖嘴全部放开。

(3) 逐渐调小尖嘴尺寸。

(4) 在钻井过程中,根据实际情况不断地按上述方法调整旋流器。

2. 技术要求

(1) 旋流器工作压力为 0.15~0.25MPa。

(2) 全部敞开时应有一些水以帘状喷洒的形式漏出来。

(3) 尖嘴从小到大的调节过程中,到只有慢速底流从排泄口排出为止,此点为正常平衡点。

(4) 避免引起"平滩"或"干底"效应的过分调整,否则会造成严重的底流开口堵塞和过分的下部磨损。

(5)钻进中出现绳状或串状排泄,应放大尖嘴尺寸,直到呈伞状为止。当过量负荷消失后再平衡操作。

(6)应按固相颗粒的尺寸范围确定除砂器、除泥器的尺寸,再按处理量确定使用数量。处理量可按泵排量计算,一般为泵排量的1.5倍左右。

(7)钻井液进口压力应保持在规定的范围内,处理前后钻井液密度差大于$0.02g/cm^3$,底流密度大于$1.70g/cm^3$。进入除砂器的钻井液必须经振动筛处理,同样,进入除泥器的钻井液也必须经振动筛、除砂器处理。

(8)加重钻井液只能使用振动筛、除砂器处理。

三、拓展知识

1. 旋流器常见的故障及维护方法

旋流器常见故障及维护方法见表4-4。

表4-4 旋流器常见故障及维护方法

常 见 故 障	维 护 方 法
进料口压力太低	(1)检查砂泵吸入管是否有砂粒堆积并清理; (2)检查轴承密封套是否有空气漏入泵,并上紧
没有底流或底流很少	(1)尖嘴堵塞,可卸掉顶部阀门加以清洗; (2)溢流阀内有真空,可在溢流管线中安装一个真空调节器; (3)顶部阀门太小,应适当开大
底流绳状或串状排列	(1)顶部阀门太小,应适当开大; (2)进口压力太低,检查砂泵; (3)钻井液黏度太大,适当降低黏度
底流密度接近进口钻井液密度	尖嘴太小,关小顶部阀门

2. 钻井液清洁器

钻井液清洁器是一组旋流器和一台细目振动筛的组合。上部为旋流器,下部为细目振动筛,如图4-4(彩图2)所示。

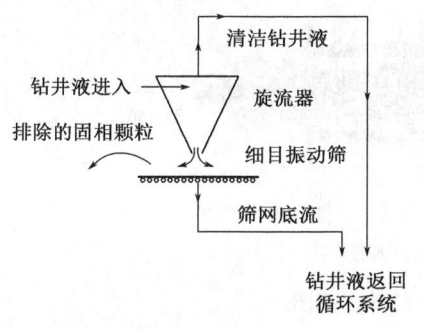

彩图2 钻井液清洁器

图4-4 钻井液清洁器工作原理

钻井液清洁器处理钻井液的过程分为两步:

第一步是旋流器将钻井液分离成低密度的溢流和高密度的底流,其中溢流返回钻井液循环系统,底流落在细目振动筛上。

第二步是细目振动筛将高密度的底流再分离成两部分,一部分是重晶石和其他直径小于网孔的颗粒透过筛网,另一部分是直径大于网孔的颗粒从筛网上被排出。所选筛网一般为100~325,通常多使用150目。由于旋流器的底流量只占总循环量的10%~20%,因此筛网的"桥糊"和堵塞不是严重问题。

钻井液清洁器主要用于从加重钻井液中除去比重晶石粒径大的钻屑。加重钻井液在经过振动筛的一级处理之后,仍含有不少低密度的固体颗粒。这时如果再单独使用旋流器进行处理,重晶石会大量流失。使用钻井液清洁器的优点就在于既降低了低密度固体的含量,又避免了重晶石的大量损失。

任务3 离心机的使用与维护

学习目标

(1)熟悉离心机的结构;
(2)掌握离心机的工作原理;
(3)掌握离心机的启停操作;
(4)能够阐述离心机的应用情况。

一、基础知识

1.离心机的结构

用于钻井液固控的主要是倾注式离心机,又称沉降式离心机。离心机由主机、供液系统(砂泵)和控制系统三大部分组成,其核心部件有滚筒、螺旋输送器和变速器,主机由主驱动电动机、辅驱动电动机、液力耦合器、皮带传送装置、滚筒、螺旋输送器和机架等组成。离心机结构如图4-5所示。

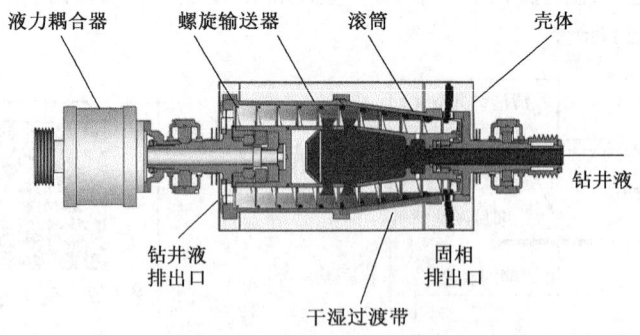

图4-5 离心机结构示意图

2.离心机工作原理

离心机工作时,钻井液通过一固定的进浆管进入离心机,然后在输送器轴筒上被加速,并通过在轴筒上开的进浆孔流入滚筒内。由于滚筒的转速极高,在离心力作用下,密度或体积较大的颗粒被甩向滚筒内壁,使固液两相发生分离。其中固相被输送器送至滚筒的小端,经底流口排出;而含有细颗粒的液相以相反方向流向滚筒大端,从溢流口排出(视频20)。滚筒内液层的厚度靠调节离心机端面上 8~12 个溢流孔来控制。输送器能够连续地推动沉降下来的固相颗粒向小端移动。当移至离心机的干湿区过渡带时,由于离心力和压力的作用,大多数自由水被挤掉,留在颗粒表面的主要是吸附水。因此,离心机是唯一能够从分离的固相颗粒上清除自由水的钻井液固控装置,它可将液相损失降低到最小程度。变速器的作用是使输送器的转速稍慢于滚筒的转速,

视频20 离心机工作原理

一般仅慢 20~40r/min,其目的在于能连续输送固相。多数变速器的变速比为 80∶1,即滚筒每转动 80 转,输送器便少转 1 转。

3. 离心机的应用

离心机可用于处理加重钻井液以回收重晶石和清除细小的钻屑颗粒。使用离心机的好处是既降低了加重钻井液中低密度固相的含量,使黏度、剪切应力得到有效的控制;又可大大地减少重晶石的补充量,从而降低钻井液的成本。具体做法是:钻井液用离心机处理后,将底流的固相颗粒回收,而将溢流的液相(主要包含低密度固体)丢弃。

需要注意的是,钻井液清洁器和离心机都可用于从加重钻井液中清除钻屑,并回收大部分重晶石。但是,这两种设备清除颗粒的粒度范围有所不同。从宏观来看,钻井液清洁器清除的钻屑颗粒比重晶石颗粒大,而离心机清除的钻屑颗粒比重晶石颗粒小。它们的作用可以相互补充,对于密度大于 $1.80g/cm^3$ 的加重钻井液,最好两种设备同时使用。

离心机还常用于处理非加重钻井液以清除粒径很小的钻屑颗粒,以及对旋流器的底流进行二次分离,回收液相,排除钻屑。

二、操作技能

1. 离心机操作前的检查

(1)旋转体周围无影响主机运转的物体。

(2)三角皮带张紧情况及各护罩紧固,无松动现象。

(3)用手转动主电动机三角皮带,要求转离心机两圈,手转动时是否有卡现象,手感若有阻力,应检查主机找出原因。

(4)检查进浆管分流阀是否打开,必须保证启动时分流阀在全开位置。

(5)检查清水源是否有水,以便在黏度太高时可以加 5%~8% 的水,有助于分离效果及使用后的清洗。

视频21 离心机启停机操作

(6)如果长时间没有使用,使用前应检查离心机双行星差速器的机械油是否充足,打开螺栓堵应看到油流出,若不足可补充 30 号机械油。

2. 离心机启动操作(视频21)

(1)首先合上电源总开关及泵的电源开关。

(2)先启动辅驱动电动机,等待运行平稳无其他杂音30s后可以启

动主驱动电动机,观察运转情况是否正常(若有异常首先停主驱动电动机,后停辅驱动电动机)。

(3)主、辅驱动电动机运转正常后,打开进液管的分流阀,启动供液泵,根据工作情况,调节分流阀的分流量增减进浆量。

3. 离心机停机操作

(1)关闭供液泵电源,停止供液,关闭分流阀和供液阀。

(2)打开清水闸门向机内供水清洗,持续5min停机(先停主驱动电动机,再停辅驱动电动机)。停机期间,清水继续注入机内3min左右再开机运转,重复上述过程2~3次,彻底清除内腔杂物。

(3)内腔清洗干净后,按程序断开电源,关闭清水阀门打开上盖,用水清洗护罩内壁,其四周保证无沉砂。

(4)关闭上盖。

三、拓展知识

1. 提高离心机分离效率的方法

为了提高离心机的分离效率,一般需对输入离心机的钻井液用水适当稀释,以使钻井液的漏斗黏度降至34~38s为宜,稀释水的加入速度为0.38~0.5L/s。离心机的转速对分离颗粒粒度也有很大影响。例如,处理量为$21.6m^3/h$的离心机,当工作转速为3250r/min时,对水基钻井液可分离重晶石至$2\mu m$,钻屑至$3\mu m$;当工作转速为2500r/min时,可分离重晶石至$6\mu m$,钻屑至$9\mu m$。根据斯托克斯定律,重晶石颗粒可与1.5倍于其粒径的低密度固相颗粒同时沉降。在使用离心机时,应注意选择合适的转速和处理量,以取得预期效果。

2. 离心机的安装

(1)离心机应该平稳牢固地安装在3号循环罐顶或其他合适部位。供液泵放在前一个罐内,使处理前后的钻井液能够分开。

(2)回收底流排除溢流,应将底流管伸入循环罐中,溢流槽伸向废浆池。

(3)在离心机控制箱外另装电源开关,不能用离心机的控制箱作为主电源开关。

3. 离心机的技术要求

离心机转速可在300~3250r/min内调整,低速可回收重晶石,高速可分离膨润土和黏土。

思 考 题

1. 振动筛的基本组成有哪些?简述其工作原理。
2. 振动筛常见的故障有哪些?如何进行维护?
3. 简述钻井液固相含量与钻井作业的关系。
4. 钻井液固相控制方法有哪些?
5. 某井在钻井过程中振动筛发生跑浆现象,如何进行处理?
6. 简述旋流器的结构及各组成部分的作用。

7. 简述钻井液旋流器的正常和异常工作状态,并分析异常工作状态如何调整。
8. 如何判断旋流器的分离能力?按分离能力的不同,旋流器可以分为哪几种类型?
9. 加重钻井液是否可以使用钻井液旋流器?如何对加重钻井液进行固相控制?简述其工作原理。
10. 简述离心机的主要组成部分,并分析各组成部分的功用。

项目五 钻井液的使用与维护

任务1 正常钻井过程中钻井液的使用与维护

 学习目标

(1)掌握正常钻井过程中各工序对钻井液的要求;
(2)能够根据不同钻井过程正确调整和维护钻井液性能。

一、基础知识

1. 钻前准备工作

(1)勘察水源。一口井开钻前,尤其是新区,必须勘察水源情况,取样进行水质分析;检查水泵、供水管线,并将储水罐和大循环池注满水(若水质不符配浆水的要求,应在配浆前对水进行化学处理,以保证钻井液性能的稳定)。

(2)检查循环系统。用清水检查循环系统、容器、钻井液枪、混合漏斗等是否完好,有无刺漏现象,钻井液溜槽坡度是否合适。

(3)表层准备。钻表层应该用钻井液罐或大循环池,若使用大循环池时,不要沿高压管线挖地沟;如用钻井液钻表层,应储备足够的钻井液。钻表层用的钻井液必须提前24~48h配制,以保证钻井液性能均匀稳定。

(4)二开准备。检查和校正好钻井液性能测定仪器;准备好快速钻进阶段使用的处理剂和原材料。

2. 钻表层时钻井液的使用

表层一般为黏土层和砂层,地层比较松软,胶结性差,可钻性好。表层深度不深,时间短,对钻井液要求不严格,一般采用清水自然造浆,或采用膨润土—聚合物钻井液开钻。钻表层时要注意以下事项:

(1)地层易吸水松垮,造成井壁坍塌及井径过大现象,应使钻井液尽快形成滤饼,稳固井壁。

(2)钻速高,要求所用的钻井液携带岩屑能力强,保持井眼清洁。

(3)如果临井资料有"防漏""堵漏"提示时,尽量不要用清水开钻。

3. 上部井段(二开)钻井液的使用

现场把表层后的钻井称为二开。此阶段的特点是钻井速度快,裸眼钻井井段长,上部地层一般都比较松软,多为黏土层、流沙层和松软的泥岩及砂岩层,易水化膨胀和分散造浆,渗漏性

强、易塌、易漏、易卡。二开要求钻井液滤失量小,能尽快形成质量好的滤饼来稳定井壁;携带和悬浮岩屑能力要强,能满足井眼净化和提高钻速的要求;同时要具有较好的剪切稀释特性。此阶段的钻井液工作主要包括:

(1)为了克服地层的剧烈造浆和使粉砂、岩屑能在地面迅速沉淀加以清除,钻井液要保持低黏度、低切力、低密度、低固相含量,并要适当控制滤失量;主要以大量清水稀释为主,可配合一至二次化学处理,加入絮凝剂防止黏土颗粒分散。

(2)快速钻进要注意防漏,如遇渗透性滤失,可用小排量强行钻穿,一般可将井漏制止。如漏失严重,则应提高钻井液的黏度、剪切应力,降低排量,穿过漏层,切忌大排量冲刷。

(3)钻速快,钻井液消耗量大,要经常不断地补充清水,要注意防止把钻井液池抽干而被迫停钻;或停钻后,连续往钻井液池放入过多清水,直接打入井内,容易引起井下事故。

(4)起钻前50m左右用处理剂处理一次,以促进黏土水化,形成结构致密的滤饼,以稳定井壁。同时稍微提高黏度、剪切应力,以便清除井内岩屑,促使井眼净化,避免下钻遇阻。

(5)此阶段进尺快,岩屑量大,起钻前要适当洗井,以保证井下通畅。

4. 中深井和深井阶段钻井液的使用

在深井和超深井阶段,地层开始变硬,钻速变慢,在此阶段的钻井液工作主要包括:

(1)调整好钻井液性能,使钻井液性能稳定,符合规定要求。同时仔细清理循环系统,清洗快速钻进阶段沉积的岩屑和泥砂。在处理前要认真做好小型试验,力求每次处理都能成功。

(2)随着井深的增加,钻井液密度随之增大,应准备足够的钻井液加重材料。

(3)要注意防止井喷、井塌、井漏和卡钻等事故,防止钻井液受化学污染。进入高压油层、气层、水层以前要使钻井液密度达到设计要求。进入含有化学盐类的地层前要对钻井液进行预处理,以提高其抗盐类污染的能力。

(4)随着井深的增加,井底温度不断升高,注意选用抗高温处理剂和抗高温的钻井液,并要注意测定高温下钻井液性能。

(5)此阶段历程长,地层复杂,所用的钻井液体系也可能进行多次变换,要及时做好钻井液类型的转化工作。

5. 完钻完井阶段钻井液的使用

完钻完井阶段是一口井的最后阶段。一口井在钻至设计井深之后,能否取全取准所需地层资料和达到固井质量标准,交付投产采油,取决于完井工作能否顺利进行及完井工作质量。本阶段的工作包括完钻、电测和井壁取心、通井、下套管、固井、安装井口等工作。完井阶段不再钻井,这时改用完井液,完井液的性能要求包括:

(1)钻井液滤失量小于5mL,滤饼薄而坚韧致密,滤饼摩擦系数小于0.15。

(2)对于非加重钻井液,固相含量小于8%。

(3)钻井液要有良好的造壁性能和油气层保护性能。

(4)为保证固井质量应具有较低的黏度和剪切应力。

完井液使用与维护具体工作内容下:

(1)根据完井液性能和完井工作的具体情况,确定合适的完井液性能,黏度应比钻进时适当提高(如提高5~10s);应在最后一只钻头钻至设计井深前20~30m时配好完井液,或将钻井液处理、调整好,保证处理后的钻井液性能符合完井要求。

(2)测量完井液全套性能,包括密度、黏度、滤失量、流变参数、固相含量、滤饼黏附系数等。

（3）根据完井液性能情况做小型试验,确定防塌降滤失剂、润滑剂、降黏剂等处理剂加量。

（4）根据小型试验,加入防塌降滤失剂、润滑剂等处理剂调整完井液性能,使完井液造壁性、润滑性、黏切力达到要求。

（5）下套管前通井和下完套管后不宜用处理剂处理,只宜用清水调整完井液,使其其良好的稳定性;不要大幅度降低完井液黏度、剪切应力、避免破坏井壁造成坍塌,防止井漏和卡套管事故发生,保证固井作业安全顺利,提高固井质量。

二、操作技能

1. 钻井液现场性能测定

（1）钻井液现场性能测定要定时校正钻井液测量仪器,做到准确无误。

（2）按规定及时正确测量钻井液性能,使用各种手段认真观察钻井液的变化。

（3）做好室内小型试验。

在钻井过程中,根据所测量的钻井液性能数据的变化认真分析和思考各种性能变化的原因和相互关系,并借此判断井下情况。

2. 填写钻井液报表

在钻井过程中,相关人员应按规定,定时将测定的钻井液常规性能如实填写到表5-1的钻井液班报表中,并对照设计性能对钻井液性能进行调节和处理。

表5-1 钻井液班报表

井号：　　　　队号：　　　　迟到时间：　　min/m　　　　年　月　日　班

时间 min	井深 m	地层及岩性	密度 g/cm^3	黏度 s	出口温度 ℃	排量 L/s	泵压 MPa	时间 min	井深 m	地层及岩性	密度 g/cm^3	黏度 s	出口温度 ℃	排量 L/s	泵压 MPa

井深 m	流变性能										切力		中压失水		高压失水		滤饼黏附系数	含砂量 %	pH值
	ϕ_3	ϕ_6	ϕ_{100}	ϕ_{200}	ϕ_{300}	ϕ_{600}	PV mPa·s	YP Pa	n值	K值 mPa·s^n	Z值	10s剪切应力 Pa	10min剪切应力 Pa	失水 mL	滤饼 mm	失水 mL	滤饼 mm			

固相含量		接班井深,m			交班井深,m			本班进尺,m	
取样井深 m		固控设备使用情况	振动筛		除砂器		除泥器		除气器
取样量 mL			1号	2号	压力 MPa	底流密度 g/cm^3	压力 MPa	底流密度 g/cm^3	真空度

续表

固相含量			接班井深,m			交班井深,m			本班进尺,m		
水量 mL			固控设备使用情况								
油量 mL											
含油率 %			运转时间								
固相含量	%		处理情况	起止时间		处理剂名称			比例或浓度		加量
	g/L										
膨润土含量	%										
	g/L										
滤液分析											
取样井深 m											
总矿化度 mg/L											
Cl^-含量 mg/L											
Ca^{2+}含量 mg/L			施工简况								
钻井液类型											
钻井液碱度											
滤液碱度											

填写人： 工程师(技术员)： 保存部门： 保存期：

3. 现场钻井液化学处理

在钻井过程中,若需对钻井液进行化学处理,必须提前根据小型试验制订出处理方案,确定处理的目的,加入处理剂的种类、数量以及加入方法,制订出应达到的性能指标,并且在处理时要根据钻井工况选择合适的处理时机。化学处理最好在正常钻井时进行,按循环周均匀加入处理剂,处理剂加量应不超过小型试验加量的50%~80%。

处理时要边观察、边测量、边实验、边处理;处理后要测循环周数据;做好资料、数据的记录和整理,并将处理结果和测量结果如实地填写到钻井液班报表中。

任务 2　特殊施工工艺过程中钻井液的使用与维护

📖 **学习目标**

(1) 掌握录井、固井和测井作业对钻井液哪些性能参数有要求；
(2) 能够准确测量和维护钻井液的性能,满足录井、固井和测井要求。

一、基础知识

1. 录井对钻井液性能的要求

钻井过程中,钻井液钻遇油、气、水层和特殊岩性地层时其性能将发生各种不同的变化,根据钻井液性能变化和槽面显示可以判断井下是否钻遇油、气、水层和特殊岩性地层。某些岩层对钻井液性能的影响见表 5-2。

表 5-2　某些岩层对钻井液性能的影响

	油层	气层	盐水层	淡水层	黏土	石膏	盐岩	疏松砂岩
密度	减	减	增→减	减	增		增	略增
黏度	略增	增	增→减	减	增	剧增	增	略增
滤失量			增	增	减	剧增	增	
切力	略增	略增	增	减	增	剧增	增	
含砂量								增
滤饼			增	增		增	增	
Cl^- 含量	不变或增	不变或增	增	减			增	

录井对钻井液性能的要求有以下几点：

(1) 区域探井、预探井钻进时钻井液中不得混油,包括机油、原油、柴油等,不得使用混油物,如磺化沥青等。若处理井下事故必须混油,则需经探区总地质师同意,事后必须除净油污,然后方可钻井。

(2) 必须用混油钻井液钻井时,要收集油品及混油量等数据,并且一定要做混油色谱分析。

(3) 下钻、划眼或循环钻井液过程中出现油气显示时,必须进行后效气测或循环观察,取样做全套性能分析。

(4) 如遇井涌、井喷,则应采用灌装气取样,进行钻井液性能分析；如遇井漏,则应取样做全套性能分析。

(5) 钻井液处理情况,包括井深、处理剂名称、用量、处理前后性能等,都要详细记入观察记录中。

一般情况下,测定钻井液性能时取样是从钻井泵入罐处和按迟到时间于出口处各取一份,分别进行测定。每个班次至少测定一次全套性能,钻遇油、气、水显示和特殊情况时连续加密测定密度、黏度,并观察槽面显示情况。

2. 固井对钻井液性能的要求

固井前钻井液性能的调整常常被工程技术人员所忽视,通过流变性能的调整,优化钻井液性能,降低钻井液动切力、初终切力、塑性黏度,即可降低流动摩阻,防止顶替过程中泵压过高,压漏薄弱地层;还有利于清除钻井液中的钻屑,防止电测遇阻;并可有效改善滤饼质量,有利于固井胶结质量。固井对钻井液性能的要求包括:

(1)钻井液滤失量小于5mL,滤饼薄而坚硬致密。

(2)含砂量小于0.5%。

(3)钻井液应有较低的黏切,以免影响水泥浆的顶替效率,确保固井质量。

固井前钻井液流变性能调整的前提是钻井液要形成薄而韧性良好的致密滤饼,钻井液形成的外滤饼能起到较好的护壁作用,起到保证井壁稳定,提高地层承压能力。在一般情况下,钻井液加入抗钙稀释剂降低钻井液黏度时钻井液的密度不会发生大的变化,一般密度下降$0.01 \sim 0.02 g/cm^3$,不会对地层造成伤害。

3. 测井对钻井液性能的要求

钻井液性能直接影响测井的质量和效率,测井对钻井液性能有一定的要求。

1)测井对钻井液矿化度的要求

测井要求钻井液应具有较低的矿化度。矿化度太高,钻井液滤液的电阻率很低,电法测井时将导致井眼分流作用增大,使普通电法测井所得到的地层电阻率值明显降低,不能反映地层的真实情况,所计算出的地层含油饱和度将大大降低,不利于油田的合理勘探和开发。在高矿化度情况下,必须改用带聚焦电极的侧向测井法来探测地层电阻率,以减小影响。另外,矿化度高,钻井液中氯离子含量较多,也会对中子伽马测井造成影响,使中子伽马计数率增高和地层的中子测井孔隙度降低。钻井液矿化度对自然电位测井也有影响,对渗透性地层来说,总希望自然电位异常幅度越明显越好,自然电位异常幅度的大小取决钻井液滤液的电阻率与地层水的电阻率比值。

2)测井对钻井液含油量的要求

普通电阻率测井和聚焦型侧向测井之所以能在井中测得各地层的电阻率值,是因为井内有可导电的钻井液存在,可以在井内由供电电极形成一个人工电场,但油基钻井液不导电,上述电法测井就不能使用。在这种情况下,必须利用电磁感应原理在井下建立人工电场的感应测井来探测地层的电阻率值。同时,油基钻井液或钻井液含油量超过10%时,不能使用普通测井电缆。

3)测井对钻井液密度、黏度和含砂量的要求

钻井液密度太大,则井底压差增大,钻井液滤液侵入地层的深度增大,滤饼增厚,对各种测井方法的影响增大。钻井液的黏度和含砂量过高,不但会影响钻速,造成卡钻,还会在测井时造成测井仪器遇阻、遇卡现象,影响测井效率。同时,由于仪器在上提过程中所受的阻力增大,使电缆因受力增加而延长,从而增大测井深度误差。

为了保证测井仪器顺利下入井底,钻井液的密度不易过大;含砂量应尽可能小,一般控制

在0.3%以内;黏度不易过大,一般不能超过90s;同时钻井液各项性能均应稳定,满足测井条件。若钻井液漏失严重、发生轻微井喷或井口开始外溢钻井液,则不能进行测井。

二、操作技能

1. 录井钻井液操作技能

1)钻井液中油、气、水显示的观察和实验

钻遇油、气、水显示时,应加密测量密度、黏度并观察钻井液槽面显示情况,并详细记录。

油侵时,钻井液出口处有外涌现象,槽内液面升高,常可见到油膜、油花或油流显示,如显示不明显,可取一杯钻井液用荧光灯照射,观察荧光显示。观察时要注意区分地层中的原油和混入钻井液中的成品油。钻井液中天然原油多呈黑褐色、黄褐色斑状油花,外缘较圆滑,已集结,污手,具油香味,钻井液密度降低,黏度升高;混入钻井液中的成品油多呈带状,搅动易散不再集中。在进行荧光观察时,随时与机油、柴油对比,加以区别。

气侵时,钻井液中常可见气泡,天然气的气泡一般呈小米粒状,分布较均匀。油层气气泡破碎后有油花,呈带状或串珠状流动,具油香味。气层气一般具硫化氢味或无味,气样可点燃,气层气呈蓝色火焰,油层气呈黄色火焰。钻井液黏度显著增加,密度有所降低。

空气的气泡较大,多连片集中,破碎后无油花、无味,颜色发暗,钻井液中的空气泡捞取易破裂,根据这些特点可区分天然气和空气。

在钻井液槽面出现油花、气泡时要做燃气实验,一般可用一个气样瓶,装入3/5瓶的含气钻井液,用手堵住瓶口,再加入1/5清水,摇晃使瓶倒置,钻井液被水稀释后,气体就要聚到瓶体上部,然后划燃火柴,倒转瓶口,用火试燃,观察其是否可燃及燃烧情况。

钻井液受水侵时,一般钻井液量增多,钻井液池液面不降或增高,甚至钻井液出口间断见水。淡水侵时,钻井液黏度、密度降低;盐水侵时,钻井液黏度增高,密度变化。钻井液中有水侵现象时,要取钻井液滤液测定Cl^-含量。

2)Cl^-含量测定

钻进过程中如钻遇盐水层特别是高压盐水层,Cl^-含量变化会很快,其含量突然剧增至数万以至几十万mg/L,并迅速破坏钻井液性能,常引起井下事故或井喷。因此,对Cl^-含量测定具有重要的现实意义。

(1)Cl^-含量测定原理。

以铬酸钾(K_2CrO_4)溶液作指示剂,用硝酸银($AgNO_3$)溶液滴定Cl^-。因氯化物是强酸生成的盐,所以Cl^-首先与$AgNO_3$作用生成$AgCl$白色沉淀。当Cl^-和Ag^+全部化合后,过量的Cl^-即与铬酸根(CrO_4^{2-})反应生成微红色沉淀,指示滴定终点。

(2)使用试剂和材料。

①5%铬酸钾溶液(5g铬酸钾溶于95mL蒸馏水中);

②稀硝酸溶液;

③0.02mol/L和0.1mol/L硝酸银溶液;

④pH试纸;

⑤硼砂溶液或小苏打溶液;

⑥过氧化氢。

(3)操作步骤。

取钻井液滤液 1mL 置于三角烧瓶中,加蒸馏水 20mL,调节混合液的 pH 值至 7 左右,加入 5% 铬酸钾溶液 2~3 滴,使溶液显淡黄色,以硝酸银溶液(盐水层用 0.1mol/L,一般地层用 0.02mol/L 硝酸银溶液)缓慢滴定,至滤液出现微红色为止,记下硝酸银溶液的消耗量,则滤液中的 Cl⁻ 含量可由下式求出:

$$\rho_{Cl^-} = \frac{CV_1 \times 35.5}{V_2} \times 10^3 \tag{5-1}$$

式中 ρ_{Cl^-}——钻井液中 Cl⁻ 密度,g/cm³;

C——硝酸银溶液浓度,mol/L;

V_1——硝酸银溶液的消耗量,L;

V_2——钻井液滤液体积,mL;

35.5——Cl 原子相对分子质量。

(4)注意事项。

①滴定前必须使滤液的 pH 值保持在 7 左右,若 pH >7,则用稀硝酸溶液调整;若 pH 值 < 7,则用硼砂溶液或小苏打溶液调整。

②加入铬酸钾指示剂的量应适当,若过多,会使滴定终点提前出现,使计算结果偏低;若过少,则会使滴定终点推后出现,使计算结果偏高。

③滴定不宜在强光下进行,以免硝酸银分解,造成终点出现不准。

④当滤液呈褐色时,应先用过氧化氢使之褪色,否则会在滴定时妨碍滴定终点的观察。

⑤滴定前应将硝酸银溶液摇匀。

2. 固井钻井液操作技能

固井钻井液性能的调整,忌用清水稀释,一般采用抗钙处理剂,降低钻井液黏切的同时增加钻井液的抗钙侵能力。在水泥浆顶替过程中,不可避免会出现钻井液、前置液和水泥浆三者掺混段,抗钙调整后的钻井液可提高其钙侵抗污染能力,防止顶替过程发生钻井液因钙侵而黏切增大、泵压升高,从而出现顶替过程中的"假碰压"现象。

1)现场固井前钻井液调整措施

(1)测量钻井液全套性能,如密度、黏度、滤失量、固相含量等,确定钻井液性能是否符合固井要求。

(2)若性能不符合要求,则在钻井液小样中加入处理剂,直至钻井液性能符合要求。

(3)记录各种处理剂加量。

(4)启动固控设备,清除钻井液中的无用固相。

(5)根据小样试验,用少量清水、抗钙降黏剂、烧碱、纯碱等调整钻井液性能。

(6)用抗温降黏剂、纯碱、CMC 等配压塞液。

(7)用少量清水、抗温降黏剂、纯碱预处理 20~30m³ 钻井液作水泥浆顶替液。

2)处理后钻井液技术指标及注意事项

(1)钻井液常规性能测量,包括密度、漏斗黏度、滤失量、含砂量、流变参数等测量,保证钻井液性能满足固井施工要求。

(2)预处理钻井液必须具有抗水泥污染能力和抗温能力。

(3)压塞液必须具有抗污染能力和抗温能力,以防止电测仪器遇阻。

(4)配制适当的隔离液。固井时,钻井液与水泥浆的交界面处,由于水泥浆中钙离子浓度大,pH值高而对钻井液造成污染,使其黏度、切力升高;而且由于交界面处两种流体混合,水泥凝固不好,甚至不凝固,起不到有效封固地层的作用。为了减少和防止此类问题的发生,在注水泥前,先注入一段清水或含有表面活性剂的液体,从而把钻井液与水泥浆隔离开,这种液体称为隔离液。隔离液应有适当的密度、黏度、剪切应力和较小的滤失量,有利于顶替钻井液,避免造成钻井液污染。

(5)固井时要求滤饼薄而韧性好,如果滤饼厚而疏松,水泥浆滤失量大,会加速水泥浆稠化,增大流动阻力,不仅会使固井时泵压升高,而且水泥凝固后与井壁胶结不牢固,影响封固质量。

3.测井钻井液操作技能

(1)密度调整:测井作业前,应按照钻井设计要求调整钻井液性能,循环钻井液两个循环周,保证进出口钻井液密度差小于 $0.02g/cm^3$。

(2)固相控制:保证固控设备正常运转,振动筛应尽可能使用细目筛布,除砂器和除泥器应正常工作,加重钻井液应配备清洁器。尽可能降低钻井液的总固相含量和无用固相含量,使钻井液含砂量控制在0.3%以内,固相含量控制在5%以内。

(3)流变参数调整:通过小样试验测定钻井液流变参数,要求钻井液在工程允许范围内降低钻井液黏度(包括表观黏度和塑性黏度),避免测井仪器下井过程中发生遇阻、遇卡现象。

(4)滤失性和滤饼质量调整:测定钻井液滤失性能并添加润滑剂,保证钻井液具有较小的滤失量,形成的滤饼薄而致密、光滑性好。降低测井仪器下放、上提过程中的阻力。

任务3 钻井液受侵后的处理

(1)了解油气侵后钻井液性能的变化规律;
(2)掌握钻井液油气侵后的处理方法;
(3)了解钻井液黏土侵后性能变化规律及处理方法;
(4)掌握钻井液盐水侵后的处理方法;
(5)掌握钻遇盐膏层时的有效处理措施。

一、基础知识

1.钻井液油气侵

1)油气侵后钻井液性能的变化规律

当钻遇高压油气层时,钻井液会被污染,导致钻井液的密度下降,黏度和切力升高,钻井液流动性变差,滤饼变松,钻井液起泡,携带和悬浮岩屑能力变差,若井筒内的液柱压力小于地层孔隙压力,就会发生井喷。

2)井喷

地层流体失去控制,喷到转盘面 2m 以上的现象称为井喷。在钻遇高压油、气、水层或在注水产油区钻进调整井时,若控制不好易发生井喷。井喷是钻井工程中的恶性事故,轻则使油气层受到破坏,影响建井周期;重则使油气井报废,延误油气田的勘探与开发。

2. 钻井液黏土侵

钻井液黏土侵后,钻井液密度增加,黏度和切力都急剧上升,导致钻井液越来越稠,甚至失去流动性,严重时可导致缩径、起钻拔活塞等,所以发生黏土侵后必须对钻井液及时处理,维护调整钻井液性能,使之适应钻井需求。

3. 钻井液盐水侵

1)盐水侵后钻井液性能的变化规律

钻井液含有低浓度的盐会造成流变参数和滤失量升高,然而盐浓度很高并伴有 Ca^{2+} 和 Mg^{2+} 时,会抑制膨润土水化,导致钻井液絮凝,表现为黏度和切力下降,滤失量大幅度升高,并且 pH 值会明显降低,这是因为伴随盐侵会有大量的 Mg^{2+} 侵入,生成了 $Mg(OH)_2$ 沉淀,使 OH^- 减少。

2)盐水侵来源

盐水侵可来自地下盐水层、岩盐层和盐丘、蒸发岩层或配浆水。造成盐侵的主要成分是食盐(NaCl),但也包括数量不等的氯化钾(KCl)、氯化镁($MgCl_2$)和氯化钙($CaCl_2$)。

4. 钻井液钙侵

根据钙离子的来源,钻井液钙侵有两种类型:石膏侵和水泥侵。石膏侵是指钻遇石膏地层或盐膏地层时钙离子侵入钻井液;水泥侵是指固井结束后,再次下放钻具钻水泥塞时钙离子侵入钻井液,二者都会对钻井液造成污染。

1)石膏侵后钻井液性能的变化规律

石膏的主要成分是含水硫酸钙。钻井液受石膏侵后,黏度、切力、滤失量增大,滤饼变厚,pH 值降低,流动性变差。

2)水泥侵后钻井液性能的变化规律

目前我国最常用而且最普遍生产的是硅酸盐类水泥,其主要成分是硅酸二钙(Ca_2SiO_4)、硅酸三钙(Ca_3SiO_5)和石膏粉,故水泥侵主要是钙离子侵入钻井液,使钻井液黏度、切力上升,滤失量增大,严重时失去流动性。

3)钙侵后采取的有效处理方法

试验表明,含量为几万分之一的 Ca^{2+} 就足以使钻井液失去悬浮稳定性。其原因主要是 Ca^{2+} 易与钠蒙脱石中的 Na^+ 发生离子交换,使其转化为钙蒙脱石,而 Ca^{2+} 的水化能力比 Na^+ 要弱得多,因此 Ca^{2+} 的侵入会使蒙脱石絮凝程度增加,致使钻井液的黏度、剪切应力和滤失量增大。

当钻井液遇钙侵后,有两种有效的处理方法:一是在钻达含石膏地层前转化为钙处理钻井液,二是使用化学剂将 Ca^{2+} 清除。通常是根据滤液中 Ca^{2+} 浓度,加入适量纯碱除去钻井液中的 Ca^{2+},其反应式为:

$$Ca^{2+} + Na_2CO_3 =\!=\!= CaCO_3\downarrow + 2Na^+$$

这种处理方法的好处是既沉淀掉 Ca^{2+},多出的 Na^+ 又将钙蒙脱石转变为钠蒙脱石。但注意纯碱不要加量过多,以免引起 CO_3^{2-} 污染。

如果是水泥引起的污染,由于 Ca^{2+} 和 OH^- 同时进入钻井液,致使钻井液的 pH 值偏高。这种情况下,最好用碳酸氢钠($NaHCO_3$)或 SAPP(酸式焦磷酸钠,$Na_2H_2P_2O_7$)清除 Ca^{2+}。

当加入 $NaHCO_3$ 时,反应如下:

$$Ca^{2+} + OH^- + NaHCO_3 =\!=\!= CaCO_3\downarrow + Na^+ + H_2O$$

当加入 SAPP 时,反应如下:

$$2Ca^{2+} + 2OH^- + Na_2H_2P_2O_7 =\!=\!= Ca_2P_2O_7\downarrow + 2Na^+ + 2H_2O$$

在以上两个反应中,均既清除了 Ca^{2+},又适当地降低了 pH 值。

二、操作技能

1. 油气侵处理操作技能

1)准备工作

(1)穿戴好劳保用品。
(2)备足加重剂、稀释剂、烧碱、乳化剂等。
(3)检查加重灰罐、混合漏斗、钻井液枪、阀门等,保证灵活好用。
(4)检查钻井液全套性能测试仪。

2)操作步骤

(1)仔细分析井下情况,正确制定处理方案。
(2)根据处理方案,确定所需处理剂的种类和加入比例,并准确计算各处理剂的加量。
(3)备足备好所需处理剂。
(4)制定处理剂的加入程序。
(5)计算加重剂用量,并实施加重作业。
(6)循环观察性能变化。
(7)调整井浆性能,同时排油除气。
(8)加入适量乳化剂。

3)技术要求

(1)按每循环周密度增加 $0.05g/cm^3$ 的幅度,计算出加重剂的用量。
(2)按循环周时间经混合漏斗将加重剂均匀加入(此时的低压循环正是一种除气手段)。
(3)经循环观察,密度不再降低,证明已经压稳油气层;如果密度仍继续下降,可再按 $0.05g/cm^3$ 的幅度加一循环周,如此重复,直至压稳。
(4)若侵污严重,黏切过高时,在加重的同时对钻井液进行稀释处理,以利于排油除气。
(5)必要时可再加适量的表面活性剂。

(6)油气侵较严重时,钻井液中气泡很多,除气不及时会出现加重钻井液密度上升困难,或测量不准确的现象。应充分搅拌钻井液,降低钻井液黏度、切力,彻底除气后方可注入井内。

2. 黏土侵处理操作技能

1)准备工作

(1)准备足量的与钻井液中类型相同的稀释剂和降滤失剂。
(2)水源充足,并准备足量的聚合物抑制剂。
(3)检查固控设备等确保运转正常。

2)操作步骤

(1)对非加重钻井液,在钻井液循环过程中按循环周均匀加入适量清水或稀胶液。充分使用固控设备,特别是离心机控制固相含量,使密度降至 $1.15g/cm^3$,然后再加入稀释剂和降滤失剂进行处理,同时加入聚合物抑制黏土的水化分散。

(2)对加重钻井液,使用与钻井液组分相同的处理剂胶液进行稀释处理,使用固控设备使钻井液中黏土含量达到要求,然后使加重钻井液密度达到设计要求,最后用聚合物进行处理。

(3)在处理过程中,要充分利用配备的固控设备对无用固相进行清除。对钻井液要勤维护,保证钻井液性能稳定,井下安全。

3)技术要求

(1)在加水处理过程中,必须确保钻井液中处理剂含量达到设计要求,以确保井下正常。
(2)加水时应该"细水长流",并尽可能使加水量均匀,同时配合使用聚合物抑制剂,确保黏土含量达到设计要求。

3. 盐水侵处理操作技能

1)准备工作

(1)准备足量的加重剂、纯碱、膨润土、FCLS、NaOH、CMC。
(2)检查加重灰罐、混合漏斗、搅拌机、钻井液枪、阀门,确保灵活好用。
(3)准备常规钻井液性能测试仪一套。

2)操作步骤

(1)盐水侵后钻井液黏度、切力下降时,在混合漏斗处加纯碱、膨润土、CMC 提高钻井液黏度,并加入烧碱水溶液提高钻井液 pH 值,使钻井液恢复正常性能并有一定剪切应力。同时加重钻井液,压死盐水层。

(2)盐水侵后钻井液黏度、切力升高时,在配浆罐中加入烧碱、降黏剂配成胶液,将胶液均匀加入循环的钻井液中,使钻井液恢复正常性能。使用加重剂适当提高钻井液密度,压稳盐水层。

(3)若盐水已侵入很多,钻井液黏度低于 18s,则应立即关井求压,配制加重钻井液将基浆替出,加重钻井液液柱压力应大于盐水层压力 3~4 MPa。

3)技术要求

(1)加重钻井液时,应控制加重速度为每循环周密度上升不超过 $0.05g/cm^3$,直至压死盐水层。

(2)钻井液黏度低于18s,必须关井求压,配制加重钻井液,计算加重钻井液密度时一定要准确,防止压不死或压漏地层。

(3)钻井液应有一定的黏度、切力,以悬浮加重剂。

4.钙侵处理操作技能

以石膏侵为例说明钙侵后钻井液操作技能。

1)准备工作

(1)备足纯碱、烧碱、稀释剂、降滤失剂、聚合物(如PACl41、CPA系列)、石灰。

(2)准备钙离子测试仪一套,并备足试剂。

(3)准备常规钻井液性能测试仪一套。

2)操作步骤

(1)测定钙离子含量。

(2)加入含钙量50%的纯碱,并配合高碱比稀释剂进行处理,pH值控制在12以上。若滤失量大,则加入降滤失剂降低滤失量,并配合聚合物保持钻井液性能稳定。

(3)若钻遇大段石膏岩层,可将钻井液转化为钙处理钻井液,加入0.3%~0.5%的石灰,并配合烧碱、稀释剂、降滤失剂、聚合物进行维护处理,以保持钻井液具有良好的流动性。

3)技术要求

(1)处理时必须配合高碱比稀释剂。

(2)转化为钙处理钻井液时,必须处理到底,使钻井液性能稳定,以免出现井下复杂情况。

(3)对大段石膏岩层不宜使用纯碱除钙,以免对钻井液和井眼产生不良影响。

三、问题探究

1.油气侵相关知识

1)预防和处理井喷

(1)钻开高压油、气、水层前的准备。在钻开高压油、气、水层前,应对地面设备、循环系统、井口防喷装置、混合漏斗、钻井液枪等进行全面检查,保证运转正常;同时应将处理剂、加重材料准备充足;调整好钻井液性能,使其具有较好的抗污染能力;最后根据地质预告和邻近井的资料,确定油、气、水层深度、厚度及压力,设计钻井液加重和维护处理方案。

(2)钻开高压油、气、水层后的工作。根据钻井液性能的设计要求,对可能遇到的各种污染进行处理,特别是加重过程,一定要按设计程序和上下限要求进行;另外,要及时进行捞油除气。

(3)压井工作。溢流往往是井喷征兆的第一信号,因而一旦发现溢流,必须立即关闭防喷器,用一定密度的加重钻井液进行压井,以迅速恢复液柱压力,重新建立压力平衡,防止溢流。需要特别注意的是,井喷时(油或气)应严防失火,必要时应立即切断所有电源,熄灭柴油机。

2)维护处理加重钻井液

为了维护加重钻井液的性能,可以加水和化学添加剂,但必须做好小样试验,加入速度要适当。要防止雨水和其他水流入钻井液系统,以防重晶石沉淀。

应认真做好固控工作,使用细目振动筛和双离心机及时清除钻屑。用一台 1600~1800r/min 的离心机回收底流的重晶石,其溢流泵入下一台 2800~3500r/min 的高速离心机进口,清除其底流的细钻屑,其溢流可稀释回收的重晶石,一起返回循环系统。

应注意加重钻井液的除气,如混入一些原油,应加入乳化剂将其乳化。富余的加重钻井液应存入储备罐,储备的加重钻井液应定期进行循环,并检查和记录其性能。

3) 二氧化碳侵处理

在许多钻遇的地层中含有 CO_2,当其混入钻井液后会生成 HCO_3^- 和 CO_3^{2-},即

$$CO_2 + H_2O \rightleftharpoons H^+ + HCO_3^- \rightleftharpoons 2H^+ + CO_3^{2-}$$

钻井液的流变参数,特别是动切力受 HCO_3^- 和 CO_3^{2-} 的影响很大,尤其高温下的影响更为突出。一般随着 HCO_3^- 浓度的增加,τ_0 呈上升趋势;而随着 CO_3^{2-} 浓度的增加,τ_0 则先下降后上升。

常用的处理方法是:用化学方法将 HCO_3^- 和 CO_3^{2-} 清除。通常加入适量 $Ca(OH)_2$。由于 pH 值升高,体系中的 HCO_3^- 先转变为 CO_3^{2-}

$$2HCO_3^- + Ca(OH)_2 \rightleftharpoons 2CO_3^{2-} + 2H_2O + Ca^{2+}$$

然后 CO_3^{2-} 与 $Ca(OH)_2$ 继续作用,通过生成 $CaCO_3$ 沉淀而将 CO_3^{2-} 除去:

$$CO_3^{2-} + Ca(OH)_2 \rightleftharpoons CaCO_3 \downarrow + 2OH^-$$

实验表明,在容易引起 CO_2 污染的钻井液中,应尽量保持 Ca^{2+} 的质量浓度在 50~75mg/L 范围内。

CO_2 污染的处理方法有以下两种:

(1) 若 pH 值适中加 $CaSO_4$,加量为 0.00285mg/L。

(2) 若 pH 值过低加 $Ca(OH)_2$,加量为 0.00123mg/L。

4) 氧气侵处理

钻井液中的氧主要来自大气。大气中的氧通过钻井液池、高压钻井液枪和钻井泵等设备在钻井液的循环过程中混入,其中一部分氧溶解在钻井液中,直至饱和状态。

钻井液中氧的存在会加速对钻具的腐蚀,其腐蚀形式主要为坑点腐蚀和局部腐蚀,即使是极低浓度的氧也会使钻具的寿命明显降低。氧的含量越高,腐蚀速度越快。如果钻井液中有 H_2S 或 CO_2 气体存在,氧的腐蚀速度会急剧增加。氧腐蚀的化学方程式表示为:

$$4Fe + 3O_2 \rightleftharpoons 2Fe_2O_3$$

除氧方法主要有以下三种:

(1) 物理脱氧法,即充分利用除气器等设备,并在搅拌过程中尽量控制氧的侵入量。

(2) 将钻井液的 pH 值维持在 10 以上也可在一定程度上抑制氧的腐蚀。

(3) 最有效的方法是化学清除法,即选用某种除氧剂与氧发生反应,降低钻井液中氧的含量。常用的除氧剂有亚硫酸钠(Na_2SO_3)、亚硫酸铵[$(NH_4)_2SO_3$]、二氧化硫(SO_2)和肼(N_2H_4)等,其中以使用亚硫酸钠最为普遍。它们之间的反应方程式如下:

$$2Na_2SO_3 + O_2 \rightleftharpoons 2Na_2SO_4$$

$$2(NH_4)_2SO_3 + O_2 \rightleftharpoons 2(NH_4)_2SO_4$$

$$2SO_2 + O_2 + 2H_2O \rightleftharpoons 2H_2SO_4$$

$$N_2H_4 + O_2 \rightleftharpoons N_2 + 2H_2O$$

5) H_2S 侵处理

H_2S 主要对水基钻井液有较大的污染，它会使钻井液性能发生很大的变化，如密度降低、pH 值下降、黏度上升，颜色变为瓦灰色、墨色或墨绿色。

H_2S 主要来自含硫地层，此外，某些磺化有机处理剂以及木质素磺酸盐在井底高温下也会分解产生 H_2S，它对钻具和套管有极强的腐蚀作用。因此，一旦发现钻井液受 H_2S 污染，应立即将其清除。清除的方法是加入适量烧碱，调整钻井液 pH 值大于 10。

pH = 7.0 时的反应为：$H_2S + NaOH = NaHS + H_2O$

pH = 9.5 时的反应为：$NaHS + NaOH = Na_2S + H_2O$

该方法的优点是处理简便，但钻井液的 pH 值降低时，生成的硫化物又重新转变为 H_2S。为彻底清除，应在适当提高 pH 值后，继续加入适量的碱式碳酸锌（$Zn_2(OH)_2CO_3$）等 H_2S 清除剂，其加量控制在 0.00351mg/L 左右。反应式为：

$$Zn_2(OH)_2CO_3 + 2H_2S = 2ZnS\downarrow + 3H_2O + CO_2\uparrow$$

钻井液发生 H_2S 侵的处理方法是：

(1) 钻台上闻到 H_2S 味道或气体检测仪报警后，应立即戴防毒面具，并在钻台和井口处喷洒氨水，使硫化氢生成硫化铵，以减小毒性。

(2) 适当提高钻井液密度，使液柱压力大于孔隙压力，将硫化氢层压死。

(3) 用高碱比稀释剂降低钻井液的黏度切力，并补充一定量熟石灰以稳定 pH 值。

(4) 加入碱式碳酸锌形成难溶的硫化物，清除钻井液中的硫化氢，并配合加入稀释剂、CMC 护胶，增加聚合物含量以提高钻井液性能的稳定性。

相关技术要求是：

(1) 钻井液黏度、剪切应力应为设计低线，保证钻井液具有良好的流动性，有利于清除 H_2S 气体。

(2) 加重不要过快，防止压漏地层，出现井喷事故。

(3) 加熟石灰、碱式碳酸锌时必须配合稀释剂进行处理。

(4) H_2S 对钻井液性能有破坏，单加碱式碳酸锌不能使钻井液性能有明显改善，应配合高碱比稀释剂处理，使 H_2S 气体及时排出或生成 H_2O 和盐。

2. 黏土侵相关知识

1) 钻井液密度过大对钻井的危害

(1) 损害油气层，使钻速降低。

(2) 压差太大，易产生压差卡钻。

(3) 易将地层憋漏。

(4) 容易引起过高的黏度和切力。

(5) 钻井液原材料及动力消耗多。

(6) 钻井液的抗污染能力下降。

2) 钻井液黏度和剪切应力过大对钻井的危害

(1) 钻井液流动阻力大，消耗能量多，使有效功率降低，钻速减小。

(2) 净化不良，因黏度大而不利于地面除砂。

(3) 易泥包钻头，压力变化幅度大，易引起井喷、井漏、井塌、卡钻等事故。

(4)除气难,从而影响气测井并易形成气侵。

(5)下钻后开泵难,泵压易升高,易引起憋漏地层和憋泵。

3. 盐水侵相关知识

在油气勘探开发的过程中,各个地区都不同程度地钻遇盐膏层井段,往往由于盐膏层的溶解、井壁坍塌,岩盐的塑性变形和软泥岩的水化、膨胀、缩径等,给钻井工作带来一系列的困难。盐膏层在全国分布广泛,且岩石矿物沉积复杂,其厚度也由数米、数十米至上百米,累计厚度有时达上千米。

1) 盐膏层的危害

(1)盐膏层溶解后使井径扩大,对携带岩屑不利,易形成假井壁,给起下钻带来困难,有时甚至发生沉砂卡钻或砂桥卡钻。

(2)岩盐、泥页岩的混杂夹层中,岩盐被溶解后使岩盐上部的泥页岩失去支托而易发生井壁坍塌;对于含盐膏、岩盐、泥岩的井段,由于盐膏溶解造成蜂窝状,使泥页岩整体结构强度显著降低而引起井壁垮塌。

(3)盐膏层井段中的泥页岩,伊利石矿物含量较高,而起胶结作用的蒙脱石矿物含量较低,因而胶结性差,当钻井液侵入后易发生碎裂剥落,使井壁不稳定。

(4)岩盐层在100℃以上(相当于3000m以上井深)可产生塑性变形或流动,钻开后易发生缩径;当盐膏层中的软泥岩被钻开后,其内部的封闭压力被释放,也会发生缩径。

(5)盐膏层、岩盐层下部常出现高压水层或高压盐水层,若控制不好易发生井喷。

(6)对钻井液严重污染,包括岩盐、石膏、盐水、高价阳离子及黏土对钻井液的污染,可使钻井液黏度、切力、滤失量上升,性能变化幅度大。

(7)地质资料失真,影响固井质量,且对油层污染也较严重。

(8)进入盐膏层后,转盘负荷加重,有时倒车,稍一停止活动钻具即有卡钻现象;有时会有泵压不稳甚至憋泵现象。

2) 盐膏层对钻井液性能的要求

引起盐膏层井壁不稳定的原因主要是结晶盐的溶解、泥页岩的水敏性、盐膏层的塑性变形、应力平衡状态的破坏、盐膏地层强度小等。因此,盐膏层对钻井液性能的要求如下:

(1)适当的钻井液密度。钻进盐膏层,仅靠优良的钻井液性能是不够的,尤其是岩盐、泥页岩的塑性变形更是如此,必须增加钻井液密度,一方面为压死水层,另一方面抑制岩盐、泥页岩的塑性流动,平衡地层压力,防止井壁不稳定。

(2)良好的钻井液稳定性。钻进盐膏层钻井液必须具有抗盐、抗钙等抗污染能力和抗高温能力,且具有良好的悬浮能力。

(3)多功能的抑制性。钻进盐膏层的钻井液要具有抑制结晶盐类的溶解、抑制无机高价阳离子的污染、抑制活性黏土矿物的水化膨胀、抑制低活性黏土矿物的破碎和裂解等作用。

(4)适当的流变性。

(5)良好的润滑性。

(6)合适的滤失量和优良的造壁性。

3) 适用于盐膏层的钻井液类型

(1)油包水乳化钻井液或油基钻井液。这类钻井液连续相是油,所以不发生泥页岩的水化膨胀;可防止由于水敏或黏土水化而造成的各种损害,还可防止无机盐类的溶解;而且抗温性和抗盐侵的能力强,滤饼润滑性能好,摩擦系数低。

(2)饱和盐水钻井液。在钻开盐膏层、岩盐层之前,使钻井液的含盐量达到饱和或过饱和,能够防止盐膏、岩盐的溶解,从而保持了盐膏层井段的井径规则和井壁稳定。

(3)钾盐聚合物钻井液。使用钾盐聚合物钻井液的优点主要有:①钾离子稳定泥页岩;②聚合物对泥页岩有包被作用,从而使泥页岩稳定性增强。聚合物一般是聚丙烯酰胺、磺甲基酚醛树脂等。

此外还有复合盐聚合物钻井液、低黏土高钙混油钻井液等。

4. 钙侵相关知识

1)钻井液石膏侵污染来源

(1)钻遇含无水石膏(Ca_2SO_4)和有水石膏(又称生石膏 $CaSO_4 \cdot 2H_2O$)的地层,它们的厚度因地区不同在几米至几百米的范围内变化。

(2)钻遇盐水层,因地层盐水中一般含有 Ca^{2+}。

(3)配浆水是硬水,含有大量的 Ca^{2+}。

2)钻井液水泥侵污染来源

当钻井液在注水泥作业时直接与水泥浆接触或用钻井液钻水泥塞时都会发生水泥侵。水泥浆造成的污染要比凝固的水泥严重。水泥含有一系列含钙络合物,所有这些络合物与水反应都会生成氢氧化钙 $Ca(OH)_2$。100 lb(45.4kg)水泥会产生出 79 lb(36kg)石灰。

四、拓展知识

1. 油气侵压井工作

1)压井钻井液密度的确定

压井钻井液的密度可由下式求得:

$$\rho_{mL} = \rho_m + \Delta\rho \quad (5-2)$$

$$\Delta\rho = \frac{100p_d}{H} + \rho_e \quad (5-3)$$

式中 ρ_{mL}——压井钻井液密度,g/m^3;

ρ_m——原钻井液密度,g/m^3;

$\Delta\rho$——压井钻井液密度增量,g/m^3;

p_d——发生溢流关井时的立管压力,MPa;

H——垂直井深,m;

ρ_e——安全密度附加值,g/m^3。

ρ_e 取值的一般原则是:油、水层为 $0.05 \sim 0.10 g/cm^3$,气层为 $0.07 \sim 0.15 g/cm^3$。用于压井的钻井液密度不宜过高,以防压漏地层诱发更为严重的井喷,应以压住为宜。

2)对压井钻井液的要求

压井钻井液的类型应与发生溢流前的钻井液相同,对其性能的要求也应与原钻井液相似,即必须使压井钻井液具有较低的黏度、适当的剪切应力、尽可能低的滤失量、低的滤饼摩擦系数和含砂量,24h 的稳定性密度差应小于 $0.05g/cm^3$,以防止重晶石沉淀和压井过程中发生压差卡钻。

3)压井钻井液配制程序

用于压井的加重钻井液,其体积总量通常为井筒体积加上地面循环系统中钻井液体积总和的 1.5~2 倍。配制压井钻井液时,必须先调整好基浆性能,膨润土含量不宜过高(应随压井钻井液密度增加而减小),然后再加重。在钻井液中加入重晶石一定要均匀,力求保持钻井液性能的稳定。采取循环加重压井时,加重应按循环周加入重晶石,一般每个循环周钻井液密度提高值应控制在 $0.05~0.10g/cm^3$,力求均匀稳定。

2. 黏附卡钻处理

1)钻进过程中的黏附卡钻(压差卡钻)处理措施

黏附卡钻也称压差卡钻,是指当一段钻具与渗透性地层的井壁接触时,在井内压力与地层压力之间的压差作用下,钻具被挤压并黏附在井壁上,既不能转动,也不能上提下放,或者活动范围很小(钻具有伸缩性)。钻具虽不能活动,但钻井液可以循环,泵压升高也不显著。这种卡钻的发生频率最高,造成的损失也最大。

若遇黏附卡钻,可首先配合油、解卡液等上提下放转动钻具。在浸泡解卡时,首先计算卡点深度,然后计算浸泡剂(油、解卡液等)用量,实际用量要比计算用量多 30% 为宜。当上述方法无效时,可考虑倒扣套铣。

黏附卡钻初期,即尚未彻底卡死的情况下,应保持循环,在允许范围内活动钻具,以下砸为主,反复数次以求解卡;若钻具已被卡死,则采取浴井解卡。浴井解卡是把解卡剂泵入井内,使其返到卡点位置浸泡,减小摩阻系数,边泡边活动钻具的有效解卡方法。采用浴井解卡时要准确计算卡点位置和解卡剂用量,最后注解卡剂。若浴井解卡不成功,可采用其他解卡方法,如倒扣套铣、爆炸松扣等。

浴井解卡的操作步骤是:

(1)进行钻井液固相控制,清除钻井液中的无用固相。

(2)在地层孔隙压力允许的条件下,尽量降低钻井液密度,降低井内静液柱压力。

(3)进一步调整钻井液性能,加入稀释剂、降滤失剂,降低钻井液密度、切力和滤失量,提高滤饼质量,适当提高 pH 值。

(4)计算卡点深度。

(5)计算解卡剂用量。

(6)用固井车将解卡剂打入卡点位置,并观察泵压变化。

(7)解卡剂每隔 15min 开泵顶一次,每次约 200L 钻井液,并适当活动钻具。

(8)解卡后小排量开泵,注意观察泵压变化,配合上下活动钻具,并将解卡剂替出。

(9)解卡剂替出后要充分循环处理钻井液,使之达到设计要求。

浴井解卡的技术要求是:

(1)进行钻井液固相控制应配合加入选择性絮凝剂。

(2)卡点应找准并防止卡点上移。

(3)在处理钻井液的基础上打入解卡剂。

(4)解卡后防止开泵过猛和大幅度活动钻具。

(5)浸泡一段时间后上下活动钻具仍不能解卡,可考虑重新泡解卡剂。

2)解卡剂

主要用来浸泡钻具在井内被黏附的井段,以降低其摩阻系数,增加润滑性,从而解除黏附卡钻的物质称为解卡剂。常用的解卡剂有液体和固体两种:液体是各油田自己临时配制使用,主要有各种油类、含有快渗剂的油包水乳化液、酸类等;固体已成为商品,而且已有正式厂家生产。

(1)粉末固体解卡剂:代号为 SR-301,是油包水型的油基浸泡液,由氧化沥青粉、油酸、环烷酸、OP-7、石灰及渗透剂 JFC 组成,使用时加柴油及水配制而成。也可把它改造成各种油基钻井液而用于取心液及完井液。

(2)液体解卡剂:代号有 AYA-150、DJK-1 等。

(3)PipeFree-1:PipeFree-1 是有机膨润土、氧化沥青、乳化剂、增稠剂和渗透剂混合而成的褐色粉末状混合物。为解除黏附卡钻,将其加到柴油中搅混一段时间后加入一定量的水,再循环搅拌以形成油包水乳状液,然后可将其泵至井内卡点。它也可用重晶石或赤铁矿粉加重。PipeFree-1 解卡液应使用加热到45℃的柴油配制,冬季温度应更高些。这样配成的浆液也可用于固井时油基钻井液和水泥浆间的固井隔离液。

3)解卡相关计算

(1)卡点深度计算。

$$H = K\frac{9.8L}{P} = 21A\frac{9.8L}{P} \tag{5-4}$$

式中　H——卡点深度,m;

K——计算系数;

L——钻杆连续提升时的平均伸长,cm;

P——钻杆连续提升时的平均拉力,KN;

A——管体截面积,cm²。

(2)解卡剂用量计算。

$$V = k\frac{\pi}{4}(D^2 - d_1^2)H + \frac{\pi}{4}d_2^2 h \tag{5-5}$$

式中　V——解卡剂用量,m³;

k——井径附加系数,一般取1.4;

D——井径,m;

d_1——钻具外径,m;

H——钻具外解卡剂浸泡高度,m;

d_2——钻具内径,m;

h——钻具内解卡剂浸泡高度,m。

(3)打解卡剂的最高泵压计算。

$$p_{最大} = p_{压差} + p_{流动} \tag{5-6}$$

其中

$$p_{压差} = \frac{1}{100}(\rho_液 - \rho_卡)h \tag{5-7}$$

式中 $p_{最大}$——打解卡剂的最高泵压,MPa;

$p_{压差}$——钻具内外液柱压差,MPa;

$p_{流动}$——流动阻力,相当于单泵时的泵压,MPa;

$\rho_{液}$——钻井液密度,g/cm³;

$\rho_{卡}$——解卡剂密度,g/cm³。

3. 钻井液滤液中 Cl^- 含量测定

1)准备工作

(1)仪器:锥形瓶(100mL),移液管(10mL),滴定管(25mL),滴定架,量筒(25mL),小烧杯(50mL)。

(2)试剂:$AgNO_3$ 标准溶液(0.05mol/L),K_2CrO_4 溶液(5%),酚酞指示剂(0.1%),HNO_3 溶液(0.02mol/L)或 H_2SO_4 溶液(0.02mol/L),碳酸钙(化学纯),蒸馏水,pH 试纸,钻井液滤液(10mL)。

2)操作步骤

(1)用移液管取 1mL 或更多的滤液注入锥形瓶中。

(2)加入 2~3 滴酚酞指示剂。

(3)再加入 25~50mL 蒸馏水和 5~10 滴 $K_2C_rO_4$ 溶液。

(4)连续摇动的同时用滴定管逐滴加入 0.05mol/L 的 $AgNO_3$ 标准溶液,直至混浊的溶液刚刚从黄色变为砖红色,经摇荡而不褪色(持续30s)即为滴定终点。

(5)记录到达终点时所消耗的 $AgNO_3$ 溶液的量。

(6)清洗仪器并摆放整齐。

(7)计算滤液中 Cl^- 的含量,其公式为:

$$\rho(Cl^-) = [c(AgNO_3)V(AgNO_3) \times 1000 \times 35.45]/V \quad (5-8)$$

式中 $\rho(Cl^-)$——Cl^- 的质量浓度,mg/L;

$c(AgNO_3)$——$AgNO_3$ 标准溶液的摩尔浓度,mol/L;

$V(AgNO_3)$——消耗 $AgNO_3$ 的体积,mL;

V——样品的体积,mL。

3)技术要求

(1)当加入酚酞指示剂溶液显粉红色时,可用移液管逐滴加入 0.02mol/L 的 HNO_3 溶液,直至颜色消失。如果滤液颜色太深,则边摇边加入 2mL 0.02mol/L 的 H_2SO_4 或 HNO_3 溶液,然后加 1g 碳酸钙,并摇匀。

(2)滴定时要不断摇动锥形瓶。

(3)滴定要用点滴方式进行。

(4)操作前,必须用蒸馏水对所用仪器进行清洗。

4. 钻井液滤液中 Ca^{2+}、Mg^{2+} 浓度测定

1)准备工作

(1)仪器:锥形瓶(250mL)三个,移液管(5mL),滴定管(25mL),滴定架,量筒(10mL、20mL)。

(2)试剂:20%的NaOH溶液,钙镁指示剂,0.02mol/L的EDTA标准溶液,NH_4OH—NH_4Cl缓冲溶液,1%抗坏血酸溶液,铬黑T溶液,去离子水,钻井液滤液。

2)操作步骤

(1)在250mL锥形瓶中加入约50mL去离子水和2mL NH_4OH—NH_4Cl 缓冲溶液,滴入钙镁指示剂。

(2)若溶液变为酒红色,则加入0.02mol/L的EDTA标准溶液,使颜色刚好变为蓝色,记录所用EDTA标准溶液的体积 V_0。

(3)用移液管量取钻井液滤液1mL(或更多一点),注入锥形瓶中,同时加入50mL去离子水和10mL20%的NaOH溶液,再加入少许(约0.1g)钙镁指示剂。

(4)溶液出现酒红色时,用滴定管逐步加入0.02mol/L的EDTA标准溶液,并不断摇动直到颜色呈现蓝色。

(5)记录EDTA标准溶液的用量 V_1。

(6)用移液管量取1mL钻井液滤液,注入锥形瓶中,同时加入50mL去离子水,加10 mL NH_4OH—NH_4Cl 缓冲溶液,再加入1%抗坏血酸溶液10滴及铬黑T溶液5~10滴。

(7)用0.02 mol/L的EDTA标准溶液滴定到溶液由红→紫→纯蓝色,即为终点。

(8)记录EDTA标准溶液的体积 V_2。

(9)清洗仪器并摆放整齐。

(10)计算 Ca^{2+}、Mg^{2+} 的含量,其计算公式为:

$$\rho(Ca^{2+}) = 40.08 \frac{V_1 c(EDTA) \times 1000}{V_0} \qquad (5-9)$$

$$\rho(Mg^{2+}) = 24.30 \frac{(V_2 - V_1) c(EDTA) \times 1000}{V_0} \qquad (5-10)$$

式中 $\rho(Ca^{2+})$——Ca^{2+} 的质量浓度,mg/L;

$\rho(Mg^{2+})$——Mg^{2+} 的质量浓度,mg/L;

$c(EDTA)$——EDTA标准溶液的浓度,mol/L;

V_1——第一次滴定消耗EDTA标准溶液的体积,mL;

V——所取钻井液滤液的体积,mL;

V_2——第二次滴定消耗EDTA标准溶液的体积,mL;

V_0——滴定前消耗EDTA标准溶液的体积,mL。

3)技术要求

(1)在计算样品的浓度时,应注意扣除滴定前EDTA标准溶液的用量 V_0。

(2)用EDTA标准溶液滴定时,要逐滴缓慢进行,同时不断摇动锥形瓶,细心观察溶液颜色的变化,特别是终点的确定。

任务4 井下复杂情况钻井液的维护

一、基础知识

钻井过程中,由于钻井措施、钻井液性能与地层不符,常常引起井下复杂情况。井下复杂情况一般是指井涌、井喷、卡钻以及钻井管柱、套管管柱、仪器下不到预定位置等。井下复杂情况是造成井下事故的前兆,对井下复杂情况判断不准、措施不当,都会造成重大井下事故。随着深井、超深井、丛式井及水平井等特殊井的增加和欠平衡钻井等技术的应用,钻井中遇到的井喷、卡钻、井漏及井壁不稳定等井下复杂情况和钻井事故越来越突出,已经成为影响安全优质快速钻井和经济效益的主要因素之一。井下复杂情况一般都与钻井液性能有关。因此,做好复杂情况下的钻井液维护工作尤为重要。

1. 井喷时钻井液的使用与维护

1) 井喷发生的过程及钻井液的使用

发生井喷的基本条件是井内液柱压力小于地层压力。当钻井液密度过小,井内液柱压力小于地层压力时,井喷将骤然发生。

(1) 钻井过程中发生井喷。这是由于钻井液受气侵,液柱压力逐渐减小至小于油气层压力所致。在油气层钻井中,钻屑里的油气会混到钻井液中;随着钻井液循环上返,液柱压力减小,气体不断膨胀。这样,越靠近井上段的钻井液含气量越大,钻井液密度越小,这种情况若不加以控制,会因井筒液柱压力过低而发生井喷。在钻井过程中,只要很好地排气和适当加重,液柱压力就不会继续下降,井喷可以避免。

(2) 起钻过程中发生井喷。85%的井喷都发生在起钻过程中,这时因为起钻时没有循环压力,同时又有起钻的抽吸作用,有时候又没有及时向井内灌注钻井液,造成井内液面下降。因此,起钻前必须先循环排气,适当加重。遇有井喷预兆时应马上停止起钻,接方钻杆循环,或强行下钻、循环、除气,适当加重。

(3) 下钻过程中发生井喷。下钻时由于压力激动造成井漏使井内液面下降也能造成井喷。下钻时如果井口不返钻井液,应立即向井内灌注钻井液。

2) 压井过程中钻井液的使用

若井喷已经发生,为了控制井喷保护油气层,需要压井。如何使压井做到不喷、不漏、不卡,耗费少,收效快,工艺上的关键是要确定钻井液的密度和通过套管闸门控制适当的回压(这二者是相互关联的),使得在整个压井过程中以不变的、略大于井底压力的液柱压力将井喷控制住。

无论是钻进、起钻或下钻循环时出现井喷,第一个现象总是出现井涌(溢流)。这时应该提方钻杆、停泵、关防喷器,观察立管压力($p_\text{立}$)和套管压力($p_\text{套}$),以便精确地推算出井底压力,了解油气侵入井内的程度(由 $p_\text{套}$ 与 $p_\text{立}$ 之差得知,其差越大说明油气侵入程度越严重)。然后,一般可按以下两步进行施工:

(1) 用原密度钻井液将受到油气侵污染的钻井液排出井口。

(2) 然后用加重钻井液压井至井涌停止、井完全压稳为止。

进行步骤(1)(2)时都要适当控制回压,完全不控制或控制过小井喷将继续以致大喷,控制回压过大又会导致井漏。

循环排污开始时,控制回压的数值应为 $p_\text{套}+p_\text{加}$($p_\text{加}$ 是附加压力,一般定为 0.7MPa)。随着未受油气侵的钻井液进入环形空间,环形空间的液柱压力逐渐增大,这时回压应逐渐降低(在降压过程中注意始终保持立管循环压力不变),当受油气侵的钻井液被排出井后,可令回压降至 $p_\text{立}+p_\text{加}$。

进行步骤(2)时,加重钻井液密度可依下式求出:

$$\rho_{加重} = \rho_{原} + \frac{10(p_{立} + p_{安全})}{H} \tag{5-11}$$

式中 $\rho_{加重}$——加重钻井液密度,g/cm³;

$\rho_{原}$——原钻井液密度,g/cm³;

$p_{安全}$——附加安全压力,一般定为1.5MPa;

H——井深,m。

采用适当密度的加重钻井液进行压井,当加重钻井液未返至环形空间时,环形空间内的钻井液是没有发生变化的,此时可控制不变的回压,其大小等于步骤(1)最后时的数值(即 $p_{立} + p_{加}$);等加重钻井液返出环形空间后,环形空间的液柱压力便逐渐增大,这时应使回压逐渐减小(在减小过程中使立管压力始终等于加重钻井液开始向环形空间返出时的立管压力),当加重钻井液返出地面时,回压可以降低至 $p_{加}$,这时井被压住了,就可以停泵开防喷器了。

以上就是司钻法压井。压井钻井液,除了密度外,还应注意滤失量和含砂量不能过大,以免在压井过程中发生卡钻。

2. 卡钻时钻井液的使用与维护

钻井过程中,钻具在井下既不能转动又不能上下活动而被卡死的现象称为卡钻。因为钻井液性能引起的卡钻类型有黏附卡钻、沉砂卡钻、砂桥卡钻、井塌卡钻、缩径卡钻和泥包卡钻(视频22)。

视频22 卡钻类型

1) 黏附卡钻

当一段钻具与渗透性地层的井壁接触时,在井内压力与地层压力的压差作用下,钻具被挤压并黏附在井壁上,若驱动钻具运动的力,如提升力、下放力(钻具重量)和转盘扭矩不足以克服钻具与井壁之间的摩擦阻力时,钻具不能活动,即发生卡钻。黏附卡钻时,钻井液可以循环,泵压正常不升高,但不能上下活动和转动钻具。

黏附卡钻与钻具跟井壁接触时间的长短有关,钻具静止时间越长,钻具与井壁接触得越紧密,接触面积越大,黏附力越强。在定向井和水平井中黏附卡钻发生的频率最高,这是因为在钻井过程中,钻头驱动装置以上的钻具处于静止状态而躺在井壁上。

(1) 黏附卡钻的预防措施包括:

①使用适当低密度的钻井液;

②选用合适的钻井液体系,保持良好的钻井液性能,使其具有低的滤失量,薄而坚韧、光滑的滤饼;

③固控设备正常运转,降低钻井液的总固相含量和无用固相含量,保持钻井液中低的钻屑含量,减少滤饼中的钻屑含量,降低滤饼渗透率;

④按操作规程定时活动钻具,钻柱静止时间不允许超过3~5min;

⑤根据需要加入钻井液润滑剂、活性剂、塑料球等减少滤饼的摩擦系数,提高钻井液和滤饼的润滑性能;

⑥没有高压层、坍塌层存在时,应做到近平衡压力钻进;

⑦如果钻头在井底无法上提和转动,应将钻柱悬重的 1/2~1/3 压在钻头上。

(2)黏附卡钻的处理方法包括:

①用油或解卡液浸泡;

②用稀盐酸浸泡,若钻井液是用石灰石粉加重而钻井过程中发生了卡钻,或卡钻地层为碳酸盐岩,可采用稀盐酸浸泡解卡;

③降低钻井液密度以减小压差,若裸眼井段地层比较稳定,不易坍塌,则在发生黏附卡钻后,可使用加有抑制剂和润滑剂的水,通过降低压差来解卡。

2)沉砂卡钻和砂桥卡钻

沉砂卡钻是指当钻速较快或洗井不好、环形空间集存有大量钻屑时,如此时钻井液黏度、切力过低,悬浮效果不好,在钻井过程中突然停泵,会有大量钻屑较快地沉降,埋住钻具而造成的卡钻。另外,在接单根时,大量钻屑沉降至井底,下放钻具过快而插入沉砂,也会造成沉砂卡钻。

砂桥卡钻是指在一系列易坍塌地层以及坚硬与软地层重叠交互的井径突变井段("糖葫芦"井眼),往往会在大小井眼过渡处形成砂桥。此时,如下钻过猛,就有可能插入砂桥,造成卡钻。

沉砂卡钻和砂桥卡钻时,大多数情况下循环通路被堵死,一部分钻具被埋住,不能开泵循环,钻具不能活动。沉砂卡钻和砂桥卡钻的预防措施如下:

(1)保持钻井液良好的流变性能和携带、悬浮岩屑的能力。

(2)松软地层要适当控制钻速,每钻完一单根,应循环一段时间后再接单根。

(3)使用合理的环空水力参数,使固控设备有效地工作,及时清除钻屑保证井底和井筒的清洁。

(4)控制钻具下放速度。

(5)避免钻头在某一处静止不动时大排量循环,否则易使井眼冲蚀过大,形成"大肚子"或"糖葫芦"井眼。

3)井塌卡钻

井塌卡钻是指在钻井过程中突然发生井塌而造成的卡钻。不稳定井壁的坍塌,钻具上提或下放速度过猛造成挤压或抽吸压力激动,或猛烈撞击井壁都可能造成井塌卡钻。井塌卡钻的特点是发生很快,一般情况下进行循环的可能性很小,钻具活动受阻。

井塌卡钻的预防及处理措施有:

(1)提高井壁稳定性,使钻井液具有合适的密度并使用抑制性强的钻井液体系。

(2)提放钻具要平稳,开泵要缓慢,防止过高的压力激动。

(3)一旦发生井塌卡钻,不要采用硬提、猛放或大排量循环等强化措施。如可建立循环,应适当调节排量进行循环,适当提高钻井液黏度、切力,便于携砂,争取最后解卡。也可打入一段解卡液浸泡,有时会有助于解卡。不能建立循环时,则套铣倒扣。

4)缩径卡钻

缩径卡钻一般发生在起下钻过程中,即钻头起至缩径井段时遇卡,上提过猛而卡死;在下钻过程中,钻头下至缩径井段遇卡,划眼过程中措施不当而卡死。

缩径常发生在盐膏层、含盐膏软泥岩、含膏泥岩、高含水泥页岩和高渗透性砂砾岩等地层中。一旦发生盐岩层缩径卡钻,应将一段钻井液换成清水,反复洗井,使挤入井内的盐岩溶解,逐渐解卡。

预防缩径卡钻的钻井液技术有:

(1)对于水敏性泥页岩和含膏泥岩地层等发生的缩径卡钻,提高钻井液化学抑制性是最佳的途径之一,可采用甲基聚合物钻井液、盐水钻井液、硅酸盐钻井液等抑制性钻井液体系来防止泥页岩地层的缩径卡钻。

(2)对于高渗漏性砂岩地层和裂缝发育的破碎性地层,除了控制钻井液滤失量尽可能小以外,还应加入一些防漏堵漏材料减少钻井液的渗漏量,从而减少厚滤饼引起的卡钻。对于长裸眼井段或存在多压力系统的裸眼井段,应注意钻井液中固相粒级的匹配问题。

(3)对于盐岩层、沥青层及含水软泥岩层等地层,必须提高钻井液密度、增大钻井液的液柱压力,以抗衡围岩的蠕动变形。

(4)加大钻井液对井壁的冲蚀作用。为了减少地层的缩径,增大排量,提高钻井液的返速,使其达到紊流冲蚀井壁的作用,钻井中尽可能实现双泵打钻。通过调节喷嘴大小,使泵压满足高返速要求,保证在高的机械钻速下钻井液有低的钻屑浓度和对井壁的强烈冲蚀,使泥岩水化膨胀缩径速度与钻井液的冲蚀速度达到一个动态平衡。

3. 井漏时钻井液的使用与维护

井漏是在钻井、固井、测试等各种井下作业中,工作液在压差作用下漏入地层的现象。井漏在各类岩性的地层中都可发生。

1) 井漏的分类

(1)渗透性漏失:多发生在渗漏性良好的砂岩、砂砾岩,漏失速度一般在 $0.5 \sim 4 m^3/h$ 之内。

(2)裂缝性漏失:天然裂缝性漏失多发生在石灰岩、白云岩和裂缝性砂岩中,人为裂缝性漏失可以在各种地层中发生。

(3)溶洞漏失:多发生在石灰岩、白云岩地层,钻遇这种地层有跳钻、钻具放空现象,并有井喷的可能。

2) 井漏的预防

(1)使用低密度、低黏度、低切力的钻井液,控制井内液柱压力,保证在不喷不漏的情况下钻进。

(2)减少压力激动,避免造成人为裂缝。下钻时分段循环钻井液,下钻速度要慢,开泵不要过猛。

(3)保持较小的钻井液上返速度。根据井下情况,采用适当的上返速度。

(4)预防地表疏松地层漏失。使用较稠的钻井液开钻,待钻过表层后再用低黏度、低切力的钻井液继续钻进。

(5)考虑井漏因素,制定合理的井身结构。

3) 堵漏方法

(1)起钻静止。遇到渗透漏失时,把钻头起到安全位置,静止 $4 \sim 8h$ 后小排量循环,观察漏失速度。

(2)降低钻井液密度,同时适当提高钻井液黏度,小排量循环。这种方法可在一般渗透性漏失时使用。

(3)使用加桥塞剂的钻井液循环。桥塞剂有纤维状(如干草、锯末、谷壳)、薄片状(如赛璐珞、云母)和颗粒状(如核桃壳、蚌壳、石灰石粉),桥塞剂的颗粒级配根据漏层特性选配。

(4)用水泥或其他胶凝物质堵漏。胶质水泥是水泥黏土和水玻璃按不同的比例配制的一种快速胶凝物质。水泥黏土和水玻璃的比例可根据具体漏失特性由实验室实验选定。

(5)对裂缝性漏失和溶洞漏失,要采取平衡法尽量地把钻井液灌满,尽早进行井下测试求产。

4. 井塌时钻井液的使用与维护

发生井塌的地层大部分是泥岩、页岩,还有胶结不好的砾岩、流沙和埋藏较深的盐岩(会产生向井内移动的塑性变形)。造成井塌有地质方面的原因(力学上不稳定)、物理化学的原因和钻井工艺的原因。

1)井塌的表现

(1)返出岩屑增多、砂样混杂,有上部地层岩石,有时有不同于钻屑的大块圆角岩块。

(2)钻井液的黏度、切力、密度、含砂量增高,泵压忽高忽低,有时突然憋泵。

(3)钻井时憋钻严重,接单根后,下放钻具不到底,起钻遇卡。

(4)下钻不到井底或离井底较远,遇阻频繁,划眼速度慢,划眼中有憋钻、打倒车现象,划眼中接单根困难,甚至越划越浅。

2)井塌的危害

(1)不能正常钻进。

(2)造成卡钻。

(3)使井径扩大,钻屑带不出来,造成下钻遇阻。

(4)由于井径不规则,影响固井质量。

3)井塌的预防

(1)及时调整钻井液性能。

①正确确定和调整钻井液密度。根据现场实例统计,80%~90%的井筒不稳定是直接由井内压力失去平衡造成的。尽管有些井开始就使用了抑制性很强的钻井液,或在出现不稳定地层后转化成抑制性很强的钻井液,但井壁不稳定问题依然存在,井壁剥落、掉块、坍塌、遇阻、遇卡和井底填埋等现象仍不断出现。尽管使用一切可能的办法对所用的水基钻井液进行化学处理,大幅度提高钻井液的抑制能力,如使用了饱和盐水钻井液,也不可能完全制止泥页岩的水化,或使用油基钻井液,也经常会发生井壁剥落、坍塌的问题。因此可以说,井壁不稳定大多数情况下是井内压力不平衡的问题,而不单单是化学问题。所以,钻井液密度和井内静液柱压力是井壁稳定的基本保证。设计钻井液密度不仅要考虑地层孔隙压力、破裂压力,还要考虑井壁稳定问题。井内出现不稳定显示时,应综合考虑适当提高钻井液密度和化学抑制性,首先考虑前者,将会取得良好效果,但应注意避免提高幅度过大、过快,以防把地层压漏。

②对于胶结性差的地层,采用适当的钻井液密度、较高的黏度和切力;对于裂缝发育的地层,使用较高的钻井液密度、适当的黏度和切力,尽量减少滤失量。

③严格控制钻井液 pH 值在 8.5~9.5,减弱高碱性对地层的强水化作用。

(2)使用页岩稳定剂。

为提高钻井液的抑制性,可使用以下页岩稳定剂:

①聚合物包被剂,如 KPAM、PHPA、PAC-141、FA-367 等;
②无机盐抑制剂,如 KCl、CaO、$NaCl$、$CaSO_4$、Na_2SiO_4 等;
③沥青类裂缝填充剂,如磺化沥青、氧化沥青等;
④阳离子聚合物,如 Cat-VS 等;
⑤其他,如 MMH、Si-Inh、Polyglycol 等。

(3)选择抑制性钻井液。

可供选择的抑制性钻井液主要包括以下几类:
①钙基钻井液;
②盐水钻井液;
③钾基钻井液;
④硅酸盐钻井液;
⑤聚合醇钻井液;
⑥严重坍塌的地层可使用油包水乳化钻井液或全油基钻井液。

(4)采用合适的钻井工艺技术措施防止井塌。
①控制钻具提放速度,防止过高的压力激动;
②采用适当的泵排量钻进,保持良好的流变性能,调节环空流型为层流或过渡流型,减少对井壁的水力冲刷;
③保持适当的静切力,缓慢开泵,防止开泵过猛和过高的开泵压力激动;
④使用适当的钻具转速钻进,防止对井壁产生撞击;
⑤井塌井段避免定点循环;
⑥起钻罐好钻井液。

4) 井塌的事故处理

(1)井塌事故处理的原则:
①保持井壁稳定,避免再次坍塌;
②将大块坍塌物变小块,通过调节钻井液性能,将其携带至地面。

(2)一般井塌事故处理。当井内有页岩剥落和掉块、振动筛岩屑返出量增多或转盘扭矩和大钩载荷升高时,应采用以下措施:
①适当提高钻井液密度;
②适当提高钻井液黏度、剪切应力、动塑比值,降低泵排量,使环空成层流上返;
③加入页岩稳定剂,提高钻井液抑制性和封堵页岩微裂缝;
④控制钻机提升速度,缓慢开泵,降低压力激动,避免憋泵使井塌进一步恶化和发生突然的严重坍塌而造成卡钻;
⑤起钻前可在坍塌井段打入黏度、切力较高的段塞,防止岩屑和塌块填埋井底和形成岩屑床;
⑥下钻时分段小排量开泵顶通,下至距井底 1~2 单根时,开泵小排量划眼至井底,下至井底后逐步增加排量循环洗井,将井内塌块携带出来,井下情况正常后转入正常钻进。

(3)严重井塌事故处理。当有一段井筒被岩屑堵塞,下钻遇阻,划眼时憋跳严重,钻具遇卡、倒转、划眼无进展,长时间在此循环划眼,使此井段井径不断扩大,井下情况进一步恶化时,应采取以下措施:

①提高钻井液黏度和剪切应力；

②换大水眼钻头或取心钻头，或套铣筒，以提高井筒清洗能力，保持井筒清洁；

③下至距阻卡井段前1~2个单根，小排量开泵（为正常钻进时排量的1/2），逐渐增大排量至正常钻进时排量，并简化钻具结构。

二、操作技能

1. 下钻遇阻划眼时钻井液的处理

1）处理方法

（1）由泥页岩水化膨胀造成缩径引起的遇阻，可在启动固控设备的同时，对钻井液进行稀释处理，使钻井液具有低黏度、低剪切应力、低固相、低滤失和良好的造壁性，以稳定已钻过的井眼。

（2）由黏度、剪切应力过低，井底沉砂多引起的遇阻，在启动固控设备的同时，适当提高钻井液的黏度、剪切应力，使钻井液具有更好的携带能力。

（3）由滤失量过大，在高渗透井段形成厚滤饼引起的遇阻，可降低钻井液滤失量，改善滤饼质量。

（4）由盐岩层、盐膏层发生蠕变缩径引起的下钻遇阻，可提高钻井液密度，降低钻井液 Cl^- 含量。

2）准备工作

（1）穿戴好劳保用品。

（2）检查固控设备及低压闸门等循环系统是否正常。

（3）准备好钻井液处理剂，如降黏剂、降滤失剂、聚合物等。

（4）准备一套钻井液常规性能测试仪器。

3）操作步骤

（1）分析遇阻原因。

（2）根据原因及工程情况，制定钻井液处理方案。

（3）确定处理方案后，计算处理剂用量。

（4）在钻井液循环过程中加入处理剂处理钻井液，同时使用好固控设备。

4）技术要求

（1）不断补充足量的聚合物，用于抑制划眼时进入钻井液中的黏土分散。

（2）沉砂处理一般采用基浆大排量、小钻压划眼的方法，正常使用固控设备进行处理。

（3）由于划眼到底继续钻进，在能满足钻屑携带的情况下，一般不进行提黏处理。

2. 卡钻后的钻井液处理

1）准备工作

（1）穿戴好劳保用品。

（2）备足钻井液处理剂，如解卡剂、降黏剂、絮凝剂、降滤失剂、增黏剂、防塌剂、烧碱等。

（3）检查固相控制设备和地面循环设备是否正常。

（4）准备一套钻井液常规性能测试仪器。

2)操作步骤

(1)进行钻井液固相控制,清除钻井液中的无用固相。

(2)进一步调整钻井液性能,加入降黏剂、降滤失剂,降低钻井液切力和滤失量,提高滤饼质量,适当提高 pH 值。

(3)若是黏附卡钻,在地层压力允许的条件下,尽量降低钻井液密度以降低井内静液柱压力。

(4)若是由沉砂、砂桥等原因导致的卡钻可适当提高钻井液黏切,调整钻井液流型,由小至大逐渐增大排量,将井内钻屑带出并清除。

(5)若是由井塌、掉块等原因导致卡钻,在适当提高黏切、逐渐增大排量的基础上,可适当提高钻井液密度并添加防塌剂,使井壁保持稳定。

(6)若是钻头泥包卡钻、在降低钻井液黏切的基础上,加入钻头清洁剂并适当增大排量。

(7)加入润滑剂提高钻井液的润滑性能。

3)技术要求

(1)进行钻井液固相控制时应配合加入选择性絮凝剂。

(2)在处理钻井液的基础上选择有效的解卡方法,如油浴解卡法、酸浴解卡法、水浴解卡法、振击解卡法、套铣倒扣解卡法等。

(3)解卡后防止开泵过猛和大幅度活动钻具。

(4)浸泡一段时间,上下活动钻具仍不能解卡,可考虑第二次、第三次浸泡;仍不能奏效时,可采取其他解卡方法。

(5)有一些卡钻,钻井液不能循环,如钻头泥包卡死、沉砂卡钻等,应采取相应的工程技术措施建立钻井液循环,然后进行相应的钻井液处理。

3. 桥塞堵漏时钻井液的处理

1)准备工作

(1)穿戴好劳保用品。

(2)检查混合漏斗、低压闸门、搅拌设备等是否灵活好用。

(3)备足蛭壳渣、石棉粉、PHP、油井水泥等堵漏剂。

(4)准备 20~30m^3 井浆。

2)操作步骤

(1)根据井深和漏失情况确定堵漏液配方,配制好堵漏液。

(2)在桥塞堵漏液中混加 1% 水泥,低压循环均匀。

(3)快速将堵漏液泵入漏失层。

(4)起出钻具,静置 24h。

(5)下钻分段循环钻井液,下至漏失层时,缓缓转动钻具,小排量低压开泵循环划眼。

(6)泵压、排量逐渐恢复到钻进要求时不再漏失,证明堵漏成功,可恢复正常钻进。

3)技术要求

(1)堵漏液的用量和其性能要求可根据不同的井深和漏失情况而定。其配方是:井浆 20~30m^3 + 蛭壳渣 7%~10% + 蛭壳粉 3%~5% + 石棉粉 3%~5% + PHP 1%,也可根据本井的具体情况添加其他处理剂。

(2)泵入堵漏液时,如发现钻井液从井口返出,可关闭防喷器,压力控制在0.7~2.0MPa。

(3)堵漏液加入水泥循环均匀后,要快速泵入漏失层,快速与钻具脱离,防止凝固钻具。

(4)设专人观察漏失情况。

(5)堵漏液泵入漏失层,若漏失量很小,应关闭防喷器,把剩余堵漏液泵入漏失层。

(6)起钻时灌满钻井液。

4.井塌后钻井液的处理

1)准备工作

(1)穿戴好劳保用品。

(2)检查固相控制设备、钻井泵、高低压循环系统是否正常。

(3)准备充足的增黏剂、降滤失剂、加重剂等钻井液处理剂。

2)操作步骤

(1)开动振动筛、除砂器、除泥器,在井下情况允许的条件下,适当提高钻井液密度。

(2)在钻井液中加入增黏剂提高黏度,加入降滤失剂降低滤失量。

(3)钻井液以小排量循环洗井或钻进,使环空钻井液呈平板型层流。

(4)井塌严重、塌块大时,可加大钻头水眼,以大排量洗井,同时根据划眼需要,采用打段塞携带塌块或全井提高钻井液黏度,增加钻井液悬浮携带塌块的能力。

(5)井塌处理过程中应将钻井液逐步转化为防塌钻井液。

三、拓展知识

1.C52井井塌案例

C52井钻至3331m中间完井起钻后电测遇阻。下钻通井至3195m遇阻,划眼下钻,振动筛返出大量直径为20~30mm左右的片状和最大长度为40~50mm长条状掉块,当时钻井液密度为$1.28g/cm^3$、黏度为61s、失水量为4.2mL、剪切应力为(初/终)2.5/5.0Pa、含砂量为0.3%、pH值为9,划眼过程中使用低荧光磺化沥青、腐殖酸钾、铵盐、聚丙烯酰胺钾盐、CMC等提高黏度剪切应力、控制失水、增强防塌能力,加重提高密度至$1.32g/cm^3$。

多次划眼通井,遇阻严重,循环时振动筛上可见大量掉块,垮塌井段从下部沙一组扩大到东营组,直至1950m馆陶组遇阻,反复处理后下技术套管。

井塌原因有以下几点:

(1)设计钻井液密度为$1.22g/cm^3$,而沙一组大段属于硬脆性易坍塌泥岩,钻井液密度需超过$1.30g/cm^3$。尽管施工过程中钻井液密度提高到$1.28g/cm^3$,仍然出现坍塌,此时再加重提高密度,已无法挽回井壁失稳,造成井壁严重坍塌、极难控制的后果,密度提至$1.38g/cm^3$才能适应要求。

(2)本阶段施工周期较长,大大超过了该地区泥岩垮塌的稳定周期。该地区一般用215.9mm钻头钻进,裸眼浸泡时间相对较短;本井采用ϕ311.1钻头钻进,设计完井深度3153m,实际钻至3331m;为了卡准地层,采取钻进2m循环一个迟到时间的方式,钻井周期明显增加,导致不仅在下部易塌地层发生井塌,而且上部较稳定地层也出现垮塌。

(3)钻井液体系设计选择不合理。没有选用对防止本地区硬脆性泥岩垮塌效果较好的含 K^+ 防塌钻井液,而使用淡水钻井液,尽管加入了大量的抑制类和封堵类材料,仍然难以完全达到防塌效果。

2.防塌钻井液材料

(1)高分子聚合物类,主要产品有阳离子聚合物、聚丙烯酰胺类、K-褐煤类等。
(2)可分散油渣及沥青制品,主要产品有磺化沥青、乳化沥青、植物油渣等。
(3)无机盐类,主要产品有 KCl、NH_4Cl、$CaCl_2$、Na_2SiO_3 等。
(4)正电胶、聚合醇等。

3.防塌钻井液体系

目前常用的防塌钻井液体系有:油基(或油包水)钻井液、盐水钻井液、钾基钻井液、钙处理钻井液、聚合物钻井液、硅基钻井液以及聚合醇钻井液等。

思 考 题

1.钻井液油气侵后性能如何变化?如何对其性能进行调整?
2.钻井液钙侵的类型有哪些?发生钙侵后钻井液性能如何变化?如何处理钻井液钙侵?
3.预防井喷的钻井液技术有哪些?
4.如何预防和处理黏附卡钻?
5.井漏的类型有哪些?在钻井过程中如何预防井漏?
6.钻井过程中如何发现井塌?如何对井塌进行处理?

参 考 文 献

[1] 周金葵.钻井液工艺技术.北京:石油工业出版社,2009.
[2] 鄢捷年.钻井液工艺学.东营:中国石油大学出版社,2013.
[3] 樊世忠,鄢捷年,周大晨,等.钻井液完井液及保护油气层技术.东营:石油大学出版社,1996.
[4] 中国石油天然气集团公司人事部.钻井液技师培训教程.北京:石油工业出版社,2012.
[5] 穆剑.钻井液及处理剂评价手册.北京:石油工业出版社,2007.
[6] 王平全,周世良.钻井液处理剂及其作用原理.北京:石油工业出版社,2003.
[7] 中国石油天然气集团公司.钻井液工.东营:中国石油大学出版社,2004.
[8] 钻井手册(甲方)编写组.钻井手册(甲方).北京:石油工业出版社,1990.
[9] 中油长城钻井有限公司钻井液分公司.钻井液技术手册.北京:石油工业出版社,2005.
[10] 徐同台,赵忠举.21世纪初国外钻井液与完井液技术.北京:石油工业出版社,2004.
[11] 徐同台,崔茂荣,王允良,等.钻井工程井壁稳定新技术.北京:石油工业出版社,1999.